CÓMO SANARTE A TI MISMO

José Silva y Robert B. Stone

CÓMO SANARTE A TI MISMO

Con el mundialmente famoso Método Silva

Traducción de Alois Adler

MADRID – MÉXICO – BUENOS AIRES – SANTIAGO
2023

Título original: *You the Healer*, por José Silva y Robert B. Stone
© 2023 De la traducción: Alois Adler
© 2023, De esta edición, Editorial EDAF, S.L.U., por acuerdo con José Silva Jr. y Dennis Anthony Stone
© 2023, José Silva y Robert B. Stone
Diseño de la cubierta: Francisco Enol Álvarez Santana
Maquetación y diseño de interior: Francisco Enol Álvarez Santana
Todos los derechos reservados

Editorial Edaf, S.L.U.
Jorge Juan, 68,
28009 Madrid, España
Teléf.: (34) 91 435 82 60
www.edaf.net
edaf@edaf.net

Ediciones Algaba, S.A. de C.V.
Calle 21, Poniente 3323 - Entre la 33 sur y la 35 sur
Colonia Belisario Domínguez
Puebla 72180, México
Telf.: 52 22 22 11 13 87
jaime.breton@edaf.com.mx

Edaf del Plata, S.A.
Chile, 2222
1227 Buenos Aires (Argentina)
edafadmi@gmail.com

Edaf Chile, S.A.
Huérfanos 1178 - Oficina 501
Santiago - Chile
Telf: +56 9 4468 05 39/+56 9 4468 0597
comercialedafchile@edafchile.cl

Mayo de 2023
ISBN: 978-84-414-4236-8
Depósito legal: M-10557-2023

PRINTED IN SPAIN   IMPRESO EN ESPAÑA
COFÁS

A Paula, mi esposa; Josefina, mi hermana; Juan, mi hermano,
y a todos mis hijos e hijas: José Silva Jr, Isabel Silva de las Fuentes,
Ricardo Silva, Margarita Silva Cantú, Antonio Silva,
Ana María Silva Martínez, Hilda Silva González,
Laura Silva, Delia Silva Pérez, Diana Silva.

JOSÉ SILVA

Índice

Prefacio

No necesitas vivir una vida enfermo.

No necesitas llegar a la vejez con mala salud.

Tu estado natural es estar sano.

Es tu derecho vivir una vida perfectamente sana hasta el día en que mueras por causas naturales.

En este apasionante libro, José Silva revela lo que ha aprendido de su investigación, iniciada en 1944, sobre las causas psicosomáticas y las curas de las enfermedades.

En estas páginas encontrarás muchos casos de personas que sufrieron durante años, pero que se curaron en muy poco tiempo en cuanto aprendieron a aplicar el tremendo poder de su mente.

Conocerás experiencias reales con procedimientos de primeros auxilios que han corregido rápidamente lesiones sufridas en accidentes.

Y, lo que es más importante, aprenderás a evitar que la enfermedad, e incluso los accidentes, entren en tu vida, para poder llevar una existencia sana, segura y feliz, y para ayudar a tus seres queridos a hacer lo mismo.

¿Es todo esto realmente posible?

Desde 1966, millones de personas en 72 países han aprendido e integrado en sus vidas el exclusivo Método Silva de Desarrollo Mental y Control del Estrés, y no se cansan de repetir: «Gracias por enseñarme a vivir mejor».

Cuando lo hayas leído, cuando hayas seguido sus fáciles instrucciones paso a paso, este libro cambiará tu vida. Sus resultados milagrosos te convencerán rápidamente de la eficacia del programa, y te preguntarás por qué no lo utiliza todo el mundo.

¡Ese día llegará!

Ha llegado el día de empezar a usar estas técnicas para que tú y tus seres queridos viváis felices y sanos cada minuto del resto de vuestras vidas.

Introducción

Un hombre está cómodamente sentado en un sillón, cierra los ojos y respira profundamente tres veces. El observador no sabe que durante la primera exhalación el hombre ha visualizado el número tres, tres veces; durante la segunda, el número dos, tres veces, y durante la tercera, el número uno, tres veces. Tampoco sabe que este hombre ha contado hacia atrás de diez a uno y que, al hacerlo, ha visualizado un cuadro profundamente terapéutico.

Si pudiera meterse en su cabeza, el observador descubriría que el hombre se está viendo a sí mismo frotando una pomada imaginaria en el codo de su brazo derecho, que le dolía. Está imaginando que lo tiene cada vez mejor. Unos segundos después, el hombre terminará el ejercicio mental y abrirá los ojos. Unas horas más tarde, estará jugando una partida de tenis sin rastro de dolor en el codo.

Este hombre siguió con éxito el Método Silva. Está entrenado para entrar en un nivel de consciencia que le permite controlar su mente y, con ello, producir efectos positivos sobre su cuerpo.

N. L. padecía de artritis en los dedos, lo que perjudicaba su trabajo como delineante. Periódicamente se relajaba y visualizaba mentalmente los bultos en las articulaciones. Después se veía a sí mismo aspirando sus dedos. Imaginaba que la artritis era un polvo succionado por una aspiradora. Luego visualizaba sus dedos sin bultos y cómo se reincorporaba al trabajo con las manos totalmente curadas.

N. L. dedicaba tres minutos al día a imaginar que el problema se iba corrigiendo y que volvía a estar sano.

Al cabo de una semana, su inversión de tres minutos diarios empezó a dar frutos: la hinchazón y los bultos de las manos se habían empezado a reducir. Tres semanas después, había vencido la artritis.

R. S. sufría de dolores de pecho. Su médico le había diagnosticado angina de pecho y le había explicado que, como consecuencia de una insuficiente irrigación sanguínea al músculo cardíaco, las arterias se le habían endurecido. Una costra llamada placa se estaba formando en sus arterias, y las que alimentaban de sangre a su corazón estaban parcialmente bloqueadas. El médico le había recomendado una dieta baja en colesterol, baja en grasas y alta en fibra, y un programa de ejercicio ligero, consistente en caminar y nadar. R. S. siguió la dieta y realizó los ejercicios, pero añadió un paso más: la programación. Se relajó y visualizó las arterias parcialmente obstruidas de su corazón. A continuación, imaginó que las eliminaba de raíz con un desatascador de tuberías. En su imagen mental final las arterias estaban libres de placa. Hizo estas visualizaciones a diario y, al cabo de un mes, los dolores de pecho se habían vuelto notablemente menos frecuentes. Al cabo de dos meses, los dolores de pecho habían desaparecido por completo y, años más tarde, seguían sin aparecer. Durante gran parte de su vida adulta, M. W. había experimentado con regularidad graves trastornos menstruales. Una semana antes del inicio regular de su menstruación, comenzó un programa que consistía en «hablar» durante dos minutos al día con su cuerpo e imaginarse a sí misma sin dolor menstrual. Cuando menstruaba después de estas sesiones, sentía que su dolor habitual se había reducido en un 50 %. Con la práctica, lo redujo aún más.

Existe una forma

Si tuvieras una forma de usar tu mente para eliminar tus molestias y dolores, ¿lo harías?

Si tuvieras una forma de usar tu mente para conciliar el sueño, ¿renunciarías a los somníferos?

Si tuvieras una forma de ayudarte a ti y a tus amigos a superar la mayoría de vuestros molestos problemas de salud, ¿la utilizarías?

Por fin, incluso los médicos están empezando a admitir que la mente es capaz tanto de inducir enfermedades como de ser entrenada para revertir estos procesos y curarlos.

El Método Silva lleva décadas utilizando estos conocimientos con éxito.

Carl Simonton, un oncólogo de la Base Aérea Travis, en California, adaptó parte del Método Silva en el tratamiento de sus pacientes de cáncer, aumentando así notablemente el número de remisiones. El Dr. Simonton siguió el curso del Método Silva bajo el nombre de Mind Dynamics. Más tarde añadió elementos de su propia cosecha y ahora llama a su técnica el Método Simonton. Por otro lado, mientras se desempeñaba como becario en la Facultad de Medicina de Harvard, el Dr. Dean Ornish ideó métodos de relajación y visualización para pacientes cardíacos que, combinados con la dieta y el ejercicio, probó con éxito en un ensayo clínico. La mayoría de los participantes dio cuenta de una notable reducción del dolor en el pecho causado por la dolencia cardíaca y en muchos de ellos el dolor prácticamente remitió.

Cada vez es más frecuente que los profesionales de la salud que trabajan con enfermos terminales utilicen la relajación y las imágenes mentales por los beneficios que aportan. En 1983, un artículo de portada de la revista *Time* sobre el método Simonton citaba al psiquiatra Sanford Cohen, de la Universidad de Boston: «Por extraño que parezca, la técnica ha ayudado a "un número significativo de pacientes terminales a prolongar su vida más allá de lo esperado"». Desde que el Dr. Simonton estudiara el Método Silva y lo integrara en su prestigioso programa de formación, cientos de médicos y miles de enfermeras han completado su curso.

En 1973, el astronauta Edgar Mitchell fundó el Instituto de Ciencias Noéticas, dedicado a «ampliar el conocimiento de la naturaleza y las capacidades de la mente y la conciencia, y a aplicar ese conocimiento al bienestar humano y a la calidad de vida en el planeta».

Hasta hace poco, se consideraba que el apoyo a Simonton provenía únicamente de fuentes poco convencionales, incluso excéntricas. Ahora, el Instituto Noético informa de que los siguientes conceptos, antes «exóticos», son comúnmente aceptados en los círculos médicos convencionales:

1. Un individuo es inherentemente capaz de controlar sus propios procesos fisiológicos en un grado superior al que nunca se hubiese creído posible.

2. La curación siempre involucra tanto la mente como el cuerpo, así como lo que muchos llaman el espíritu.
3. Las emociones negativas pueden tener efectos psicofisiológicos negativos.
4. Las emociones positivas pueden tener efectos psicofisiológicos positivos.
5. La mente tiene muchas formas de influir en los procesos físicos, algunos de los cuales pueden inclinar la balanza hacia la curación.

Este cambio de perspectiva se ha producido desde que se hizo público por vez primera el Método Silva, a finales de la década de los sesenta, lo que para mí constituye un motivo de alegría.

El hasta entonces estricto enfoque alopático característico de las terapias médicas ha dado paso a la aceptación de que las imágenes mentales pueden conseguir resultados reales y útiles.

Los atletas se entrenan ahora para lograr una mayor destreza y resistencia, visualizando un desempeño máximo en el partido o la carrera. Cuando los jugadores aficionados avanzan por el campo de golf y miran de reojo el obstáculo de agua a la izquierda o el terraplén arbolado a la derecha, se están programando para un golpe mal ejecutado. Con solo mirar la bandera en el hoyo, los jugadores profesionales se están programando para un golpe certero.

Las imágenes que desfilan por nuestra mente tienen efectos manifiestos sobre nuestro cuerpo. Las imágenes positivas producen efectos deseables. Las imágenes negativas producen efectos indeseables.

Que la mente puede hacernos enfermar y que también puede ayudarnos a sanar es uno de los descubrimientos más importantes del siglo xx.

Cada vez más gente empieza a entender que cuando cambia su actitud mental, su cuerpo responde al estímulo. Si sabes cómo, puedes usar tu mente para llevar un estilo de vida sano, hacer que tu sistema inmunitario funcione con eficacia y mantener unos niveles altos de energía.

Al usar tu mente puedes eliminar problemas de salud molestos como los catarros, las cefaleas y los dolores crónicos. Si sabes cómo, puedes incluso ayudar a que tu médico te cure de dolencias más graves, como el cáncer.

Y puedes usar la mente para ayudar a otros a disfrutar de estos mismos beneficios, a distancia y sin que ellos lo sepan.

¿Suena increíble? ¡Son hechos científicamente probados! La ciencia ya reconoce que tu mente puede proyectarse a través de campos de inteligencia que afectan a la materia. Recientemente, en un laboratorio de Texas, los sujetos de un estudio fueron capaces de aumentar y disminuir deliberadamente la corriente galvánica de la piel de otras personas situadas en otra habitación, a veinte metros de distancia. Y tampoco se trataba de expertos, sino de personas corrientes de diversa condición.

En otro laboratorio —la Fundación Backster de San Diego, California—, los investigadores fueron capaces de probar (en presencia de Robert Stone, el director del estudio) que el pensamiento puede afectar las células del cuerpo humano de una habitación a otra.

Estos experimentos demuestran que tú y tus amigos podéis vivir más tiempo, más felices y sanos, si sabéis controlar vuestras mentes.

Este libro te enseña a hacer precisamente eso. Millones de graduados del Método Silva en más de setenta países son capaces de usar la mente no solo para mantenerse sanos, sino también para controlar su intuición, aumentar su creatividad y elevar su coeficiente intelectual, es decir, su habilidad para resolver problemas. En este libro aprenderás todo lo que necesitas saber para curarte, mantenerte sano y ayudar a tus familiares y amigos a hacer lo mismo.

Tu ordenador mental está al mando de tu cuerpo

El Método Silva te enseña a tomar las riendas de tus poderes cibernéticos, los poderes de tu cerebro para mejorar tu salud y tu funcionamiento mental. Después de leer este libro, sabrás cómo evitar que tu mente induzca enfermedades, cómo mantener a raya el estrés y cómo corregir tus problemas de salud y ayudar a tu médico a ayudarte.

Aprendemos a enfermarnos a temprana edad. En realidad, estamos programados para ello con mensajes tales como «Si te mojas los pies, pillarás un catarro». Las neuronas del cerebro aceptan esta programación como órdenes que deben obedecer, de tal forma que estos mensajes se convierten en profecías autocumplidas.

Vemos cómo otros enferman e imaginamos que nos pasa a nosotros. Es lo que llamamos ansiedad. La ansiedad también es una forma de auto programarnos. Las imágenes que tenemos en nuestras mentes actúan como órdenes que debemos obedecer. Nuestros pensamientos y palabras se convierten en programas. Los pensamientos y expresiones de sentimientos negativos se convierten en programación negativa o no deseada. Los pensamientos y expresiones de sentimientos positivos se convierten en programación positiva o deseada. La programación negativa produce infelicidad, fracaso y mala salud. La programación positiva produce felicidad, éxito y buena salud.

Si estás programado para pensar negativamente, estás atrapado en un círculo vicioso negativo. Si no cambias tu programación, permanecerás igual. Es por ello que los hospitales siguen estando llenos de gente que quiere estar sana. Necesitan reprogramarse.

Superar tu programación es una ardua batalla. Se puede cambiar temporalmente, pero, a menos que alteres el programa, eventualmente volverás a tus comportamientos programados. Hay que reprogramar para cambiar. Por ejemplo, puedes cambiar tus hábitos alimenticios programados siguiendo un nuevo régimen dietético. Es lo que llamamos «ponerse a dieta». Pero pocas personas pueden seguir una dieta de forma permanente. Cuando abandonan la dieta y vuelven a sus antiguos hábitos alimenticios, suelen recuperar todo el peso que perdieron con la dieta. Necesitan reprogramar sus hábitos. La programación negativa que produce la enfermedad se puede invertir con una programación positiva.

Las técnicas del Método Silva paso a paso

La reprogramación del Método Silva para una vida sana se realiza mediante imágenes mentales en un estado mental o nivel de consciencia denominado Alfa.

El estado mental Alfa es un nivel en el que las ondas cerebrales se ralentizan a casi la mitad de su frecuencia normal durante la vigilia. Cuando estamos despiertos, ponemos en marcha entre catorce y veintiún pulsaciones de energía cerebral por segundo. Los investigadores llaman a este estado de vigilia normal el nivel Beta. Cuando dormimos, estas pulsaciones cerebrales se ralentizan.

Un electroencefalógrafo, la máquina que mide la actividad eléctrica del encéfalo, mostraría que, mientras te relajas en la cama con los ojos cerrados, tus pulsaciones cerebrales disminuyen a la mitad. El nivel Alfa ha sido definido por los investigadores como un estado de consciencia en el que se producen entre siete y catorce pulsaciones por segundo, un nivel relajado de vigilia somnolienta. Al entrar en el sueño, las ondas cerebrales se ralentizan aún más. El sueño ligero, entre cuatro y siete pulsaciones por segundo, se ha dado en llamar nivel Teta. Un sueño más profundo, cualquier cosa por debajo de cuatro pulsaciones por segundo, se denomina nivel Delta.

La figura 1 ilustra estos cuatro niveles. Observa que el Alfa profundo se denomina plano básico. Es la frecuencia más baja del nivel Alfa que se utiliza en la mayoría de técnicas del Método Silva. Es el estado natural, cómodo, sereno y relajado por el que pasamos cuando nos vamos a dormir por la noche y cuando nos despertamos por la mañana. En este libro, aprenderás a permanecer en este nivel y a utilizarlo para curarte a ti mismo y curar a los demás, así como para reprogramarte.

¿Qué tiene que ver el nivel Alfa con los beneficios para la salud descritos aquí? Los investigadores que trabajan con equipos de biorretroalimentación han descubierto que al cuerpo le ocurren cosas buenas cuando el cerebro está en el nivel Alfa. Los órganos y sistemas estresados se recuperan y se revitalizan. La presión arterial se normaliza. La frecuencia cardíaca se estabiliza. En Laredo, Texas, mientras investigaban cómo sacar mayor partido de nuestra actividad cerebral, los expertos descubrieron que en el nivel Alfa los sujetos ganaban el control de funciones antes ingobernables. Las facultades que se consideraban subconscientes o inconscientes se hacían más conscientes. Los hábitos pasaban a estar bajo un control más consciente. Las funciones corporales automáticas también se volvían más controlables. Las aptitudes del genio de la mente humana, que solo ocasionalmente nos dan destellos de perspicacia, ahora podían ser activadas para resolver problemas mediante órdenes generadas en el nivel Alfa.

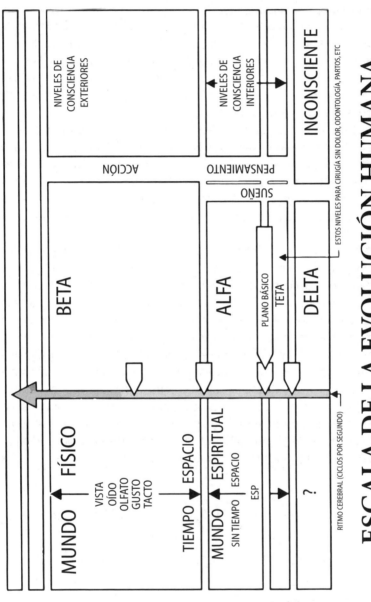

RITMO CEREBRAL (CICLOS POR SEGUNDO)

ESCALA DE LA EVOLUCIÓN HUMANA

Figura 1. Los cuatro niveles de actividad cerebral.

Una introducción al entrenamiento del Método Silva

Ya tienes programado tu cerebro para que se encargue de gran parte de las acciones de tu vida. Te levantas por la mañana, te vistes, te atas los zapatos, te cepillas los dientes, conduces tu coche… todo ello de forma casi automática. Con el Método Silva aprenderás a usar tu mente para ganar un mayor control consciente de tu vida. Aprenderás a usar tu mente para:

- Dormirte a voluntad.
- Despertarte a la hora que quieras sin usar un despertador.
- Mantenerte despierto cuando estés somnoliento.
- Eliminar una jaqueca.
- Resolver problemas mediante un sueño.
- Dejar de fumar.
- Perder peso.
- Recordar listas largas con facilidad.
- Estudiar con mayor concentración y retención.
- Solucionar problemas complejos.
- Alcanzar objetivos.
- Eliminar el dolor en cualquier parte de tu cuerpo.
- Corregir anomalías en tu cuerpo.
- Poner los dos hemisferios del cerebro a tu servicio.
- Volverte más creativo y perspicaz.
- Corregir problemas de salud en otras personas.

Adquirirás estos dieciséis beneficios a través de lo que yo llamo técnicas paso a paso («primero haz esto, luego esto otro»): pasos mentales sencillos, realizados principalmente en el nivel Alfa.

Más de ocho millones de graduados en unos setenta países han hecho un mínimo de treinta y dos horas de entrenamiento en el Método Silva. El curso conduce a sus participantes a través de diez horas de relajación controlada para corregir problemas como la fatiga, el insomnio, el dolor de cabeza como consecuencia del estrés y la migraña. Durante esta etapa inicial del entrenamiento, los participantes aprenden a pasar al nivel Alfa rápida y fácilmente, y a utilizar este nivel tanto para controlar la vitalidad y la energía del cuerpo como para resolver problemas sin tensión ni estrés.

En la siguiente etapa del entrenamiento, los participantes aprenden a ejercer un mayor control sobre las funciones psicológicas y fisiológicas tradicionalmente consideradas subconscientes, es decir, no controlables de forma consciente. Obtienen las claves para mejorar la memoria y la concentración, eliminar el dolor crónico o repentino, emplear herramientas para dominar o eliminar hábitos no deseados, y aplicar fórmulas para aprovechar mejor el poder de la mente en la resolución de problemas.

En las etapas tercera y cuarta, una secuencia de ejercicios de imaginación establece puntos de referencia que permiten el control del funcionamiento subjetivo. El hemisferio izquierdo del cerebro está orientado al mundo físico, mientras que el derecho está orientado al no físico o, si se prefiere, espiritual, que es creativo. En efecto, los nuevos puntos de referencia imbuyen al hemisferio derecho del cerebro con los beneficios del hemisferio izquierdo, permitiéndole funcionar bajo control consciente para aumentar el nivel de conciencia, creatividad y control de la salud. Esta fase del entrenamiento permite a los graduados visualizar sus cuerpos, imaginar cómo implementar los cambios y experimentar la mejoría. En las últimas horas de la formación, los participantes comprueban de forma incuestionable su capacidad de «sentir» a otras personas desconocidas para ellos, identificar sus problemas de salud y realizar correcciones.

Cómo utilizar este libro

Para conseguir los beneficios deseados a través de las treintaidós horas de sesiones de formación de este libro, tendrás que dedicar más de treintaidós horas al esfuerzo. El tiempo adicional se destinará a la lectura de todos los pasos, así como a su práctica.

Si sigues fielmente las instrucciones de la primera parte, disfrutarás de la mayoría de las ventajas para la salud que este entrenamiento vivo te proporciona. Empieza a obtener estos beneficios mañana por la mañana, y en seis semanas estarás controlando sus resultados.

Obtener estas ventajas requiere la práctica diaria de unos minutos cada mañana al despertarte, que es cuando estás relajado y cuando consigues los mejores resultados. Al practicar con constancia te estarás entrenando para ir relajándote e ir alcanzando el nivel Alfa. La relajación en sí misma es terapéutica, y desde el momento en que comiences a practicar la relajación, tu cuerpo se beneficiará de ella.

Más adelante, a medida que llegues a relajarte más rápida y profundamente, podrás utilizar el nivel Alfa para programar tu cerebro, al igual que lo harías con un ordenador, a fin de cambiar los síntomas físicos no deseados y corregir cualquier condición física problemática. Lee el libro hasta el final si lo deseas, pero luego vuelve atrás y realiza las cuarenta sesiones, una cada día durante cuarenta días. Al final de este período, estarás en condiciones de realizar un trabajo de curación profunda sobre ti mismo y sobre los demás.

El entrenamiento presencial, en clase, va algo más rápido que el autoentrenamiento con el libro, porque un experto está presente para ayudarte a relajarte y leer en voz alta largos pasajes que te conducen a través de cada uno de los pasos que te ayudarán a lograr la relajación profunda.

Estar leyendo estos pasajes puede interferir en tu relajación. No obstante, podrás entrenarte en cuarenta sesiones matinales para alcanzar la profundidad de relajación requerida. A continuación, podrás comenzar la programación positiva que te ayudará a eliminar la enfermedad.

Primera Parte
Las cuarenta sesiones diarias

Sesión 1
La relajación, elemento clave

En abril de 1975, M. B., de 34 años de edad, se encontraba en un hospital de Filadelfia a punto de entrar en el quirófano. Sus médicos habían descubierto que un tumor en la médula espinal de su cuello era la causa de la parálisis progresiva que sufría en brazos y piernas desde hacía dos meses. Cuando terminó la operación, los médicos le dieron una mala noticia: no habían podido extirpar el tumor debido a que tenía la médula espinal afectada. Era maligno. Solo le quedaban uno o dos años de vida.

Un año más tarde, en el primer aniversario de la operación, M. B. debía someterse a un examen. El médico no encontró nada. No había evidencia de un tumor. El mismo médico que un año antes le había dicho a M. B. que era un enfermo terminal, le decía ahora que él, el médico, debía haber cometido un error.

¿Qué había hecho M. B. mientras tanto? Había utilizado el Método Silva.

Fue unos diez meses después de la operación que M. B. oyó hablar del Método Silva y decidió enrolarse en el curso. Había practicado lo que aprendió allí durante solo dos meses antes de su examen anual.

Durante unos quince minutos, tres veces al día —al levantarse, después de comer y antes de irse a dormir—, M. B. se relajaba profundamente. Utilizó una técnica de relajación progresiva, distendiendo primero la cabeza, luego el cuello, después los hombros y, así, el resto del cuerpo, hasta los dedos de los pies. Una vez relajado, visualizaba su cuerpo y el tumor. Imaginaba que el tumor se hacía cada vez más pequeño. Durante cada una de estas sesiones de relajación visualizaba el tumor un poco más pequeño que la última vez. También imaginó que podía ver su sistema inmunitario —los leucocitos— atacando, dispersando y eliminando las células cancerígenas. Cada vez que iba al baño imaginaba que expulsaba de su cuerpo las células cancerígenas. M. B. también se dio a sí mismo instrucciones positivas, repitiéndose a sí mismo una y otra vez en este relajado estado meditativo: «Cada día estoy mejor en todos los sentidos».

Cuando M. B. comenzó a hablarle de estos ejercicios mentales, su médico salió de la habitación. El proceso le era completamente extraño. Los médicos rara vez son capaces de aceptar nuestra capacidad mental para corregir problemas en nuestro cuerpo. Estas interacciones no se enseñan en la facultad de medicina…, todavía no.

Con el fin de proteger a los graduados del Método Silva de ser señalados por los escépticos en sus ciudades de origen, en este libro se utilizan las iniciales en muchos de los ejemplos de curación citados. Sin embargo, ocasionalmente recibimos informes escritos de graduados tan ansiosos por compartir su éxito que les pedimos permiso para usar su nombre completo. En ocasiones, estos informes cuentan incluso con testigos y están notariados. En estos casos, he incluido los nombres en las descripciones de los casos.

Cómo maximizar tu capacidad mental

A estas alturas, te habrás dado cuenta de que la clave del Método Silva es la relajación. Pero la relajación que se enseña aquí no es pasiva. Aprenderás a relajarte activamente. Tanto la consecución de un estado de relajación, como su uso, son procesos activos. Al usar nuestra mente para relajarnos y visualizar imágenes positivas, estamos activando el papel creativo de nuestro cerebro, una función del hemisferio derecho que rara vez está completamente involucrado en nuestros pensamientos.

En pocas palabras, el Método Silva nos permite ejercer un control consciente de niveles profundos de nuestra mente. Nos permite emplear ondas cerebrales relativamente lentas (Alfa) para ampliar nuestra conciencia y nuestra capacidad de resolver problemas. Los problemas de salud son los más fáciles de resolver, porque estamos en control de la fuente misma de estos problemas.

Cómo programar nuestro comportamiento con palabras e imágenes

Nuestros cuerpos están diseñados para la autocuración. Interferimos en este proceso natural reaccionando a los acontecimientos con ansiedad y estrés. Podemos eliminar estas interferencias respondiendo a los acontecimientos externos con reacciones relajadas.

También podemos aprovechar la energía curativa recreando imágenes mentales e instrucciones verbales positivas.

El Método Silva para mejorar la salud se fundamenta en la ejecución de instrucciones mentales positivas durante el proceso de relajación. El método es simple y fácil, y se vuelve más efectivo con la práctica. Aunque seas un principiante, el milagro ocurrirá. Tus convicciones y expectativas actúan como una «luz verde» para que tus neuronas cerebrales cambien el estado de tu cuerpo para mejor.

Ha llegado el momento de decidir. ¿Quieres tener más control sobre tu vida? Si tu respuesta es afirmativa, te beneficiarás no solo en lo que atañe a tu salud, sino también en todas las demás facetas de tu vida, ya que las neuronas cerebrales que han estado holgazaneando en sus funciones o actuando en tu contra, de pronto se pondrán a trabajar para ti.

Puesto que no puedes leer este libro y relajarte simultáneamente, te sugerimos que utilices esta estrategia: lee primero las instrucciones; a continuación, deja el libro, cierra los ojos y sigue las instrucciones. Esta es tu primera serie de instrucciones:

1. Siéntate cómodamente en una silla y cierra los ojos.
2. Respira profundamente y, al exhalar, relaja tu cuerpo.
3. Cuenta lentamente hacia atrás, de 100 a 1.
4. Imagina que estás en un lugar tranquilo que conoces.
5. Dite a ti mismo: «Mantendré siempre un cuerpo y una mente sanos».
6. Dite a ti mismo que cuando abras los ojos, al contar cinco, te sentirás completamente despierto y mejor que antes. Cuando cuentes tres, vuelve a decírtelo. Cuando abras los ojos, repítelo («estoy completamente despierto y me siento mejor que antes»).

Vuelve a leer las instrucciones. Ahora deja el libro y ponlas en práctica. Lo que acabas de experimentar se llama «programación».

Tu habilidad para programarte mejorará con la práctica. Poco a poco te relajarás más rápida y profundamente. Concebirás imágenes más realistas y tus expectativas y convicciones aumentarán, creando así mejores resultados.

Te acompañaré en cada paso del camino. A medida que te acerques al final de este libro, podrás ayudarte a ti mismo a gozar de buena salud y utilizar la energía de tu mente para ayudar a otros a distancia a mejorar la suya.

Sesión 2
Cómo controlar tu cuerpo mediante el control de tu mente

1. Siéntate cómodamente en una silla y cierra los ojos.
2. Respira profundamente y, al exhalar, relaja tu cuerpo.
3. Cuenta lentamente hacia atrás, de 100 a 1.
4. Imagina que estás en un lugar tranquilo que conoces.
5. Dite a ti mismo: «Mantendré siempre un cuerpo y una mente sanos».
6. Dite a ti mismo que cuando abras los ojos, a la cuenta de cinco, te sentirás completamente despierto y mejor que antes. Cuando cuentes tres, vuelve a decírtelo. Cuando abras los ojos, repítelo («estoy completamente despierto y me siento mejor que antes»).

Para tomar el control de tu cuerpo, debes aprender a controlar tu mente. Para aprender a controlar tu mente, debes aprender a controlar el nivel Alfa. Para controlar el nivel Alfa, debes aprender a controlar tu estado de relajación.

El punto de partida es controlar la relajación. Permíteme compartir contigo la historia de M. R., un teniente de la Marina de los Estados Unidos: «Recientemente, mis ocho años de carrera en la aviación de la Marina estuvieron a punto de irse al garete. Sufrí una reacción alérgica a un medicamento, que me provocó un episodio de arritmia cardíaca.

»Un examen en el Brooke Army Medical Center reveló que había tenido un prolapso de la válvula mitral del corazón. Se trata de un defecto congénito que solo puede diagnosticarse con equipos sofisticados. Las normas de la Marina prohíben que alguien con este defecto pilote aviones. Dos segundas opiniones confirmaron el diagnóstico. Mi caso parecía abierto y cerrado sin remisión. Tres semanas después, los médicos de la Marina me examinarían en el Instituto Aeroespacial Naval.

»No había sido muy constante en la práctica de las técnicas del Método Silva, pero recordaba que se podían corregir las anomalías. Entraba en el nivel Alfa con frecuencia y visualizaba un corazón sano, sin defectos. También me decía una y otra vez que mi corazón estaba en perfectas condiciones. Este pensamiento ocupaba mi mente día y noche hasta que me convencí de que era así.

»Tres semanas después me examinaron tres médicos de la Marina. No había prolapso de la válvula mitral. Un defecto congénito de treinta y tres años había desaparecido. Todos los equipos de diagnóstico y las pruebas revelaron un corazón perfecto. Recuperé mi puesto de piloto de aviación.

»Ahora soy un firme creyente en el poder interior que tenemos para mejorar nuestras vidas.

M. R. se relajaba e imaginaba que su corazón estaba en perfecto estado. Lo que la mente imagina, la mente crea. Siempre y cuando…

Este «siempre y cuando» es muy importante. La mente crea lo que imagina si está en la frecuencia Alfa. El cerebro es un órgano de poco más de un kilo de peso confinado en el cráneo. La mente, ilimitada en su alcance, sigue dependiendo del cerebro. Es en el nivel Alfa donde el cerebro —especialmente el hemisferio derecho, el reino de los pensamientos, los sentimientos y las emociones— trabaja para nosotros. M. R. imaginaba que tenía el corazón sano y hablaba consigo mismo cuando su cerebro estaba en esta frecuencia. Las imágenes mentales y las instrucciones verbales son los mecanismos para realizar cambios físicos en el nivel subjetivo o Alfa. El uso de estos mecanismos es lo que llamamos programación. Mientras estaba en el nivel Alfa, M. R. se imaginaba que su corazón estaba perfectamente sano, y de este modo programaba su ordenador mental para que lo hiciera. La mente dirige el cerebro y el cerebro dirige el cuerpo.

La clave es el nivel Alfa. Te aleja del campo objetivo, el mundo físico, y te acerca al mundo subjetivo, el reino causal o creativo, la fuente del mundo físico. Existir en este nivel te da una sensación de felicidad de estar únicamente dentro de ti mismo. Eres consciente de lo que ocurre en el mundo exterior, pero no participas activamente en él. Te encuentras física y mentalmente a gusto.

Cómo «sentir» el nivel Alfa

Con cada día de práctica vas avanzando en dirección al nivel Alfa. Cuando llegas a este nivel, seguir practicando te traslada a un Alfa más profundo sin caer demasiado hondo (sin volver a dormir) y te permite usar la mente para alcanzar un estado superior de salud…, la tuya y la de los demás, mientras te mantienes en Alfa.

Barbara Brown, la conocida investigadora de biorretroalimentación, ha sido capaz de entrenar a las personas para que controlen sus niveles Alfa a través de la asociación mental con sentimientos placenteros.

El coautor de este libro, profesor del Método Silva en Hawai, utiliza la palabra hawaiana *aloha* para referirse al Alfa. «*Aloha* significa unidad, simbolizada por la "o", la letra central de la palabra», explica. «Si consigues dominar la unidad, habrás alcanzado el nivel Alfa». Lo demuestra en la pizarra poniendo un asa en la «o» de *aloha*, que cambia la o por la p y la palabra *aloha* por Alfa (escrito «Alpha» en inglés).

Alfa es, en efecto, una sensación de placer. Quizá la razón sea que al entrar en él nos alejamos del mundo físico para aproximarnos al mundo interior…, un paso más cerca del cielo. Cuando llegues a Alfa, no sonarán campanas, ni sirenas, ni ninguna voz anunciará: «Esto es Alfa». Sencillamente te sentirás bien.

Una actitud positiva

En esencia, el Método Silva entrena la conciencia en frecuencias cerebrales bajas para obtener beneficios específicos. Este control sobre la conciencia permite que el individuo mejore su productividad y su capacidad para resolver problemas.

Pero supongamos que durante este entrenamiento asumes la actitud de que, aunque el método puede funcionar para otra persona, nunca funcionará para ti. Esta actitud afecta a tu programación. Mantenerla sería programar las neuronas de tu cerebro para ignorar tu formación y mantener un *statu quo* no deseable.

O supongamos que, después de completar tu entrenamiento, te niegas a creer que te ayudará a corregir tu problema de salud específico. Esa expectativa de fracaso también constituye un tipo de programación, que anularía lo que ganaste en el entrenamiento, alargando tu enfermedad en el tiempo. El deseo, la convicción y las expectativas son los componentes de la *fe*, el vínculo entre la mente y el cerebro que permite que los programas sean efectivos. El cerebro funciona tanto en el ámbito objetivo como en el subjetivo.

Tomemos como ejemplo al brillante estudiante universitario cuyo padre quiere que sea abogado. Él no quiere ser abogado, pero su padre tiene un despacho prestigioso y goza de una gran reputación en la comunidad. Así que, animado por su padre, el hijo se hace abogado. ¿Prospera como su padre? No, porque sus esfuerzos son poco ambiciosos. Esa falta de ambición afecta a toda su carrera. Se convierte en un abogado mediocre.

Compara el deseo del hijo con la motivación del padre cuando era joven. El padre tenía un deseo ferviente de convertirse en un abogado de éxito. A pesar de los obstáculos financieros y otros problemas, se dedicó en cuerpo y alma, y finalmente consiguió lo que se había propuesto. Las ganas de cambiar, la voluntad y la esperanza de que ocurra, preparan el camino para el éxito, tanto en el mundo objetivo como en el subjetivo.

Cuando el Dr. Carl Simonton recibía a un nuevo paciente, le mostraba fotos del «antes» y el «después» de otros pacientes. «Ahora ves el cáncer; ahora no». No estaba presumiendo o haciéndose publicidad. Estaba desafiando las expectativas y creencias negativas del paciente («No lo conseguiré») para que se invirtieran, convirtiéndolas en expectativas y creencias positivas ("Yo también puedo curarme").

Solía mostrar estas imágenes en forma de diapositivas a varios pacientes a la vez. También insistía en que los familiares de los pacientes vieran las imágenes. Quería cambiar sus expectativas y creencias sobre el diagnóstico de los pacientes, de modo que influyeran sobre las suyas, reprogramándoles así de forma positiva.

Las convicciones generan en nuestra especie de ordenador mental ese mensaje de que «la programación está en camino»; también nos permiten imaginar un resultado final con entusiasmo, y el entusiasmo aumenta el flujo de energía que hace funcionar el ordenador.

El cerebro procesa entonces la información que le proporciona una mente convencida. Su facultad crítica ha encendido la luz verde: «Lo conseguiré».

Cuando el segundo receptor de un corazón artificial se incorporó en su cama del hospital de Louisville unos días después del implante, los médicos estaban exultantes. Associated Press citó las declaraciones de uno de ellos: «La actitud mental positiva del paciente fue un factor decisivo en la recuperación».

Proceso de refuerzo

La mente tiene el control. Así que nos beneficiamos cuando controlamos la mente, generando así el éxito con la convicción y las expectativas.

1. Cuando te levantes mañana por la mañana, si necesitas ir al baño, hazlo. Vuelve después a la cama. Pon el despertador para que suene 15 minutos después.
2. Cierra los ojos y gíralos ligeramente (unos 20 grados) hacia arriba (hacia las cejas).

He analizado el proceso de visualización y he determinado cómo sacarle el máximo provecho. ¿Te has fijado en que la gente gira sus ojos hacia arriba para encontrar la respuesta a una pregunta, como si la respuesta estuviera escrita en el techo o en el cielo?

He descubierto que mirar hacia arriba así pone en marcha el cerebro para producir el ritmo Alfa. Al mismo tiempo, mirar hacia arriba y desenfocar lo que tenemos delante, apartando la vista de cualquier objeto, activa una mayor actividad del cerebro derecho.

La pantalla mental

Conseguimos un mayor control mental cuando los ojos están a unos veinte grados por encima de la horizontal. Yo llamo a esta zona la pantalla mental.

Nuestro uso de la pantalla mental en el nivel Alfa se convierte en un medio importante para mejorar nuestra salud.

Con esta explicación en mente, puedes continuar el procedimiento iniciado previamente:

1. Cuenta lentamente de 100 a 1. Hazlo en silencio, es decir, mentalmente. Deja pasar un segundo entre cada par de números.
2. Cuando llegues al 1, visualízate a ti mismo juvenil, radiante, saludable y atractivo.
3. Repite mentalmente: «Mantendré siempre un cuerpo y una mente sanos».

4. Después di: «Voy a contar hasta cinco. Cuando llegue a cinco, abriré los ojos, me sentiré bien y sano. Me sentiré mejor que antes».
5. Luego empieza a contar. Al llegar a tres, repite: «Cuando llegue a cinco, abriré los ojos, me sentiré bien y sano. Me sentiré mejor que antes».
6. Sigue contando. Al llegar a cinco, abre los ojos y afirma mentalmente: «Estoy completamente despierto, me siento bien y sano. Me siento mejor que antes. No me cabe la menor duda».

Ocho pasos que en realidad son tres

A continuación, repasa cada una de las explicaciones de estos ocho pasos para que entiendas su propósito y te familiarices con la secuencia:

1. La mente no puede relajarse profundamente si el cuerpo no está relajado. Es mejor ir al baño y luego permitir que el cuerpo esté plenamente cómodo. Además, cuando te levantas por la mañana es posible que no estés completamente despierto. Ir al baño asegura que te despiertes por completo. Sin embargo, en caso de que aún no estés lo suficientemente despierto, programa tu despertador para que suene en unos quince minutos, de modo que no te arriesgues a comenzar tarde tu programa diario.
2. Como ya he explicado, girar los ojos hacia arriba unos veinte grados desencadena ritmos Alfa en el cerebro y también provoca la actividad del cerebro derecho. Más tarde, cuando practiques tus visualizaciones mentales, lo harás con los ojos girados hacia arriba en este ángulo. Mientras tanto, este movimiento ocular es una forma sencilla de fomentar el ritmo Alfa.
3. Contar hacia atrás equivale a relajar. Contar hacia adelante equivale a activar. Contar «1, 2, 3» es como decir «en sus marcas, listos, ya». Contar de 3 a 1 te serena; no te lleva a ninguna parte, excepto a un punto más profundo en tu interior.
4. Mientras te relajas, imaginarte a ti mismo como quieres ser crea la imagen. Los hipocondríacos que se relajan y se ven a sí mismos enfermos, a menudo crean síntomas físicos indeseados. Tú harás lo contra-

rio. Tus imágenes mentales crearán condiciones deseadas: juventud, salud y atractivo.

5. Mientras estás relajado, las palabras repetidas mentalmente crean los conceptos que representan. Las imágenes y las palabras programan la mente para que se hagan realidad.

6. 7. y 8. Estos últimos tres pasos simplemente suponen contar hasta cinco para finalizar la sesión. La cuenta progresiva te activa. Pero es recomendable seguir dándote «órdenes» para activarte a la cuenta de cinco. Hazlo al empezar a contar, otra vez a mitad de camino y nuevamente al abrir los ojos a la cuenta de cinco.

Cuando te levantes mañana por la mañana y te prepares para iniciar el ejercicio, verás que los ocho pasos son en realidad tres. Con los ojos girados hacia arriba en ángulo de 20 grados:

1. Cuenta hacia atrás de 100 a 1.
2. Imagínate sano.
3. Cuenta del 1 al 5, viéndote en un estado de buena salud y lucidez mental.

40 días que pueden cambiar tu vida

Ya sabes lo que debes hacer mañana, pero, ¿y después?
He aquí el programa:

- Cuenta atrás de 100 a 1 durante diez mañanas.
- Después cuenta atrás de 50 a 1 durante diez mañanas.
- Luego cuenta atrás de 25 a 1 durante diez mañanas.
- Finalmente, cuenta atrás de 10 a 1 durante diez mañanas.

Después de estas cuarenta mañanas de prácticas de relajación de cuentas regresivas, cuenta atrás solo de 5 a 1 y comienza a utilizar tu nivel Alfa a fin de obtener beneficios para la salud. En las próximas páginas te explicaré cómo hacerlo. Sigue leyendo mientras practicas, porque hay ventajas para la salud que puedes disfrutar incluso antes de que terminen los cuarenta días:

- Puedes cambiar tus imágenes matutinas para ayudarte con problemas de salud específicos.
- Puedes ayudar a otros.
- Puedes ampliar tu comprensión de lo que puede hacer tu mente para resolver problemas y alcanzar objetivos en otras áreas de tu vida.
- Puedes desarrollar tus convicciones y expectativas y, de este modo, mejorar tus habilidades para restaurar tu salud.

Si sigues este sencillo ejercicio cada mañana durante 40 días, adquirirás la capacidad de controlar tu mente a nivel Alfa.

Puede parecer casi infantil estar tumbado contando de esta manera. Pero cada vez que lo haces, estableces un punto de referencia para la siguiente vez. Vas profundizando cada vez más, ralentizando tus ondas cerebrales y poniéndolas bajo tu control. Esta frase, «bajo tu control», significa dos cosas: que lo estás haciendo deliberadamente y que no te estás quedando dormido. Este control, por lo tanto, te lleva a Alfa y te mantiene allí, no en un estado más profundo.

Es bueno poner en práctica el mismo procedimiento cada mañana: hacer los mismos pasos en el mismo lugar y a la misma hora. Lo único que cambia es la cuenta de 100 a 50 después de diez mañanas de práctica, y los siguientes cambios a 25, 10 y 5 cada diez mañanas después de eso. Añadir otras variables desdibujaría el punto de referencia y posiblemente reduciría sus resultados.

¿Cuáles serán los resultados después de cuarenta días? Serás capaz de sentarte en una silla, contar atrás de 5 a 1 con los ojos girados hacia arriba, y programarte para conseguir:

- Más energía.
- Mayor entusiasmo.
- Un día productivo.
- Una mejor salud.
- Optimismo.

Sesión 3
Cómo empezar a ayudarte

1. Cierra los ojos y gíralos ligeramente (unos 20 grados) hacia arriba (hacia las cejas).
2. Cuenta lentamente de 100 a 1. Hazlo en silencio, es decir, mentalmente. Deja pasar un segundo entre cada par de números.
3. Cuando llegues al 1, visualízate a ti mismo juvenil, radiante, saludable y atractivo.
4. Repite mentalmente: «Mantendré siempre un cuerpo y una mente sanos».
5. Después di: «Voy a contar hasta cinco. Cuando llegue a cinco, abriré los ojos, me sentiré bien y sano. Me sentiré mejor que antes».
6. Luego empieza a contar. Al llegar a tres, repite: «Cuando llegue a cinco, abriré los ojos, me sentiré bien y sano. Me sentiré mejor que antes».
7. Sigue contando. Al llegar a cinco, abre los ojos y afirma mentalmente: «Estoy completamente despierto, me siento bien y sano. Me siento mejor que antes. No me cabe la menor duda».

Buenos días. ¿Te has sentido maravillosamente relajado al llegar a la cuenta de 1?

A partir de ahora, cuando practiques cada mañana, te sentirás más y más relajado. Todo el proceso te resultará más familiar. Te sentirás más cómodo con él. La comodidad es la clave para relajarse.

A medida que vayas practicando tu ejercicio de relajación matutino, este se irá automatizando. Después de diez mañanas, contar de 50 a 1 te servirá tanto como contar de 100 a 1. Y después de treinta mañanas más, te relajarás como un profesional, controlando el nivel Alfa de tu mente, donde la imaginación crea.

Podría contarte todas las formas en que podrás usar el Método Silva creando condiciones físicas óptimas a través de la imaginación: para borrar manchas en tus pulmones y erradicar una tos, para eliminar un cálculo renal imaginando que lo disuelves con tus dedos y luego excretarlo por la mañana, para eliminar los bultos de la artritis imaginándote cómo te quitas el polvo de los nudillos. Pero es probable que mis palabras no calen todavía a estas alturas del libro.

Son las experiencias de primera mano las que realmente calan, así que permíteme presentarte a Tag Powell, de Florida. Esta es, en sus propias palabras, la historia de su curación. Desde la época que describe aquí, se ha convertido en uno de los más exitosos conferenciantes del Método Silva.

La historia de Tag Powell

«A los 14 años de edad me diagnosticaron osteomielitis. No es exactamente un cáncer de huesos, pero se le parece mucho. En mi caso, el deterioro de los huesos se produjo en la zona de la rodilla. No se sabe exactamente cómo me contagié, tal vez por un fallo en la esterilización de la sala de operaciones, tal vez no. Me atiborraron de antibióticos, pero no sirvieron de nada. Con una osteoporosis normal te dan antibióticos y desaparece.

»Necesitaba pasar por cirugía cada tres años aproximadamente. Los médicos entraban en la zona, cortaban los tejidos infectados, raspaban el hueso y volvían a poner las cosas en su sitio. Me dejaban bien durante dos o tres años como máximo; después de este tiempo, tenían que volver a operar. Probaron con tratamientos de radio, inyectando radio en la pierna para intentar matar la infección en la articulación. La eficacia de este tratamiento duró dos años. Probaron otro sistema con el que limpiaban la infección en la articulación, la inyectaban con radio y repetían este esquema dos veces por semana durante seis meses. Pero no hubo suerte. A esas alturas, había probado todas las terapias de osteoporosis conocidas.

»Entonces me inicié en el Método Silva.

»Unos seis meses después de terminar el curso, mi rodilla empezó a hincharse. Se había hecho tan grande como un globo y acabé con muletas. Utilicé las técnicas del Método Silva para controlar el dolor, pero cuando algo se hincha tanto, invariablemente te acabas golpeando con algo (y más si trabajas en espacios reducidos, como era mi caso) y, como no estás pensando en ello en ese momento, duele mucho.

»Fui a ver al médico local, que quiso enviarme al Centro Hospitalario de la Universidad de Florida, en Gainesville, donde cortarían toda la articulación de mi rodilla, la hervirían durante veinticuatro horas, la congelarían durante treinta días, y la volverían a insertar en su sitio. Me dijo: "Tal vez se pueda". Tal vez. Con ese hilo de esperanza, como se puede imaginar, yo no quería seguir adelante. El sistema que recomendó se utiliza en realidad en casos extremos, por lo general solo cuando la persona está a punto de perder la pierna. Le pedí antibióticos para un alivio temporal y le dije: "Lo pensaré".

»Me fui a casa. No podía moverme y estaba tumbado en la cama. La rodilla tenía ya el tamaño de una pelota de voleibol. No podía subirme ni el pantalón.

»Una noche, mientras estaba recostado, empecé a preguntarme: "¿Realmente creo en el Método Silva? Si es así, podría utilizarlo". Esto fue a principios de 1978, unos seis meses después de haber completado la Serie de Conferencias Básicas.

»Todo empezó a cuadrar. Recordé lo aprendido sobre cómo los glóbulos blancos podían destruir la osteomielitis. Recordé mis visualizaciones de la clase, y convoqué a los glóbulos blancos en varias partes de mi cuerpo. Empezando por los dedos de los pies, llamé mentalmente a los glóbulos blancos a las rodillas. Estaba reclutando un ejército, imaginando que acudían al campo de batalla.

»Cuando conseguí reunir a todo un ejército en la cadera derecha, fingí que los ponía en caballos blancos con escudos y espadas blancas grandes y anchas. Cuando consideré que estaban listos para entrar en batalla, grité mentalmente "¡A la carga!" e imaginé oleadas de estas criaturas entrando a caballo en la zona principal, luchando con espadas y matando a las células malas. Visualicé las células malas como flacas, oscuras, con espadas endebles, escudos frágiles, escasamente eficaces.

»Estaba enviando oleadas y oleadas, y me estaba metiendo de lleno en la visualización. Entonces tuve la impresión de que no estábamos ganando, sino que apenas estábamos aguantando. Pensé: "¿Qué hace un médico con el hueso? Lo lima". Así que traje mentalmente un rayo láser, como el de la Guerra de las Galaxias. Programé el rayo láser para que solo atacara los gérmenes, no los glóbulos blancos. Situé el rayo láser y apunté a la zona infectada.

»Estaba tan concentrado en la escena que temí que me doliera cuando disparara el rayo láser, pero no fue así. Sentí un poco de calor, pero eso fue todo. Giré el rayo, escarificando la rodilla tal y como lo haría el médico al raspar.

Luego retiré el láser. Estaba tan agotado por el dolor y el esfuerzo que simplemente me dormí.

»A la mañana siguiente, cuando desperté, había una bola de pus del tamaño de media pelota de golf en la zona. Hacia el mediodía, ese pequeño saco de pus se rompió y drenó. La rodilla continuó mejorando.

»Desde entonces, no he vuelto a tener problemas.

»Durante el verano, después de la operación psico-mental del Método Silva, o como quiera llamarlo, salí con un grupo y por primera vez en mi vida jugué al voleibol. Antes, si hubiera jugado al voleibol, habría acabado en el hospital.

»Me pasé todo el día jugando al voleibol. Cuando volví a casa esa noche, me dolía la pierna. Me dolía la rodilla. Pero era un dolor placentero, porque eran los músculos los que me dolían. No había usado esos músculos desde los catorce años.

»La rodilla siguió mejorando, cada vez más. Ahora puedo sentarme en posición de flor de loto. Me compré un pequeño y bonito Sunbird rojo, porque puedo entrar y salir de él. La prueba real de la eficacia de la cura llegó cuando fui a Egipto el año pasado y subí y bajé la Gran Pirámide. Jamás habría podido hacerlo antes. Cuando terminamos, estaba agotado físicamente, pero al día siguiente estaba bien.

»La programación duraba entre treinta y cuarenta y cinco minutos. A esas alturas, las ganas que tenía de creer y mis expectativas eran poderosas. Aquella era casi una situación de vida o muerte: un médico que me proponía congelar la rodilla durante treinta días o más, sin dilación.

»Creo que la razón por la que hice toda la curación de una sola vez es que comprendí que no tenía otra salida. Era entonces o nunca. No valía "intentarlo". No podía fiarlo todo a la "esperanza"; iban a cortarme una parte de la pierna si no lo conseguía.

»Ese deseo, esa urgencia de vida o muerte, te da el empuje suficiente para lograr casi cualquier cosa. La voluntad de querer cambiar te da la fuerza para alcanzar tus objetivos. Lo sé, porque yo lo hice. Mi voluntad, junto con las técnicas del Método Silva aplicadas en el nivel Alfa, dieron sus frutos.

Cómo descender en la escala de frecuencias cerebrales

Lo que Tag Powell hizo por sí mismo otros lo están haciendo diariamente con el Método Silva. Tu habilidad para manejar problemas de salud para ti y para los demás aumentará gradualmente a medida que tus sesiones matutinas de relajación se vuelven más y más eficaces.

El cerebro es un órgano de curación. Controla el cuerpo. Demasiado a menudo se utiliza inconscientemente para inducir enfermedades. Entre todos los problemas cotidianos y las grandes crisis de la vida, hay un mundo de tensiones mentales que causan enfermedades.

El hecho de que no podamos identificar qué acontecimiento estresante provoca qué síntoma no deseado no significa que no podamos eliminar ese síntoma. Tag Powell no identificó la causa que arrastraba desde su juventud y que había causado su dolencia en la rodilla. Sin embargo, fue capaz de utilizar su mente para curarla.

A medida que practicas, vas adquiriendo un reflejo automático. Cuando llega el estrés, lo mantienes a raya, te vuelves más resistente y el estrés te afecta cada vez menos. Al utilizar las imágenes mentales, puedes dejar de generar los síntomas iniciales de la enfermedad que pretendes aliviar y también es probable que desaparezcan otras afecciones no deseadas.

Cómo visualizar con el ojo mental, quizá nuestro mayor don

A se ve a sí mismo débil y vulnerable a la enfermedad. Tiene miedo a todos los gérmenes y virus que hay ahí fuera. Se imagina que va a contraer una u otra enfermedad. No soporta la idea de envejecer.

B se imagina sano y fuerte. En lugar de tener imágenes de la enfermedad en su mente, se imagina a sí mismo perpetuamente joven, activo y atractivo.

B vive recreando imágenes mentales y, de los dos, es el más proclive a disfrutar de un alto nivel de salud. A, el hipocondríaco, también es capaz de hacer realidad sus imágenes mentales, lo que afecta a su cuerpo, produciéndose malestares y enfermedades.

La capacidad de la mente para imaginar es una función creativa. Nada que haga un ser humano podría existir si no partiera de una imagen mental. Ese hermoso jardín de rosas tuvo que ser imaginado por el jardinero. Ese cuadro tuvo que ser imaginado por el artista. La silla en la que estás sentado tuvo que ser imaginada por su creador antes de que pudiera ser diseñada y fabricada.

Pregúntate quién imaginó la ropa que llevas puesta antes de dibujarla y confeccionar los patrones, o el edificio en el que te encuentras antes de diseñar los planos, redactar las especificaciones y solicitar ofertas a los constructores. Alguien hizo el plano, o estos objetos no estarían allí. La capacidad de imaginar es el poder creativo de la humanidad. Es algo que viene de dentro.

Nikola Tesla, un inventor e ingeniero eléctrico croata de principios del siglo XX que estaba muy adelantado a su tiempo, fue capaz de imaginar lo que inventó. En menos de dos meses consiguió crear, a partir de su imaginación, prácticamente todos los motores y modificaciones del sistema asociado a su nombre. «Los aparatos que concebí», escribió, «eran para mí absolutamente reales y tangibles en todos los detalles, incluso en las más mínimas marcas y signos de deterioro».

La imagen mental de Tag Powell de un ejército de glóbulos blancos era tan real y tangible como las imágenes de Tesla. Cuando utilizó el rayo láser imaginario, incluso temió que doliera. Imaginar como si lo que se imagina fuera real es parte de la fórmula del éxito. Cuando llegas a la cuenta de 1 y te ves a ti mismo vibrante y saludable en tu sesión de práctica matutina, estás creando lo que imaginas.

Sé consciente de que la imagen que concibes de ti mismo es tu verdadero yo.

La situación poco saludable que podrías estar experimentando ahora no es normalidad, sino anormalidad. El antídoto es desear tu verdadero yo, creer firmemente en que estás restaurando tu verdadero yo y convencerte de que tendrás éxito en el cambio hacia tu verdadero yo.

¿Es necesario hacer diagramas y bocetos antes de visualizar? En absoluto. Más bien al contrario: es necesario visualizar antes de hacer diagramas y bocetos. Tesla confirma con satisfacción que su trabajo de visualización era fácilmente verosímil y real sin necesidad de modelos, dibujos o experimentos.

Cada uno de nosotros tiene una reserva de creatividad sin explotar. Desacelerar las ondas cerebrales es el medio para acceder a ella. Al ralentizar las ondas cerebrales, se activa el hemisferio derecho del cerebro. El hemisferio derecho del cerebro parece ser nuestra conexión con el reino creativo, porque con él visualizamos lo que queremos, y así lo creamos.

Sesión 4
Un gramo de prevención

1. Cierra los ojos y gíralos ligeramente (unos 20 grados) hacia arriba (hacia las cejas).
2. Cuenta lentamente de 100 a 1. Hazlo en silencio, es decir, mentalmente. Deja pasar un segundo entre cada par de números.
3. Cuando llegues al 1, visualízate a ti mismo juvenil, radiante, sano y atractivo.
4. Repite mentalmente: «Mantendré siempre un cuerpo y una mente sanos».
5. Después di: «Voy a contar hasta cinco. Cuando llegue a cinco, abriré los ojos, me sentiré bien y sano. Me sentiré mejor que antes».
6. Luego empieza a contar. Al llegar a tres, repite: «Cuando llegue a cinco, abriré los ojos, me sentiré bien y sano. Me sentiré mejor que antes».
7. Sigue contando. Al llegar a cinco, abre los ojos y afirma mentalmente: «Estoy completamente despierto, me siento bien y sano. Me siento mejor que antes. No me cabe la menor duda».

Ahora estás utilizando una imagen mental en tus sesiones de práctica matutinas: una imagen de ti mismo como alguien sano. Más tarde, si tienes un problema de salud, podrás dirigir tu energía creativa visualmente, como hizo Tag Powell para corregir su problema de salud.

Sin embargo, mientras tanto es importante que perfecciones tu poder de relajación para que estés en el nivel Alfa cada vez que produzcas imágenes en tu mente. Incluso mientras te entrenas, te estás ayudando a mantenerte sano. Tu imagen mental matutina de ti mismo como un individuo sano, repetida diariamente, está calando, y es una medicina potente en sí misma.

Tomemos el caso de la señora L. W., madre de dos hijos adolescentes:

«El año pasado fue muy negativo para mí. Tuve muchos contratiempos y mi personalidad cambió: me convertí en una persona negativa y depresiva. Intentaba no exteriorizarlo, pero lo cierto es que perdí la confianza en mí misma en varias áreas y empecé a comer cada vez más y a ganar peso. Tomaba pastillas para adelgazar y laxantes, que realmente no me ayudaban. Mi audición se vio afectada. Tuve que utilizar un audífono.

»Estaba preocupada por mi marido y no sabía qué hacer. Era muy impaciente con nuestros hijos y les gritaba cuando hacían algo que no aprobaba. Además, me preocupaba el rendimiento escolar de nuestro hijo de 12 años, que es disléxico.

»Fue entonces cuando vi el anuncio del Método Silva. Se lo enseñé a mi marido y fue a la conferencia de presentación del curso. Se entusiasmó mucho. Yo seguía siendo escéptica, pero me comprometí a asistir.

»Fue la respuesta a mis oraciones.

»Desde que seguí ese curso me he encontrado a mí misma. Ahora soy positiva, tengo paz mental, estoy alerta y vivo sin estrés y sin fármacos. Llevo una dieta sensata con mucho ejercicio, he reducido mi peso y me siento muy bien. Estoy entusiasmada con la mejora de mi audición y sé que muy pronto podré prescindir de los audífonos. Tengo más paciencia con nuestros hijos y cada día me encuentro mejor.

¿Adónde se dirigía la señora L. W. antes de hacer el curso del Método Silva? Estaba claro que su salud se estaba deteriorando: estaba ganando peso, tenía problemas intestinales y había desarrollado una discapacidad auditiva. Su físico se estaba desequilibrando. Lo más probable era que aparecieran nuevos achaques.

Fue cuando descubrió el Método Silva. Su estrés disminuyó y su organismo empezó a recuperar su equilibrio.

En tus sesiones matutinas te estás aplicando un «tónico» similar. Estás controlando tu estrés y poniendo los cimientos para alcanzar un nivel más alto de salud y bienestar.

El cerebro tiene en su interior aproximadamente treinta mil millones de neuronas, 1,4 kg de material en total. Estas neuronas son como los componentes de un ordenador. Tu cerebro, parecido a un ordenador, está programado para hacer funcionar a tu cuerpo, almacenar tus experiencias y aprendizajes y devolverte esta información cuando la necesitas. Se calcula que nacemos con unos dos mil programas distintos en nuestro ordenador mental, diseñados para que nuestro cuerpo funcione a la perfección. La aparición de defectos antes inexistentes es causada por el estrés, que comienza casi en el momento en que nacemos.

La primera vez que te viste afectado por el estrés fue cuando no tenías a tu madre a tu lado. ¿Ocurrió al segundo, tercer o cuarto día después de nacer? Eso ya no importa. Siempre que ocurría te asaltaba la ansiedad. Tenías hambre y no lo podías saciar inmediatamente. Más ansiedad. Tenías las nalgas irritadas y no te atendían inmediatamente. Más ansiedad.

La ansiedad es estrés. El estrés interfiere con la programación perfecta. Cuanto más intenso y prolongado es el estrés, mayor es la interferencia.

Al final, esta interferencia se acaba imponiendo. Los programas perfectos se convierten en imperfectos. Los órganos vitales y las funciones esenciales del cuerpo comienzan a trabajar de forma menos coherente.

La culpa la tiene el estrés

Es normal que consultes al médico, pero después de hacerlo utiliza el Método Silva para desactivar el estrés y reprogramarte con normalidad.

Hace 50 años los médicos observaron que la ira provocaba un cambio de color en la mucosa del estómago de un paciente en lista de espera quirúrgica. Ahora se sabe que el estrés inhibe la actividad de los glóbulos blancos.

> Si en el pasado se llegó a establecer una relación entre la ansiedad y las úlceras, ahora sabemos que casi todos los trastornos corporales son provocados por alguna actitud, sentimiento o emoción estresantes.

¿Tienes resfriados, dolores de cabeza, molestias o dolores? ¿Has tenido alguna vez sarampión, tos ferina o alguna de las llamadas enfermedades contagiosas? ¿Y qué me dices de las enfermedades más serias o graves, como el cáncer, los cálculos nefríticos, las cardiopatías o la artritis? Todas ellas son desencadenadas en gran medida por el estrés.

No te gustará leer lo que voy a decirte: tú eres el responsable de tus enfermedades. Pero no te culpes de ello. Toda la humanidad comete el mismo error.

Nadie nos ha enseñado a usar nuestra mente para eliminar el estrés, mantener alerta nuestro sistema inmunitario o conseguir que nuestros sistemas vitales trabajen armoniosamente.

Cómo superar las barreras ocultas

Mientras te visualizas con una salud radiante en cada sesión de práctica, la programación que arrastras puede estar interfiriendo en tu salud. Con el tiempo te reprogramarás para sustituirla, pero puedes acelerar este proceso si eres consciente de lo que arrastras y lo frenas. Identificar la vieja programación es necesario para comprender y eliminar la causa de tus problemas de salud.

He aquí, concretando, los pasos para erradicar el estrés que interfiere en tu salud. En la sesión de la mañana, mientras te estás relajando, pero antes de empezar a visualizarte sano, pregúntate: «¿Por qué tengo este problema físico?». Deja que tu mente divague. Empezarás a pensar en tu hermana, tu suegra, tu pareja, tu abogado, tu cónyuge o tu hijo o hija.

Casi todo el estrés proviene de las relaciones humanas. Si identificas la relación estresante que te está «afectando», identificarás la causa y la forma de deshacerte de ella.

Una vez que hayas identificado la fuente, visualízate estrechando la mano de esa persona o abrazándola. Imagina que te estás «reconciliando». Siente que el perdón mutuo fluye entre vosotros.

> Al experimentar el perdón, lo que realmente estás haciendo es superar las barreras ocultas que te impiden sanar. Si disuelves la contradicción a través de imágenes mentales, eliminas las consecuencias físicas de la fricción mental.

Ahora ve al paso 4, en el que te ves saludable y te afirmas a ti mismo: «Mantendré siempre un cuerpo y una mente sanos». A continuación, cuenta del 1 al 5 y abre los ojos.

Para reiterar, he añadido los siguientes pasos a tus sesiones de práctica de las mañanas. Permíteme dividir el paso tres en tres subpasos:

3A.   Pregúntate: «¿Por qué tengo este problema físico?». Después deja que tu mente divague.
3B.   Cuando en tus pensamientos aparezca alguna persona, concéntrate en ella. Visualízala.
3C.   Imagina que ambos os perdonáis mutuamente. Visualiza un abrazo, un apretón de manos, sonrisas, cabezas asintiendo. Procura sentirte bien en esta situación.

Sentirás que tu relación en la vida real con esta persona habrá mejorado. Habrás creado un cambio, habrás eliminado una barrera silenciosa en tu camino hacia la salud.

Cómo profundizar en Alfa a través de la relajación muscular

Hemos dicho que en el nivel Alfa se producen entre siete y catorce pulsaciones por segundo. Mientras te relajas por la mañana cerrando los ojos, girándolos ligeramente hacia arriba, y contando atrás de 100 a 1, estás bajando la frecuencia de tus ondas cerebrales para acercarlas al rango Alfa.

Algunos pueden alcanzar este rango en las primeras sesiones de práctica; otros tardan más. No hay penalización por alcanzar el Alfa rápidamente, pero, si tardas demasiado, el precio es un retraso en los resultados exitosos de tu trabajo de curación.

Esta es una penalización que nadie debería desear. Y no es necesario que ocurra. Para evitarla, puedes ser más metódico en la relajación. He aquí un ejercicio adicional que acelera este proceso. Ponlo en práctica antes de comenzar la cuenta atrás, para llevar a cabo una relajación progresiva.

Este proceso consiste en dirigir tu conciencia hacia diferentes músculos de tu cuerpo y relajarlos uno por uno.

Normalmente se empieza por la parte superior de la cabeza y se va bajando hasta los tobillos, los pies y los dedos de los pies. Con el libro delante de ti y los ojos abiertos, mientras lees las instrucciones, inicia la relajación progresiva. A la mañana siguiente podrás hacerlo sin la ayuda del libro.

En primer lugar, dirige tu atención hacia el cuero cabelludo. Siéntelo en tu interior y sé consciente de que está ahí. Puede darte una sensación de hormigueo o calor. Es la sangre que circula por el cuero cabelludo. Si relajas esta zona, la sangre circulará con más fluidez. Después de relajar esta zona, pásate a la frente. Concéntrate en ella. Relájala.

Relaja los ojos. Siente su contenido acuoso. Relaja la mandíbula y la boca. Haz que tu lengua se sienta cómoda en tu boca. Relaja el cuello. A continuación, los hombros. Relaja los brazos. Puede que el libro cambie ligeramente de posición al hacerlo, pero sigue leyendo.

Concéntrate en tu pecho y tu abdomen. Relájalos. Relaja la espalda superior y la espalda inferior. Continúa tomando conciencia del resto de tu cuerpo, parte por parte, relajando cada una de ellas: las caderas, los muslos, las rodillas, las piernas, los tobillos, los pies y los dedos de los pies.

Aunque sigas leyendo y estés mentalmente activo, deberías ser capaz de sentir la relajación física que acabas de inducir en tu cuerpo.

Ya sabrás qué hacer mañana por la mañana para disfrutar de esta misma relajación física profunda. Utilizarás la relajación progresiva justo antes de empezar la cuenta atrás.

Lo llamaré Paso 2A. Dado que te llevará unos minutos, será opcional. Hazlo mañana por la mañana, pero después hazlo solo cuando tengas tiempo y ganas. Ten en cuenta que cada vez que lo hagas, estarás aumentando la eficacia de tu mente para curarte a ti mismo y ayudar a otros a ayudarse a sí mismos.

En resumen, este es el paso 2A de tu sesión matutina:

2A.   Empezando por el cuero cabelludo, concéntrate en cada parte de tu cuerpo, desde la cabeza hasta los dedos de los pies, relajándolas en el proceso.

Sesión 5
Cómo ayudar a tu médico

1. Cierra los ojos y gíralos ligeramente hacia arriba, hacia las cejas.
2. Cuenta lentamente de 100 a 1. Hazlo en silencio, es decir, mentalmente. Deja pasar un segundo entre cada par de números.
   A. Empezando por el cuero cabelludo, concéntrate en las diferentes partes de tu cuerpo, desde la cabeza hasta los pies, relajándolas a medida que avanzas.
3. Cuando llegues al 1, piensa en ti mismo como una persona joven, radiante, saludable y atractiva.
   A. Pregúntate mentalmente: «¿Por qué tengo este problema físico?». Luego deja que tu mente divague.
   B. Cuando en tus pensamientos aparezca alguna persona, concéntrate en esa persona. Visualízala.
   C. Imagina que ambos os perdonáis mutuamente. Visualiza un abrazo, un apretón de manos, sonrisas, cabezas asintiendo. Procura disfrutar de ese momento.
4. Repite mentalmente: «Mantendré siempre un cuerpo y una mente perfectamente sanos».
5. Después di: «Voy a contar hasta cinco. Cuando llegue a cinco, abriré los ojos, me sentiré a gusto y sano. Me sentiré mejor que antes».
6. Luego empieza a contar. Al llegar a tres, repite: «Cuando llegue a cinco, abriré los ojos, me sentiré a gusto y sano. Me sentiré mejor que antes».
7. Sigue contando. Al llegar a cinco, abre los ojos y afirma mentalmente: «Estoy completamente despierto, me siento a gusto y sano. Me siento mejor que antes. No me cabe la menor duda».

El cuidado de ti mismo no es un sustituto de los cuidados profesionales externos

Confiar en tu médico, una actitud relajada y optimista cuando se trata de tu curación son los factores principales del proceso de recuperación.

Según progresas, los mecanismos mentales te ayudarán a curar cualquier problema de salud y serán poderosas herramientas en tu recuperación. Pero estos mecanismos mentales no son un sustituto de los consejos de tu médico. Más bien, son formas de ayudar a tu médico a ayudarte.

Recomiendo que las técnicas del Método Silva en temas de salud se ejerciten siempre bajo la supervisión de tu médico. La visión de tu médico es siempre objetiva, mientras que tú te mueves en un terreno subjetivo.

¿Por qué es tan importante la dimensión subjetiva? La respuesta es que cuando un elemento intangible está causando un desequilibrio químico, ningún elemento tangible lo corregirá permanentemente. Las causas intangibles de los desequilibrios químicos en el cuerpo son todos los sentimientos, actitudes y emociones estresantes a los que ya nos hemos referido. La relajación y los pensamientos de curación son los elementos necesarios para restaurar nuestro equilibrio.

Hasta que los sentimientos estresantes se sustituyan por estados mentales relajados, tu médico solo puede ayudar a aliviar los síntomas.

A un empresario ansioso que padezca de úlceras se le puede tratar para aliviarlas. Pero si el paciente continúa preocupándose en exceso, seguirá teniendo úlceras de estómago. Por lo tanto, incluso bajo tratamiento médico, gran parte de tu salud depende de ti.

Tu médico y tú formáis un equipo.

Formas específicas de ayudar a tu médico a ayudarte

Los medicamentos prescritos por los médicos desempeñan un papel objetivo en la corrección de los problemas físicos. Trabajan desde el exterior hacia el interior. La mente desempeña un papel subjetivo en la corrección de estos problemas. Trabaja desde los niveles internos de la materia hacia los niveles externos. Tan pronto como empieces a tomar medicación, debes entrar en el nivel Alfa.

Visualiza tu estado de salud e imagina que la medicación va adonde tiene que ir y hace lo que se supone que tiene que hacer.

Cuando haces esto, estás preparando los niveles internos para responder en armonía con los niveles externos. La curación se acelera. Los receptores internos absorben los medicamentos para tu curación. Tu interior y tu exterior se unen para conseguir tu recuperación.

El mero hecho de acudir a tu nivel Alfa cada vez que tienes un problema de salud tiene un efecto terapéutico. Te recomiendo que cuando estés enfermo vayas al nivel Alfa tres veces al día y permanezcas en él durante 15 minutos cada vez. Los mejores momentos para hacerlo son por la mañana al despertarte, después de comer y por la noche antes de dormir. Estos son los momentos en los que es más probable que estés relajado y, por lo tanto, capaz de funcionar en Alfa de forma más productiva.

El paciente ideal para cualquier médico es una persona que está relajada mental y físicamente y que está en el nivel Alfa. En contraste con el aprensivo, tenso e hiperactivo, aquel hace un uso óptimo de cualquier medicación.

Tu progreso

Ya estás en proceso de controlar tu actividad física, tu actividad cerebral, tu conciencia, tu visualización y tu capacidad para ayudar a detectar problemas de salud, así como de usar tu hemisferio cerebral derecho, con su capacidad para resolver problemas de salud. Cuando tienes un problema de salud, el nivel Alfa ayuda a transferirlo del mundo visible del cuerpo al mundo invisible de la mente. La imaginación puede corregir el problema en el mundo invisible de la mente y manifestarlo en el mundo visible del cuerpo.

El control del nivel Alfa y el uso de la visualización controlada generan salud. Ejerce este control haciendo tus ejercicios matutinos de cuenta atrás y visualización. Cuando hayas conseguido controlar tus pensamientos, podrás relajarte física y mentalmente y encontrar el centro del espectro de frecuencias cerebrales, donde la mente y la conciencia se sintonizan con el hemisferio cerebral derecho. Este hemisferio es el de la imaginación, que es la energía creativa en acción. Desde allí creas cambios del reino interior al exterior, y del reino subjetivo al físico.

Mañana por la mañana, cuando cierres los ojos, los gires ligeramente hacia arriba y comiences a contar hacia atrás, estarás poniendo en marcha esta secuencia de eventos:

- Tu cuerpo se relaja.
- Tu mente se relaja.
- Tu frecuencia cerebral se ralentiza.
- Se activa tu hemisferio derecho.

Seguidamente, cuando empieces a visualizarte sano, es decir, cuando comiences a hacer un viaje imaginario a través de tu cuerpo, imaginando todas las partes y órganos funcionando perfectamente, se habrá puesto en marcha otra secuencia de eventos:

- Tus visualizaciones se convierten en una necesidad.
- Tu mente subjetiva cambia el cuerpo energético.
- El cambio en el cuerpo energético se empieza a manifestar en el cuerpo físico.
- Lo que has visualizado mentalmente se materializa, se hace real.

Alfa —el nivel relajado de la mente que produce entre siete a catorce pulsaciones cerebrales por segundo y cuya frecuencia media es diez— permite a la mente sintonizar con ambos hemisferios cerebrales, algo que normalmente no hace en el nivel de vigilia o Beta.

En el nivel Alfa, la mente tiene un gran poder. Puede detectar problemas de salud incluso antes de que se manifiesten completamente en la dimensión física exterior, y puede saber intuitivamente que algo necesita atención. Puede detectar problemas con el hemisferio derecho antes de que el hemisferio izquierdo los detecte. Ello se debe a que el cerebro derecho opera en el nivel de las causas y el izquierdo en el de los efectos.

Por lo tanto, también puedes ayudar a tu médico a ayudarte sugiriendo posibles procedimientos preventivos. Puede que inicialmente tu médico no considere que estos procedimientos sean necesarios, pero si le haces ver que estás convencido de su eficacia, es posible que adopte una actitud de «Claro, ¿por qué no?».

Sesión 5
Cómo superar el estrés

1. Cierra los ojos y gíralos ligeramente hacia arriba, hacia las cejas.
2. Cuenta lentamente de 100 a 1. Hazlo en silencio, es decir, mentalmente. Deja pasar un segundo entre cada par de números.
   A. Empezando por el cuero cabelludo, concéntrate en las diferentes partes de tu cuerpo, desde la cabeza hasta los pies, relajándolas a medida que avanzas.
3. Cuando llegues a la cuenta de 1, piensa en ti mismo como en alguien joven, radiante, saludable y atractivo.
   A. Pregúntate mentalmente: «¿Por qué tengo este problema físico?». Luego deja que tu mente divague.
   B. Cuando en tus pensamientos aparezca alguna persona, concéntrate en esa persona. Visualízala.
   C. Imagina que ambos os perdonáis mutuamente. Visualiza un abrazo, un apretón de manos, sonrisas, cabezas asintiendo. Procura sentirte bien en esta situación.
4. Repite mentalmente: «Mantendré siempre un cuerpo y una mente perfectamente sanos».
5. Después di: «Voy a contar hasta cinco. Cuando llegue a cinco, abriré los ojos, me sentiré a gusto y sano. Me sentiré mejor que antes».
6. Luego empieza a contar. Al llegar a tres, repite: «Cuando llegue a cinco, abriré los ojos, me sentiré a gusto y sano. Me sentiré mejor que antes».
7. Sigue contando. Al llegar a cinco, abre los ojos y afirma mentalmente: «Estoy completamente despierto, me siento a gusto y sano. Me siento mejor que antes. No me cabe la menor duda».

La madurez en la gestión del estrés

Nuestro mundo físico exterior es fuente de estrés. Nuestro mundo mental interior es fuente de ausencia de estrés. Al estar en contacto con el mundo interior, el cerebro derecho influye positivamente en el cerebro izquierdo y en los efectos del estresante mundo exterior. De esta manera, el cerebro derecho influye directamente en la gestión de nuestro estrés.

Recientemente, la Conferencia Nacional de Obispos Católicos encargó un estudio sobre la salud de los sacerdotes en Estados Unidos. Unos 4 600 sacerdotes participaron en esta primera investigación a través de una encuesta en la que se analizaba en profundidad la «autopercepción» de su salud.

El estudio reveló que los sacerdotes están sujetos a las mismas dolencias que afectan al resto de la población. Sin embargo, aunque trabajan más horas, se dan de baja por enfermedad con menos frecuencia. Trabajan mucho más allá de la edad de jubilación habitual y viven más tiempo que el resto de la población, y alcanzan en sus últimos años cierto estado de serenidad llamativo.

Los sacerdotes practican meditación y a través del control mental se protegen del estrés.

El estrés y los accidentes

El estrés es la principal causa de nuestros problemas de salud, e incluso nos puede llevar a accidentarnos.

El estrés mata.

Si el estrés no nos pasa factura un día, lo hará otro día. Es imposible coexistir con el estrés.

Las personas que pasan por un acontecimiento muy estresante, tarde o temprano suelen experimentar accidentes de tráfico, caídas u otros percances.

Las personas que sufren un estrés crónico suelen ser propensas a sufrir accidentes.

Cuando un ama de casa prepara la comida acuciada por el tiempo (estrés), posiblemente se haga un corte en el dedo.

El adolescente que odia cortar el césped (estrés) se hace daño en una mano con la cortadora.

El hombre que está enfadado con su mujer (estrés) derrapa su coche y se estampa contra un poste.

El estrés nubla y disminuye la claridad mental que nos mantiene alerta.

Cuanto más utilices tu nivel Alfa, más consciente estarás y mayor control de ti mismo tendrás. Y así, ese cuchillo no resbalará, te mantendrás alejado de problemas y conducirás el coche con seguridad.

Cómo hacer que desaparezcan los desajustes en tu organismo

El estrés causa la mayor parte de los problemas de salud, no importa cuáles sean. Tratar la ansiedad es preferible a tratar médicamente el mal funcionamiento de los riñones, porque es mejor resolver la causa de un problema que dejar que se convierta en algo mayor.

Las personas que deben tomar decisiones de vida o muerte están sometidas a un tremendo estrés y experimentan una gran ansiedad. Estas personas suelen sufrir de enfermedades, depresión y otras dolencias que van en aumento. Los controladores aéreos, los agentes de la ley, los jefes de estado... todos están sometidos a una fuerte presión que dificulta la toma de decisiones, disminuye su efectividad y afecta seriamente a sus familias y a sus vidas personales.

No basta con relajarse frente a situaciones de fuerte estrés. Debemos saber utilizar el Alfa para curar los daños, que son las enfermedades y dolencias tan comunes en la actualidad. Para ello, desarrollaremos la capacidad de centrar toda nuestra atención en un problema de salud concreto. Esto permitirá que nos concentremos en las soluciones a ese problema.

La práctica de la concentración no supone un esfuerzo mental excesivo del que nos tengamos que prevenir. Olvídate de fruncir el ceño y de adoptar una actitud de rechazo. Nada de eso. Al contrario: el Método Silva nos ayuda a concentrarnos de una manera relajada, permitiendo que la mente intervenga con mayor facilidad.

Así aumentamos nuestra capacidad de dar con la respuesta que nos ayudará a solucionar un problema concreto de salud.

El Método Silva aumenta nuestra capacidad para aceptar las experiencias subjetivas. A la hora de tomar una decisión sobre nuestra salud, lo hacemos inteligentemente ayudados por la apertura de sentimientos, imágenes, sueños y otras vías internas.

En los tiempos que corren, es trágico ver cómo la gente está tan ocupada que no encuentra tiempo para relajarse y reflexionar. Cuando el Dr. Carl Simonton empezó a ayudar a los pacientes de cáncer en su clínica de Texas, llegaron de todo el país en busca de ayuda. Para empezar, los pacientes asistían a una sesión de orientación para conocer los procedimientos. Cuando se enteraron de que iban a tener que relajarse y utilizar su imaginación, la mayoría de los pacientes se marchaban a casa, sin querer participar en su propia recuperación.

Afortunadamente, tú no tienes esa mentalidad, o hace mucho que habrías abandonado estas páginas. Estás dispuesto a dedicar unos minutos por la mañana a contar hacia atrás para llegar al nivel Alfa.

Si todos utilizáramos nuestro hemisferio derecho como lo hacen los religiosos, viviríamos vidas más largas y productivas. El tiempo que dedican a la oración, la meditación y la contemplación con el hemisferio derecho aumenta las frecuencias Alfa. El tiempo que dedican a ayudar a los demás también fomenta la participación del cerebro derecho.

Pero todavía queda un rayo de esperanza en el mundo actual. Quizá la gente está empezando a meditar y a contemplar, quizá reza más, ya que los beneficios de mirar hacia nuestro interior están ganando adeptos. Sin embargo, el cerebro derecho necesita un buen gestor de relaciones públicas.

La gestión del estrés se enseña cada vez más en seminarios. Se llevan a cabo bajo el patrocinio de organizaciones empresariales, sociedades profesionales, hospitales y grupos privados. En ellos se presentan películas y conferencias sobre el estrés. Su mensaje es: «Un poco de estrés puede ser bueno. Mucho estrés puede acabar contigo».

Estos seminarios proporcionan a los participantes cuestionarios psicológicos sobre sí mismos, que luego pueden comparar con estadísticas de estrés. El cerebro izquierdo es el gran protagonista, pero no es el objeto de esta terapia. La terapia que ofrecen estos seminarios enseña ejercicios para aliviar la tensión, la respiración profunda y técnicas de relajación. Algunos incluso empiezan a usar técnicas de visualización en las que los participantes se ven a sí mismos serenos y pasivos. Algunos progresan hacia prácticas de afirmaciones positivas aprovechando que los participantes se encuentran en estados óptimos de relajación.

En todo lo que estos seminarios aportan, el Método Silva está presente de una manera u otra. No se puede negar la existencia de cinco millones de personas dedicadas a la gestión del estrés. Es de esperar que su influencia siga en aumento. La gente asistirá cada vez más a seminarios para mejorar su salud. Y, además, habrá muchos que asistan a seminarios para ayudar a que otras personas mejoren, todo ello utilizando el poder creativo y curativo del cerebro derecho.

Pasos preventivos para contener el estrés

Se cree que el debilitamiento del sistema inmunitario es una de las principales causas de enfermedades graves como el cáncer, el sida, la leucemia y algunas enfermedades que se consideran incurables. Siempre que el sistema inmunitario se debilita, la vida se ve amenazada. ¿Qué debilita al sistema inmunitario? La respuesta a esta pregunta ha sido confirmada muchas veces. El estrés.

Examinemos tres causas principales del estrés.

1. *La culpa.* Cuando sabes que estás haciendo algo malo o que la sociedad entiende como malo, y lo sigues haciendo, estás debilitando tu sistema inmunitario. ¿Podría esto llevarte al consumo de tabaco?
2. *Una pérdida importante.* Cuando pierdes algo o a alguien de gran valor y no eres capaz de recuperarte de esa pérdida, experimentas mucho estrés, lo que, de nuevo, produce un debilitamiento de tu sistema inmunitario.
3. *Trabajar o vivir en un entorno que odias.* Esto es estrés crónico. Se sabe que el estrés crónico debilita el sistema inmunitario.

Hay muchas otras causas de estrés. Su impacto en el sistema inmunitario puede ser crítico o no, dependiendo en gran medida de la cantidad de tiempo que dure y/o la importancia del problema.

Si estás en la parada de autobús y llegas tarde al trabajo, cada segundo de espera puede ser estresante, pero al cabo de poco tiempo llega el autobús. Es muy leve la huella que puede dejar un estrés temporal. Se dice que si un hombre te debe cien euros, ese es su problema, su estrés. Pero si ese hombre te debe un millón de euros, ese es tu problema, tu estrés. Cuanto mayor sea el problema, mayor será el estrés.

Conociendo estas causas, ¿qué puedes hacer con el estrés?

La respuesta obvia es comportarse de manera que no te haga sentir culpable, aceptar tus pérdidas con filosofía, asegurarte de que trabajes y vivas en un entorno agradable, y que resuelvas los pequeños problemas antes de que crezcan y se vuelvan ingobernables. Estos consejos son fáciles de dar, pero no tan fáciles de asumir o aplicar. La vida no siempre está bajo nuestro control.

Pero nuestra mente sí está, o debería estar, bajo nuestro control. Con el Método Silva, puedes programarte mentalmente para cambiar un comportamiento no deseado. Puedes programarte para aceptar tu pérdida y alcanzar niveles más altos de control material o emocional.

Y puedes resolver problemas, grandes o pequeños, al nivel Alfa. Mientras deseas que los resultados de tu programación lleguen, ve a tu nivel Alfa tres veces al día durante quince minutos y disfruta de la serenidad, la tranquilidad y unas «vacaciones», al tiempo que fortaleces tu sistema inmunitario.

Los efectos de imágenes mentales negativas

Si alguna vez te has enfrentado a los colmillos de una cobra venenosa, el mero hecho de imaginarlo puede hacer que la adrenalina fluya, que tu piel transpire y que tu corazón lata con fuerza, como si la cobra estuviera realmente presente. Si alguna vez te has enfrentado a un cónyuge celoso, a un jefe gruñón o a un policía indignado, imaginar la experiencia o pensar que vuelva a ocurrir puede hacer que tus hormonas aceleren las funciones de tu cuerpo, como si estuvieras en una emergencia real. Tus pulmones se dilatan más rápido, la presión arterial aumenta, el corazón se acelera. Y los glóbulos blancos, las tropas de combate del cuerpo en la batalla contra la enfermedad, se suprimen.

Cuanto más te concentres en tu miedo o ansiedad, más daño le haces a tu cuerpo. Al escribir sobre personas con enfermedades cardiovasculares, el Dr. Dean Ornish, de la Escuela de Medicina de Harvard, dice: «Cuando estás enfadado, preocupado o asustado, tu presión sanguínea y el ritmo cardíaco pueden aumentar drásticamente, es más probable que tus arterias entren en espasmos y las plaquetas tiendan a agruparse y obstruir los vasos sanguíneos»[1].

Estos son algunos ejemplos de imágenes mentales negativas:

- Perderás tu trabajo y te quedarás sin ingresos.
- Te dará un ataque al corazón o tendrás cáncer o alguna otra enfermedad grave.
- Te atacarán por la noche en la calle.
- Entrarán en tu casa y te robarán.
- Tu cónyuge te será infiel.
- Perderás el rumbo.
- Habrá una guerra nuclear.
- Estarás solo en tu vejez.
- Le ocurrirá algo terrible a un ser querido.
- Tus inversiones perderán valor o desaparecerán.

Si eres una persona que se preocupa de forma crónica, es posible que puedas pensar en otras situaciones adicionales a esta lista parcial.

La forma en que tu cuerpo reacciona a estas imágenes mentales depende de la huella que hayan dejado en ti tus experiencias pasadas. Tu historia personal programa las reacciones de tu cuerpo a estos miedos. La incapacidad para hacer frente al estrés causado por pensamientos y peligros potenciales o sentimientos de impotencia ante estos peligros producen en ti lo siguiente:

- Depresión.
- Reducción de la eficacia cerebral.
- Supresión del sistema inmunitario.
- Desarrollo de un síndrome patológico.

Uno de nuestros investigadores, el Dr. Richard E. McKenzie, explica, en un número del *Boletín Silva*, cómo el Método Silva puede interrumpir esta deriva:

---

[1]   *Stress, Diet, and Your Heart* (Holt, Rinehart and Winston, New York, 1982).

«Permite que el crecimiento y el desarrollo del factor de conciencia identifique el estrés y la tensión. Nos permite instaurar controles cognitivos y perceptivos para evitar un estado de indefensión. Nos permite alterar la respuesta emocional negativa, como la depresión.

»Y, por último, en caso de que sea necesaria una intervención médica, puede mejorar el éxito del tratamiento.

Pensamientos que te predisponen a la enfermedad

Las personas predispuestas a creer que han hecho algo para enfermarse pueden realmente generar estas enfermedades.

Cuando te dijeron que sentarte en una corriente de aire te daría catarro, aceptaste esto como algo cierto. Esta aceptación hace que lo asumas y creas que puede ocurrir. La próxima vez que te sientes en una corriente de aire, esa creencia hará que te resfríes. Ya conoces el resto de la historia. Puesto que has reforzado la relación causa-efecto en esa predisposición negativa, cuando te expones a una corriente de aire estás más convencido de que cogerás ese resfriado. Y así será.

Los virus y los gérmenes están siempre presentes. Es nuestro sistema inmunitario el que los mantiene a raya. Pero puedes dejarte llevar negativamente o controlar tu sistema inmunitario con la mente. Los médicos son cada vez más proclives a aceptar la idea de que la mente puede mejorar nuestra salud, y saben desde hace décadas que también puede enfermarnos.

Las predisposiciones negativas nos hacen enfermar. Las positivas nos hacen estar bien. Ambas funcionan igual de bien. Cuando se refuerzan, tus expectativas son cada vez más eficaces. Podemos reforzarlas verbalmente o escuchando a otros hacerlo.

Cuando los resultados son buenos, retroalimentas la confianza, igual que con una visualización positiva de ti mismo.

Una persona va a ver a un médico. El médico escucha el problema, examina al paciente y le da una receta.

El paciente va a una farmacia, pide el medicamento y sigue las instrucciones, quizás «tome dos pastillas cada cuatro horas». El paciente se recupera. Lo que el paciente no sabe es que el médico no pudo encontrar nada malo en él.

La receta era solo una píldora de azúcar. Pero la creencia de que la píldora era una medicina, la creencia de que el médico recetó la medicina correcta y la expectativa de que esta medicina arreglará el problema hacen que la curación funcione. Esto se conoce como el efecto placebo. El médico prescribe, sabiendo que la propia mente del paciente hará el trabajo. Y lo hace.

Tú también puedes aprovechar este poder curativo de la mente para ayudar a los demás y a ti mismo.

Sesión 7
Cómo curar a otros

1. Cierra los ojos y gíralos ligeramente hacia arriba, hacia las cejas.
2. Cuenta lentamente de 100 a 1. Hazlo en silencio, es decir, mentalmente. Deja pasar un segundo entre cada par de números.
   A. Empezando por el cuero cabelludo, concéntrate en las diferentes partes de tu cuerpo, desde la cabeza hasta los pies, relajándolas a medida que avanzas.
3. Cuando llegues a la cuenta de 1, piensa en ti mismo como en alguien joven, radiante, saludable y atractivo.
   A. Pregúntate mentalmente: «¿Por qué tengo este problema físico?». Luego deja que tu mente divague.
   B. Cuando en tus pensamientos aparezca alguna persona, concéntrate en ella. Visualízala.
   C. Imagina que ambos os perdonáis mutuamente. Visualiza un abrazo, un apretón de manos, sonrisas, cabezas asintiendo. Procura sentirte bien en esta situación.
4. Repite mentalmente: «Mantendré siempre un cuerpo y una mente perfectamente sanos».
5. Después di: «Voy a contar hasta cinco. Cuando llegue a cinco, abriré los ojos, me sentiré a gusto y sano. Me sentiré mejor que antes».
6. Luego empieza a contar. Al llegar a tres, repite: «Cuando llegue a cinco, abriré los ojos, me sentiré a gusto y sano. Me sentiré mejor que antes».
7. Sigue contando. Al llegar a cinco, abre los ojos y afirma mentalmente: «Estoy completamente despierto, me siento a gusto y sano. Me siento mejor que antes. No me cabe la menor duda».

CÓMO SANARTE A TI MISMO

El Dr. Rupert Sheldrake, uno de los científicos que investigan en este campo, cree en un campo de inteligencia que todos compartimos, un fenómeno al que se refiere como campo morfogenético. Este campo recuerda al inconsciente colectivo de Jung. Incluso puede ser lo que se denomina Inteligencia Superior. Los primeros experimentos confirman la existencia de este campo, la posibilidad de que podemos ser programados por otros, y de que, a su vez, podemos programarnos nosotros mismos. Esta que describimos sería idéntica a la actividad mental que mejora nuestra salud y la de los demás.

He aquí la sencilla fórmula de actividad mental que puedes utilizar para ayudarte a ti mismo y a los demás:

1. Entra en tu nivel Alfa.
2. Refuerza mental y verbalmente tus deseos, tu voluntad y tus expectativas de mejora.
3. Apoya este esfuerzo con la visualización y la imaginación.

Examinemos estos tres pasos con más detalle.

En primer lugar, cierra los ojos, gíralos ligeramente hacia arriba y cuenta hacia atrás, de 100 a 1.

En segundo lugar, hazte afirmaciones mentales sobre tus deseos. Si estás enfermo, reafirma mentalmente tu deseo de ponerte bien.

Si un amigo o familiar está enfermo, reafirma mentalmente tu deseo de que él o ella se ponga bien. A continuación, afirma mentalmente que esto sucederá, que, de hecho, ya está ocurriendo.

En tercer lugar, visualiza mentalmente que esto ocurre realmente. Hazlo en dos pasos: 1) visualiza la zona del cuerpo afectada y 2) imagina que esta zona vuelve a la normalidad. Termina la sesión.

¿Puede haber algo más sencillo? Ve a Alfa; afirma tu deseo con creencias y expectativas; visualiza la enfermedad e imagina que te curas. Todo el proceso te llevará dos minutos, no te costará nada. ¿No es algo que todos deberíamos aprender a hacer en el jardín de infancia?

Un resumen de los pasos para la sanación

Siempre se ha sabido que mantener una actitud mental negativa tiene resultados físicos negativos. Ahora sabemos que las personas que mantienen una actitud mental positiva rara vez enferman.

Pero, ¿qué es una actitud mental positiva? Puede haber muchas respuestas a esta pregunta. Por ejemplo, si eres un «juerguista», puedes tener una actitud mental positiva. Hay muchas maneras de interpretar esto. Aunque aplaudo todo tipo de actitudes optimistas, no todas se corresponden con el Método Silva. Este método implica tres aspectos específicos del pensamiento positivo: el deseo positivo, la creencia positiva y la expectativa positiva. Estos elementos son los pilares fundamentales de una vida sana; forman el clima mental que necesitamos para aplicar con éxito el resto de la metodología.

Dos métodos

El Método Silva de Curación Especial se utiliza para tratar problemas de salud localizados en el cuerpo. El Método Silva de Curación Estándar se usa para problemas de salud general y problemas localizados persistentes o rebeldes. El Método Silva de Curación Especial cuenta con la práctica de «imposición de manos». Ninguno de los dos es reconocido por la medicina como método de terapia ortodoxo. Sin embargo, los métodos de curación no ortodoxos, folclóricos y holísticos se están haciendo populares en todo el mundo. Cada vez hay un mayor consenso sobre el hecho de que algunos problemas de salud que no responden a enfoques terapéuticos convencionales sí lo hacen a enfoques holísticos.

Las leyes que afectan a estos métodos holísticos varían de un país a otro, e incluso de un estado a otro, en función de las creencias de cada estado. Antes de usar el Método Silva de Sanación Especial, asegúrate de conocer las restricciones legales locales a su aplicación.

Por ejemplo, un día, mientras enseñaba algunas técnicas holísticas a los graduados del Método Silva en Buenos Aires, Argentina, estaba a punto de hacer una demostración en una persona. Pero uno de los presentes me advirtió de que la imposición de manos era ilegal en Argentina. «La sesión de hoy termina a las siete de la tarde», anuncié. Me quedaré una hora más para enseñar estas técnicas solo a los médicos.

Veintisiete médicos de la clase se quedaron para aprender los métodos. Al final de la sesión de instrucción, un médico dijo: «Tuve un accidente de circulación hace nueve meses y sufrí un latigazo cervical. Me han tratado con todo el arsenal de terapias que conoce la medicina, pero el dolor persiste. Lo tengo ahora mismo. ¿Me servirían estas técnicas?».

«Este es un buen momento para averiguarlo», respondí.

Otro médico se ofreció voluntario para aplicar la técnica. Le guie a través del proceso. Realizó la imposición manual especial, que solo lleva de tres a cinco minutos. Cuando terminó, le pedí al médico/paciente que comprobara los resultados, lo que hizo minuciosamente, realizando los movimientos corporales que le producían dolor. Después de unos instantes, afirmó: «Diría que ha desaparecido el 90 % del dolor. ¿Sabe? Esta terapia funciona realmente».

Un rato antes habíamos discutido el hecho de que la energía utilizada en la imposición de manos es la misma que empleaba el israelí Uri Geller para doblar cucharas con la mente. Le recordé al médico que la cuchara seguía doblándose sola después de que Geller la dejaba.

«No se sorprenda si, mañana por la mañana, el dolor ha desaparecido por completo».

Apenas nos habíamos reunido al día siguiente cuando este médico se puso en pie. «El dolor ha desaparecido por completo». Sus colegas aplaudieron.

> Vivir con dolor, crónico o agudo, no es algo que nos venga dado por defecto, como tampoco lo es vivir con enfermedades, sean del tipo que sean. Lo normal es vivir una vida sana. No hay razón para conformarse con menos.

El hecho de que enfermemos constituye un negocio en sí mismo. Los hospitales y las farmacéuticas lo son. El coste para los individuos y para las administraciones es enorme. Pero nuestra capacidad innata para lograr una vida sana y mantenernos en condiciones óptimas apenas ha sido explorada. Solo ahora se empieza a reconocer. Los millones de graduados del Método Silva son solo una gota en el cubo de la humanidad. Cada uno de nosotros debería tomar consciencia de nuestras capacidades de autocuración y de curar a otros.

Sesión 8
Tú eres tu propio sanador

1. Cierra los ojos y gíralos ligeramente hacia arriba, hacia las cejas.
2. Cuenta lentamente de 100 a 1. Hazlo en silencio, es decir, mentalmente. Deja pasar un segundo entre cada par de números.
   A. Empezando por el cuero cabelludo, concéntrate en las diferentes partes de tu cuerpo, desde la cabeza hasta los pies, relajándolas a medida que avanzas.
3. Cuando llegues a la cuenta de 1, piensa en ti mismo como en alguien joven, radiante, saludable y atractivo.
   A. Pregúntate mentalmente: «¿Por qué tengo este problema físico?». Luego deja que tu mente divague.
   B. Cuando en tus pensamientos aparezca alguna persona, concéntrate en ella. Visualízala.
   C. Imagina que ambos os perdonáis mutuamente. Visualiza un abrazo, un apretón de manos, sonrisas, cabezas asintiendo. Procura sentirte bien en esta situación.
4. Repite mentalmente: «Mantendré siempre un cuerpo y una mente perfectamente sanos».
5. Después di: «Voy a contar hasta cinco. Cuando llegue a cinco, abriré los ojos, me sentiré a gusto y sano. Me sentiré mejor que antes».
6. Luego empieza a contar. Al llegar a tres, repite: «Cuando llegue a cinco, abriré los ojos, me sentiré a gusto y sano. Me sentiré mejor que antes».
7. Sigue contando. Al llegar a cinco, abre los ojos y afirma mentalmente: «Estoy completamente despierto, me siento a gusto y sano. Me siento mejor que antes. No me cabe la menor duda».

A medida que avanzas en tu entrenamiento de cuenta regresiva durante cuarenta mañanas vas aprendiendo a llegar a tu nivel Alfa, vas ganando el control de la frecuencia cerebral de diez ciclos, un nivel de la mente que antes se consideraba el subconsciente. Estás aprendiendo a utilizar el subconsciente de forma consciente.

Lo que aprendí al principio de mi investigación fue que esta es también la dimensión psíquica o clarividente. En esta frecuencia cerebral se utiliza el hemisferio derecho, que es la parte intuitiva, creativa y psíquica de nuestro cerebro.

Sabemos que solo un 10 % de la humanidad es naturalmente clarividente. El uso de ambos hemisferios a la hora de pensar constituye un estilo de vida en la gente clarividente. Estas personas se convierten en «profetas y sabios». Son capaces de «curar a los enfermos, resucitar a los muertos, limpiar a los leprosos y expulsar a los demonios».

Te estás entrenando para ser un sanador.

Todos tenemos la necesidad de ayudarnos unos a otros. Cuando ayudas a otra persona, mejoras tu capacidad de ayudarte a ti mismo. Hay dos métodos de curación que puedes utilizar para ayudar a otra persona con un problema de salud mientras te entrenas. Ambos requieren que estés en tu nivel Alfa para obtener resultados óptimos. Aunque solo estés en el ecuador de tu entrenamiento, ya puedes alcanzar un nivel mental lo suficientemente profundo como para añadir tu energía curativa a la de una persona enferma. Ese incremento de energía podría marcar una diferencia decisiva. Podría ser la diferencia entre la enfermedad y la curación.

El Método Silva de Curación Especial

Los métodos de curación que mencioné anteriormente, que utilizan la imposición de manos, son ilegales en Argentina, pero legales en Brasil. En Brasilia, la capital de Brasil, demostré el método especial en una joven que no podía doblar ni la pierna izquierda ni la derecha. Justo después de la imposición de tres minutos, pudo doblar ambas piernas.

En Puerto Alegre, Brasil, la técnica se aplicó ante un grupo de graduados del Método Silva a una mujer que había sufrido una caída y se había lesionado el cuello. Había llevado un collarín durante un año y medio, y sin él no podía mantener la cabeza en alto; su cabeza caía hacia delante o hacia un lado. Después de aplicar el Método Silva de Curación Especial, se le quitó el collarín. Se le pidió que comprobara los resultados. Inclinó la cabeza hacia atrás, hacia delante y hacia los lados. El público aplaudió.

Exclamó lo suficientemente alto como para que todos la oyeran: «¡Ahora puedo conducir un coche!».

En Guayaquil, Ecuador, un graduado se ofreció para ser curado con esta técnica. Un médico que recibía la formación se prestó a aplicarla. El paciente había sufrido un accidente y tenía dañadas tres vértebras a la altura de la cintura. No podía inclinarse hacia adelante más de 30 cm, porque los cirujanos habían soldado las vértebras. Sin embargo, después de que el médico aplicara la técnica, el hombre se inclinó hasta el suelo. Después de que el ensordecedor aplauso se atenuara, el médico anunció: «Eso no podría haberse hecho con la medicina convencional».

Lo que estás a punto de aprender puede no ser legal en tu país. Lo mejor es consultar a las autoridades locales antes de aplicarlo.

Las dos técnicas que se describen a continuación y en el siguiente capítulo son el Método Silva de Curación Especial y el Método Silva de Curación Estándar. La primera que se describe, el Método Silva de Curación Especial, debe usarse cuando el problema de salud está localizado en un área relativamente pequeña del cuerpo. La segunda, el Método Silva de Curación Estándar, está recomendada cuando el problema de salud es más general o cuando el problema localizado es particularmente rebelde.

Frecuencia de vibración especial de la mano sanadora

Para usar el Método Silva de Curación Especial, necesitas aprender a hacer vibrar la mano. La vibración es un movimiento rápido —diez vibraciones por segundo— de la mano. Puedes practicar sobre una mesa plana o un escritorio. Coloca las puntas de los dedos sobre la superficie y haz vibrar la mano a unos diez ciclos por segundo (CPS) sin despegar las yemas de los dedos de la mesa. Cuenta las vibraciones por segundo en un reloj. Debes ser capaz de producir diez vibraciones por segundo.

Esta técnica de vibración de la mano ayuda al sanador a funcionar a una frecuencia cerebral de diez ciclos por segundo. Cuando el sanador hace vibrar las manos a esta frecuencia, la retroalimentación hace que el cerebro funcione a diez ciclos por segundo.

Cuando el cerebro del sanador funciona a diez ciclos por segundo, en el campo energético del cerebro y del cuerpo, a veces conocido como aura, se genera una vibración similar. Si hay otra persona dentro de este campo energético, el aura de esta vibra por simpatía a diez ciclos por segundo. Cuando consigas hacer vibrar tus manos a diez ciclos por segundo, estarás listo para aplicar el Método Silva de Curación Especial.

El método

Coloca las puntas de los dedos de tu mano derecha en el lado izquierdo de la cabeza del paciente, extendiendo los dedos para que toquen y cubran la zona de su hemisferio cerebral izquierdo. Coloca la mano izquierda sobre el lado derecho de la cabeza del paciente de la misma manera, extendiendo los dedos para cubrir el hemisferio cerebral derecho. Al extender los dedos no solo amplías el área que cubres, sino que también proyectas la energía en lugar de «cortocircuitarla» hacia tu propio cuerpo.

Cuando las yemas de los dedos de ambas manos estén en contacto con la cabeza del paciente, tanto el sanador como el paciente deberán mantener los ojos cerrados.

El sanador respira profundamente, contiene la respiración, inclina la cabeza y empieza a hacer vibrar las manos. Mientras contiene la respiración y vibra las manos, el sanador recuerda lo que se siente al estar relajado en el nivel Alfa. El sanador tiene presente que está vibrando las manos para corregir la causa de un problema en el paciente que él conoce.

El sanador continúa hasta que tiene que volver a respirar.

Entonces, justo antes de respirar, retira las manos de la cabeza del paciente. El sanador abre los ojos y frota ligeramente las palmas de las manos hasta que la respiración se normaliza. El paciente mantiene los ojos cerrados.

Una vez normalizada la respiración, el sanador repite el ciclo.

Esta vez las yemas de los dedos de la mano izquierda se colocan en un lado de la zona afectada y las de la mano derecha en el otro lado. El sanador hace vibrar los dedos. Cuando necesita volver a respirar, retira las manos de la zona afectada y las frota hasta que la respiración se normaliza. Después vuelve a aplicar las manos en la cabeza.

Para los problemas en la zona de la cabeza, como las cefaleas, el sanador hace la imposición de manos en la cabeza, de pie frente al paciente. Respira profundamente y contiene la respiración, igual que en las imposiciones anteriores. A continuación, el sanador se coloca detrás del paciente y realiza una imposición en la parte posterior de la cabeza del paciente. Ahora, en lugar de aguantar la respiración con los pulmones llenos de aire, el sanador mantiene la respiración con los pulmones vacíos.

El sanador continúa imponiendo las manos a diez vibraciones por segundo y vuelve a recordar cómo se siente en el nivel Alfa relajado.

A continuación, el sanador repite la imposición frontal como antes, con los pulmones llenos de aire, para completar la curación.

Al tocar la cabeza del paciente con las yemas de los dedos, el sanador comienza a vibrar las manos tan pronto como sus ojos se cierren. La imposición de manos con los pulmones llenos de aire se llama aplicación positiva.

La imposición de manos con los pulmones vacíos se denomina aplicación negativa. Las imposiciones negativas se realizan solo en la parte posterior de la cabeza y solo en la curación de problemas de cabeza. Para corregir cualquier otro problema de salud, se realizan imposiciones positivas.

> Al realizar las imposiciones, el sanador debe estar siempre en un nivel relajado y tener en cuenta que su objetivo es corregir la *causa* del problema en la mente del sanador, es decir, el problema del paciente.

Cuando un sanador hace vibrar sus manos a un ritmo de diez vibraciones por segundo, se produce un efecto anestésico y esterilizador. Si el paciente tiene una herida abierta y sangrante, el sanador hace vibrar las manos sobre ella mientras imagina que la hemorragia se detiene y se produce la curación. Como refuerzo a estos pensamientos, el sanador debe decir en voz alta: «Sin dolor, sin sangrado». Como consecuencia de ello, el dolor y la hemorragia suelen cesar.

Un repaso del Método Silva de Curación Especial

De nuevo, este método es útil para ayudar a otra persona a recuperarse de una dolencia localizada. En este caso, aunque no sea obligatorio, recomendamos que vayas al nivel Alfa.

1. Relájate y afirma tu deseo, tu creencia y tu expectativa de que se producirá la curación.
2. Coloca las manos sobre la cabeza del paciente —la mano izquierda sobre el hemisferio derecho, la mano derecha sobre el izquierdo— con los dedos separados. Haz vibrar tus manos a diez vibraciones por segundo.
3. Cuando necesites respirar, detente y frota tus manos mientras normalizas tu respiración.
4. A continuación, repite las vibraciones, una mano a cada lado de la zona afectada del sujeto.
5. Después, repite las vibraciones sobre su cabeza, lado izquierdo y derecho, como en el paso 2.
6. Finaliza la relajación.

Nota: frota siempre las manos antes, después y entre vibraciones.

En caso de sangrado o hemorragia, haz vibrar tus manos a menos de cinco centímetros sobre la zona afectada, imaginando mentalmente que la hemorragia se detiene y diciendo en voz alta: «Sin dolor, sin sangrado».

La ética de curarnos a nosotros mismos y de curar a los demás

Parecería que la mejoría de la salud no admite discusión. Sin embargo, de vez en cuando nos encontramos con críticas a nivel ético, moral o religioso. Algunos consideran que la enfermedad lleva en sí misma una lección que hay que aprender y que si nos curamos nos privamos de una experiencia de aprendizaje. Del mismo modo, según esta opinión, si ayudamos a otra persona a curarse, la privamos de una experiencia de aprendizaje. Otros dicen que el poder mental que usamos para curar viene del demonio; otros sostienen que estamos entrando en terreno prohibido.

En las enseñanzas de Jesús encontramos las respuestas a todos estos desafíos. No, no estoy tratando de convertir a nadie al cristianismo, pero tampoco deseo que me presionen para que acepte otras formas de pensar.

Creo que nuestro Creador es perfecto y omnisciente, y que no hay poder que no sea el Suyo. Las anomalías son creadas por la humanidad en contra de la naturaleza. Para corregir esas anomalías trabajamos *con* la naturaleza.

Cuando Jesús sanó, los líderes religiosos de su tiempo dijeron que estaba aliado con el demonio. Más tarde, san Pablo pasó una buena parte de su ministerio tratando de que la gente en las iglesias que estableció dejase de discutir sobre quién tenía más poder, quién era mejor y quién tenía más razón, para dedicarse a la tarea encomendada por Jesús: sanar a los enfermos, resucitar a los muertos, expulsar a los demonios y enseñar a otros a hacer lo mismo.

Jesús dijo: «Por sus frutos los conoceréis». Los graduados del Método Silva se dedican a resolver problemas y hacer de nuestro planeta un mejor lugar para vivir.

Si los frutos de estas acciones fueran malos, no habríamos durado. Pero lo hemos hecho.

Todos podemos vivir más tiempo y ser más felices haciendo un uso más apropiado de nuestra mente. Esto es ético, moral y religioso. Por lo tanto, el Método Silva no es un movimiento religioso ni oscurantista.

No hay nada secreto en nuestra organización, nada dramático. No tiene rituales de iniciación. El Método Silva simplemente tiene como objetivo mostrar a la gente su potencial para usar su mente de forma íntegra y deshacerse de formas de pensamiento limitantes y hábitos improductivos para pasar a niveles superiores de creatividad, disfrute y éxito.

Sesión 9
Energía de sanación

1. Cierra los ojos y gíralos ligeramente hacia arriba, hacia las cejas.
2. Cuenta lentamente de 100 a 1. Hazlo en silencio, es decir, mentalmente. Deja pasar un segundo entre cada par de números.
   A. Empezando por el cuero cabelludo, concéntrate en las diferentes partes de tu cuerpo, desde la cabeza hasta los pies, relajándolas a medida que avanzas.
3. Cuando llegues a la cuenta de 1, piensa en ti mismo como en alguien joven, radiante, saludable y atractivo.
   A. Pregúntate mentalmente: «¿Por qué tengo este problema físico?». Luego deja que tu mente divague.
   B. Cuando en tus pensamientos aparezca alguna persona, concéntrate en ella. Visualízala.
   C. Imagina que ambos os perdonáis mutuamente. Visualiza un abrazo, un apretón de manos, sonrisas, cabezas asintiendo. Procura sentirte bien en esta situación.
4. Repite mentalmente: «Mantendré siempre un cuerpo y una mente perfectamente sanos».
5. Después di: «Voy a contar hasta cinco. Cuando llegue a cinco, abriré los ojos, me sentiré a gusto y sano. Me sentiré mejor que antes».
6. Luego empieza a contar. Al llegar a tres, repite: «Cuando llegue a cinco, abriré los ojos, me sentiré a gusto y sano. Me sentiré mejor que antes».

7. Sigue contando. Al llegar a cinco, abre los ojos y afirma mentalmente: «Estoy completamente despierto, me siento a gusto y sano. Me siento mejor que antes. No me cabe la menor duda».

El Método Silva de Curación Estándar

Hace siglos, Mesmer utilizaba la imposición de manos. Se los llamaba pases mesméricos. También se los llegó a conocer como pases magnéticos o pases curativos. Los antiguos kahunas o curanderos hawaianos utilizaban pases similares para limpiar el aura de impurezas.

Hoy sabemos que estos pases con las manos implicaban una transferencia de energía. En estas transferencias de energía participaban tanto la mente como las manos. La mente controla y dirige la transferencia de energía.

Apunta los dedos de tu mano derecha hacia la palma de tu mano izquierda. Mantén los dedos a una distancia mínima de la palma, para no sentir la energía del calor. Ahora mueve lentamente los dedos de la mano derecha hacia arriba y hacia abajo, todavía apuntando a la palma de la mano izquierda; muévalos lentamente, para no abanicar el aire. Detectarás que algo sube y baja por la palma de la mano. Sentirás como calor o aire, pero no es ninguna de las dos cosas. Lo que sientes es energía, la misma energía que se utiliza en el proceso de curación. Muchos científicos están empezando a llamar a esta energía «psicotrónica».

El Método Silva de Curación Estándar utiliza esta energía, una energía física aplicada con pases hechos con las manos. Sin embargo, como la mente controla y dirige esta energía, la mente debe estar en un estado relajado y debe implicarse en la resolución del problema con un sincero deseo de sanar.

El efecto inmediato en el paciente es anestésico: el dolor desaparece. Pero también se detecta otro fenómeno: parece producirse una esterilización de la zona, gracias a la cual las heridas abiertas no se infectan.

El procedimiento básico es el siguiente. El sujeto está sentado o se encuentra en posición horizontal, con los ojos cerrados durante todo el proceso. El sanador entra en el nivel Alfa y expresa mentalmente un deseo de curación del paciente. El sanador hace pases en forma de barrido desde la cabeza del sujeto hasta los dedos de los pies.

Cuando todo el cuerpo del sujeto ha sido sometido a los pases en forma de barrido, el sanador coloca sus manos a pocos centímetros de la cabeza del sujeto, una mano sobre la frente y la otra en la parte posterior de la cabeza. Después de unos instantes, el sanador cambia la posición de las manos a los lados de la cabeza del sujeto. El sanador coloca entonces sus manos en la parte superior del pecho y la espalda, dirigiendo los pensamientos de curación mental al sistema inmunitario del cuerpo.

Por último, si hay un problema de salud localizado, las manos se sitúan en la zona correspondiente y el sanador dirige su energía a ese punto.

La visión científica

En su número de abril de 1984, *Science Digest* publicó un artículo titulado "La mente como motor de sanación". Este artículo planteaba la pregunta: «¿Pueden los pensamientos sanar el cuerpo?» y cubría el trabajo realizado por científicos e investigadores científicos de organizaciones como el Instituto Nacional de Salud, el Instituto para el Avance de la Salud, la Universidad George Washington y la Facultad de Medicina de Harvard.

El objetivo era analizar la relación entre el estrés mental y la debilidad del sistema inmunitario, y explorar el papel de las imágenes mentales positivas en la activación de la respuesta del sistema inmunitario. Pero el trabajo realizado por estos organismos científicos no fue concluyente. ¿Habrá que esperar a que publiquen nuevos resultados para que apliquemos estas técnicas mentales? Espero que no. Espero que todos los que lean este libro empiecen a utilizar la mente para alcanzar y mantener un estado óptimo de salud, sin tener que depender de que la ciencia lo ratifique.

Hasta ahora es mi propia interpretación científica la que demuestra cómo las imágenes mentales positivas son beneficiosas para la salud. Todos los objetos, incluido el cuerpo humano, irradian y transmiten energía. Además, todo lo objetivo, incluidos los campos de energía, tiene una contrapartida en la dimensión subjetiva, es decir, en la conciencia. La radiación de los objetos interactúa con la energía electromagnética-química en la dimensión subjetiva.

Cuando los seres humanos funcionamos en la dimensión objetiva (frecuencia cerebral de veinte ciclos por segundo), los pensamientos solo modulan la radiación objetiva. Cuando funcionamos en la dimensión subjetiva (frecuencia

CÓMO SANARTE A TI MISMO

cerebral de diez ciclos por segundo), los pensamientos modulan tanto la radiación subjetiva como la objetiva.

La materia inanimada, o los objetos, irradian un campo general estático (fijo) que se puede alterar mediante la radiación de luz y las auras humanas moduladas por el pensamiento. Modular un campo energético, ya sea objetivo o subjetivo, significa añadir o restar a un campo estático. Lo que significa que algo, o algún tipo de inteligencia, influye en la modulación del campo. La materia animada irradia un campo variable que puede ser influido por la radiación de la luz y por las auras humanas.

Efectos distantes con Alfa

Cuando los seres humanos actuamos en la dimensión objetiva para influir en la materia, somos capaces de hacerlo dentro de una medida limitada, tanto en la inanimada como en la animada.

Cuando actuamos en la dimensión subjetiva o clarividente para influir sobre la materia inanimada, somos capaces de hacerlo dentro de una medida limitada... y en la materia animada a una distancia ilimitada.

El cuerpo humano funciona a la vez como divisor y multiplicador de frecuencias. Independientemente de la frecuencia en la que funcione el cerebro, ya sea a veinte ciclos por segundo (en la dimensión objetiva) o a diez ciclos por segundo (en la dimensión subjetiva), e independientemente del hemisferio cerebral que utilicemos para pensar, el cuerpo produce subarmónicos de esta frecuencia primaria, es decir, divisiones más pequeñas de la misma, mientras produce múltiplos de la primaria. Una de las frecuencias multiplicadas cae dentro del rango de infrarrojos. El ser humano siempre está registrando o grabando automáticamente información de forma consciente o subconsciente sobre la materia inanimada y animada de su entorno.

Los humanos que así lo deseen pueden aprender a actuar con clarividencia funcionando de forma *consciente* en el subconsciente. Además, pueden aprender a registrar información a voluntad sobre la materia animada cercana o lejana, sobre la materia inanimada cercana, e incluso sobre la materia inanimada lejana a través de otra persona en un entorno remoto. Esto último se conoce como «efecto repetidor».

La mente como sanadora milagrosa

Los habitantes de una pequeña isla del archipiélago de las Fiyi decían de sí mismos que eran los únicos que podían caminar sobre ascuas, pero hoy sabemos que esta hazaña la puede realizar cualquiera.

Miles de personas de diversas razas y culturas, de distintas clases sociales y niveles de formación, han caminado sobre el fuego. Algunos seminarios enfocados a la afirmación de tu identidad enseñan a los participantes a caminar sobre el fuego en solo un día o menos. Para ello utilizan una forma de hipnosis.

¿Qué ocurre realmente mientras caminas sobre el fuego? ¿Cómo puede la concentración mental proteger la piel humana del fuego abrasador?

Este fenómeno parece desafiar las leyes de la física y no existe una explicación científica. La única respuesta plausible es que la mente tiene la capacidad de cambiar la estructura molecular de la carne humana.

Se dice que Olga Worrall, una conocida sanadora, cambió el perfil espectroscópico (un análisis molecular por color) del agua sosteniendo muestras en su mano durante veinte o treinta minutos.[2] Dichas pruebas demostraron que el agua sufrió un cambio en su estructura molecular. Dado que nuestro cuerpo está compuesto por un setenta u 80 % de agua, no es difícil ver, en el contexto de este ejemplo, que una célula enferma puede convertirse en una célula sana mediante semejante práctica.

Muchas preguntas no tienen respuesta. ¿Qué papel desempeña la energía en estas transformaciones? ¿Cómo dirige la mente la energía? ¿Cuál es el papel de las creencias, de la fe, de las oraciones? ¿Existen otros factores de los que aún no somos conscientes? ¿Debemos limitarnos a «lo conocido» y dejar que la gente llame milagro a lo no explicable?

Un día, hace muchos años, un amigo vino a verme a mi oficina. Me dijo que su hermano, un funcionario de la ciudad, se estaba muriendo.

«Pero yo hablé con tu hermano hace solo dos días», le dije. «Esa noche», respondió mi amigo, «se sintió muy mal y fue al hospital. Descubrieron que sus riñones habían colapsado, y el hospital no tenía una máquina de diálisis».

---

[2]   Robert Stone, coautor de este libro, estuvo presente en la Segunda Conferencia Psicotrónica Mundial (Montecarlo, 1975), donde se debatieron estos resultados.

En aquella época, solo unos pocos hospitales disponían de equipos de diálisis. «Había una máquina de diálisis en un hospital de San Antonio», me dijo, «pero estaba asignada a otro paciente». Mientras tanto, el enfermo había entrado en coma debido a una intoxicación por urea en el cerebro.

En cuanto mi amigo salió de la oficina, me dirigí al hospital. Llegué muy rápido, ya que el hospital estaba a seis calles de mi oficina. Tuve que acceder por la entrada de urgencias, ya que si un médico me hubiese visto entrar por la puerta principal habría llamado a la policía para que me echara. La profesión médica no suele aceptar mis métodos, como explicaré en un capítulo posterior.

Cuando llegué a la habitación del funcionario enfermo, estaban presentes su madre y su hermana. Les dije una pequeña mentira piadosa: que me había enviado el movimiento Cursillo, una organización de enseñanza cristiana, para rezar por él. Es cierto que en el pasado había pertenecido a ese movimiento, pero ya no formaba parte de él.

La madre me dijo que durante todo el día los médicos habían intentado sacar a su hijo del coma, pero que no lo habían conseguido. Ahora tenían pocas esperanzas de que saliera con vida.

«Discúlpeme», le dije. «Ahora voy a rezar mis oraciones».

Me coloqué al lado derecho del paciente, junto a la cama, y entré en el nivel de meditación-concentración clarividente. Me concentré «en este hombre de treinta y cuatro años con un cuerpo fuerte y con toda la vida por delante. No creo que esté justificado que porque sus riñones hayan dejado de funcionar tenga que morir. Todos sus otros órganos son jóvenes y funcionan bien. ¿Por qué no intentar que sus riñones vuelvan a funcionar?».

Mientras me hacía esta pregunta mentalmente, nuestro funcionario enfermo se incorporó en la cama y me miró con los ojos de un sonámbulo, el blanco de sus ojos amarillento por la intoxicación de urea. Me reconoció y dijo: «Hola, José. ¿Qué haces aquí?».

«¿Qué haces tú aquí?», le respondí.

«¿Dónde estoy?», preguntó.

«Estás en el lugar correcto», le dije. «Cierra los ojos, vuelve a dormirte. Todo va a salir bien».

Cerró los ojos, apoyó la cabeza en la almohada y pareció volver a entrar en coma. La madre le dijo a su hija que corriera a buscar al médico y le contara lo que había sucedido. «Más vale que yo también salga corriendo», me dije a mí mismo en cuanto oí aquello.

Dos horas después, el funcionario enfermo empezó a orinar. Sus riñones se habían recuperado. Años después, seguían funcionando con normalidad.

Un resumen del Método Silva de Curación Estándar

1. Entre en el nivel Alfa.
2. Afirme su deseo, su voluntad y sus expectativas de que la curación tendrá lugar.
3. Con el sujeto en posición prona y con los ojos cerrados, haga pases de barrido con sus manos sobre su cuerpo de la cabeza a los pies.
4. Durante unos instantes, mantén las manos sobre la cabeza, la frente, la espalda y los lados de la cabeza del sujeto. Luego sobre el pecho y la espalda (pensando en el sistema inmunitario), y sobre cualquier zona problemática localizada, visualizando cada vez el problema e imaginando que se produce una sanación.
5. Termina tu sesión alfa.

Una fórmula fundamental para ayudarte a ti y a los demás

Esta fórmula de tres pasos contiene los pasos fundamentales para cualquier evento de curación en el que se utilice el Método Silva.

1. Ve a Alfa.
2. Refuerza tu deseo, tu voluntad y tus expectativas de que la conceptualización y la verbalización tendrán efectos curativos.
3. Visualiza la enfermedad no deseada e imagina cómo se cura.

Cómo usar el Método Silva

Sea cual sea la etapa en la que te encuentres con tus ejercicios de cuenta atrás matutinos de producción Alfa, ya puedes programarte para que el Método Silva te funcione con éxito una y otra vez. Este enfoque implica la fórmula fundamental anterior, aplicada no a la curación, sino a tu capacidad de desencadenar la curación.

Primero, ve a Alfa.

Luego, usando palabras que te resulten naturales, afirma mentalmente tu deseo de tener la capacidad de sanar y mantenerte sano, y de ayudar a otros a hacer lo mismo a través del control de tu mente.

Por último, visualízate haciendo ejercicios de cuenta atrás, haciendo vibrar tus manos, o haciendo pases con tus manos. Luego imagínate más sano e imagina a los demás sonriendo mientras les ayudas a sanar.

Hazlo ahora.

Sesión 10
Deseos, convicciones y expectativas

1. Cierra los ojos y gíralos ligeramente hacia arriba, hacia las cejas.
2. Cuenta lentamente de 100 a 1. Hazlo en silencio, es decir, mentalmente. Deja pasar un segundo entre cada par de números.
   A. Empezando por el cuero cabelludo, concéntrate en las diferentes partes de tu cuerpo, desde la cabeza hasta los pies, relajándolas a medida que avanzas.
3. Cuando llegues a la cuenta de 1, piensa en ti mismo como en alguien joven, radiante, saludable y atractivo.
   A. Pregúntate mentalmente: «¿Por qué tengo este problema físico?». Luego deja que tu mente divague.
   B. Cuando en tus pensamientos aparezca alguna persona, concéntrate en ella. Visualízala.
   C. Imagina que ambos os perdonáis mutuamente. Visualiza un abrazo, un apretón de manos, sonrisas, cabezas asintiendo. Procura sentirte bien en esta situación.
4. Repite mentalmente: «Mantendré siempre un cuerpo y una mente perfectamente sanos».
5. Después di: «Voy a contar hasta cinco. Cuando llegue a cinco, abriré los ojos, me sentiré a gusto y sano. Me sentiré mejor que antes».
6. Luego empieza a contar. Al llegar a tres, repite: «Cuando llegue a cinco, abriré los ojos, me sentiré a gusto y sano. Me sentiré mejor que antes».
7. Sigue contando. Al llegar a cinco, abre los ojos y afirma mentalmente: «Estoy completamente despierto, me siento a gusto y sano. Me siento mejor que antes. No me cabe la menor duda».

Los instrumentos del milagro deseos, convicciones y expectativas

Puedes cambiar tu vida pase lo que pase. Considera este testimonio de Ed Thiessen:

«Hace seis años, si me hubieran dicho que alguna vez sería feliz y estaría sano, la perspectiva ni siquiera me habría hecho sonreír. Mi salud era tan mala que no podía imaginar estar bien.

»Eso fue antes de que me introdujeran el Método Silva y el poder de la mente.

»Cuando nací, en 1962, no se esperaba que viviera, pero si lo hacía se predecía que tendría parálisis cerebral. Más tarde se descubrió, mediante exámenes posteriores, que también tenía distrofia muscular. También era parcialmente sorda, tenía un estrabismo acusado y era legalmente ciega.

»Los "expertos" no daban muchas esperanzas a mis padres de que fuera capaz de aprender a leer y escribir o funcionar en el mundo "exterior" fuera de una institución estatal. Debido a esto y al deterioro de mi salud, no esperaban que viviera mucho tiempo.

»A los dos años me operaron por primera vez de los ojos para corregir mi estrabismo.

»Entre 1967 a 1979 estuve en instituciones y escuelas especiales y pasé por varias operaciones en las piernas y los ojos para tratar de corregir mis numerosos problemas. Pero ninguna de las intervenciones parecía ayudarme. Mi vista, mi oído y mi habla empeoraban.

»Entonces, a principios de 1978, una voluntaria me dio un libro que había estado leyendo. A menudo miraba los libros para ver cuántas palabras conocía. Leí y releí su libro[3] muchas veces, y con el tiempo llegué a dominar las técnicas allí descritas. A veces incluso dormía con el libro. Llegué a gastarlo de tanto leerlo.

»Los médicos no podían entenderlo, pero mi salud parecía estar mejorando. No les dije lo que estaba haciendo: se llama "programación".

»Primero empecé a caminar. En poco tiempo ya no necesitaba órtesis para las piernas y brazos. Recuperé la audición, así como el habla. Me dijeron que perdería la vista, pero, después de ir al nivel Alfa tres o cuatro veces al día, mi vista mejoró. A principios de 1980 pude dejar el centro para siempre.

---

[3] *El Método Silva de Control Mental* (Ediciones B, Barcelona, 2010).

»Unos meses después, mi tía oyó hablar del Método Silva de Control Mental y pensó que me ayudaría. No sabía cuánto me había ayudado ya. En diciembre de 1980 hicimos el curso.

»El curso me ayudó aún más. Mi salud mejoró enormemente.

»En 1981 dejé de usar gafas, y ahora tengo una visión perfecta y una salud envidiable.

»En 1982 me presenté al examen de Desarrollo Educativo General para obtener mi diploma de secundaria y solo fallé una pregunta, en trigonometría. Eso fue porque no programé la respuesta al problema.

»Tenía que comprar dos pares de zapatos por cada uno que necesitaba, ya que mis pies no eran de la misma talla. Me programé a principios del año pasado (1983); ahora ambos pies son del mismo tamaño. Un pie creció tres tallas en menos de un año.

»Lo único que queda del pasado es una ligera cojera. Eso pasará pronto. Es uno de mis proyectos para 1984.

»Mis éxitos no son un "milagro", ni conseguí lo que conseguí por ser una persona superespecial. Creo que cualquiera puede lograr lo que he logrado yo.

»Solo hace falta creer, un método (Silva) y mucho trabajo.

Llegará el día en que la gente ejerza un control tan poderoso de sus mentes que el deseo será suficiente para desencadenar la manifestación de sus expectativas. La metodología ya no será necesaria. Es cierto que mi deseo de que el funcionario municipal se curara y mis convicciones y expectativas de que se curaría fueron elementos clave en su sanación, al igual que mi imagen mental de él como un hombre curado.

A los científicos les cuesta aceptar estos conceptos. Los pensamientos, los sentimientos y otras formas de actividad mental no se pueden medir en términos tradicionales y, por tanto, no son objeto de estudio y explicación científica. Pero si analizas el deseo estudiando primero el significado de la palabra, lo puedes entender como el encendido de un ordenador. Cuando el ordenador se enciende, la expectativa proclama el advenimiento de una solución, y las creencias —basadas en todas las soluciones obtenidas anteriormente por el ordenador y en la infalibilidad de la programación— producen el resultado deseado. Es posible que el deseo, las expectativas y las creencias permitan que nuestra mente funcione de la manera para la que fue diseñada, y que sin estos elementos se bloquee el funcionamiento mental normal.

Tus sesiones matutinas te permiten alcanzar tu nivel mental creativo de forma rápida y fácil, porque *deseas* las ventajas para la salud y la habilidad de resolver problemas que este nivel mental te aporta. Te entrenas porque crees que puedes hacer más con tu mente de lo que estás haciendo ahora y porque esperas que tu deseo se haga realidad.

Por lo tanto, tu entrenamiento es en realidad una forma de programación informática. Tu ordenador está enchufado y encendido (deseo). Tu ordenador tiene los circuitos adecuados para realizar este trabajo (expectativas). Tu ordenador ha producido anteriormente y volverá a producir (esperanza). Estás teniendo éxito. Desea ese éxito. Cree firmemente en que lo estás logrando. Espéralo.

En Alfa, la sanación es un efecto natural

Si sabes cómo entrar en Alfa y alguien que está enfermo no tiene esta habilidad, estás en posición de ayudar a esta persona. Es como si esa persona se hubiera caído a un pozo y tú tuvieras una cuerda para lanzarla.

Llamemos a la persona enferma A y a la persona sana que puede ir a Alfa, B. Y digamos que B está dentro del campo energético de A, es decir, a pocos metros.

B puede ir a Alfa, colocar sus manos sobre la zona afectada de A, e imaginar que la enfermedad desaparece y el bienestar ocupa su lugar. En ese momento, se produce un intercambio de energía.

Es como si una energía curativa saliera de las manos de B, entrara en A y resolviera el problema.

La fotografía Kirlian, inventada en la Unión Soviética, nos permite ver ese intercambio. Se colocan las manos sobre un papel sensible a la luz, normalmente un papel fotográfico estándar, en una habitación oscura. Se activa brevemente un campo de alta tensión, y cuando se revela el papel aparece una imagen de un campo de energía alrededor de los dedos y la mano. Este campo energético se reduce directamente después de una curación por imposición de manos, pero unos segundos después se restablece por completo.

Es importante que las manos de B no se toquen entre sí cuando se aplican sobre la zona afectada de A. Esto sería como provocar un cortocircuito.

Sugestiones Alfa

La energía de tu cerebro derecho es más fuerte en Alfa, lo que hace que la visualización sea más potente. Cuando visualizas con fuerza, diriges energía para crear normalidad.

Mesmer, Braid, Freud, Jung, Adler y Coue creían en el poder de la sugestión. Para Mesmer, este poder era magnetismo en acción. De hecho, este poder recibió el nombre de mesmerismo. Braid lo llamó hipnosis[4]. Pero fue el psicólogo francés Emile Coue quien utilizó la sugestión directa. Hizo que sus pacientes se miraran en un espejo y repitieran con frecuencia, a diario: «Cada día estoy mejor, en todos los sentidos».

La sugestión se utiliza para reforzar las expectativas y las creencias. Si se está en Alfa cuando te sugestionas, ambos hemisferios cerebrales participan en llegar al objetivo. Por lo tanto, es en Alfa donde se crean impresiones más fuertes y se emplea la energía más creativa.

Aunque Coue no era consciente de las frecuencias cerebrales Alfa, su método las incorporaba. Cuando se trabaja en un nivel no relajado, o Beta, la frecuencia cerebral desciende a Alfa treinta veces por minuto, pero cada uno de estos descensos solo dura unos microsegundos. La suma de estos microsegundos supone pocos segundos por minuto. Hacer la afirmación de Coue cien veces al día significa que es ocasionalmente efectiva en Alfa.

Nuestra meta es hacernos con el control en Alfa, no depender de esta técnica de prueba y error.

Cuando tienes el control, puedes permanecer en Alfa todo el tiempo que necesites mientras diriges toda la energía curativa a ti mismo o a otra persona. Se pasa a Alfa con la voluntad, con el deseo de hacerlo. Visualizas el problema, te convences de que la corrección está en marcha, y después imaginas que se restablece la normalidad. Terminas la sesión Alfa.

---

[4] El término *hipnosis* procede del griego ὕπνωσις (hipnosis = proceso de dormir), que a su vez viene de ὕπνος (hypnos = sueño, dormido). Y, en inglés, *Mesmerism* (en referencia al método terapéutico de Mesmer) es sinónimo de hipnosis. (*N. del T.*)

Las sugestiones verbalizadas de Coue tienen sentido en Beta. Las palabras son la «materia» de Beta. Pero las imágenes mentales pertenecen al terreno de Alfa. En Beta estás tratando con el mundo objetivo, material: el efecto. En Alfa, estás trabajando en el mundo subjetivo, espiritual: la causa del efecto. Si trabajas mentalmente en Alfa, creas el efecto deseado en el mundo físico. Puesto que catalizan la programación, la voluntad, las creencias y las expectativas te ayudan a trabajar más eficazmente tanto en el nivel Alfa como en el Beta, es decir, tanto en el reino espiritual de las causas como en el mundo físico de los efectos.

Sesión 11
Cómo evitar las resistencias

1. Cierra los ojos y gíralos ligeramente hacia arriba, hacia las cejas.
2. Ya estás preparado para reducir la cuenta de 100 a 50. Y los pasos 2A, 3A, 3B y 3C son ahora opcionales. Cuenta lenta y silenciosamente de 50 a 1. Deja pasar un segundo entre cada par de números.
   A. Empezando por el cuero cabelludo, concéntrate en las diferentes partes de tu cuerpo, desde la cabeza hasta los pies, relajándolas a medida que avanzas.
3. Cuando llegues a la cuenta de 1, piensa en ti mismo como en alguien joven, radiante, saludable y atractivo.
   A. Pregúntate mentalmente: «¿Por qué tengo este problema físico?». Luego deja que tu mente divague.
   B. Cuando en tus pensamientos aparezca alguna persona, concéntrate en ella. Visualízala.
   C. Imagina que ambos os perdonáis mutuamente. Visualiza un abrazo, un apretón de manos, sonrisas, cabezas asintiendo. Procura sentirte bien en esta situación.
4. Repite mentalmente: «Mantendré siempre un cuerpo y una mente perfectamente sanos».
5. Después di: «Voy a contar hasta cinco. Cuando llegue a cinco, abriré los ojos, me sentiré a gusto y sano. Me sentiré mejor que antes».
6. Luego empieza a contar. Al llegar a tres, repite: «Cuando llegue a cinco, abriré los ojos, me sentiré a gusto y sano. Me sentiré mejor que antes».
7. Sigue contando. Al llegar a cinco, abre los ojos y afirma mentalmente: «Estoy completamente despierto, me siento a gusto y sano. Me siento mejor que antes. No me cabe la menor duda».

El físico Eugene Wigner dijo: «El estudio mismo del mundo externo llevó a la conclusión de que el contenido de la conciencia es la realidad».

Ahora sabemos que lo que genera nuestro pensamiento produce nuestro estado de salud, que para la mayoría de nosotros es la realidad. Si nuestra salud no es buena, afecta a nuestra calidad de vida: en la familia, el trabajo, los viajes y las comodidades. Ante la enfermedad, estas realidades se desvanecen.

La ciencia no ha tenido más remedio que aceptar que la mente desempeña un papel en la salud, y cada vez la contempla más. Los psiquiatras fueron probablemente los primeros médicos en tomarse en serio la mente como factor influyente en la salud. Ahora los endocrinólogos y los biólogos moleculares lo están teniendo en cuenta. En terapias de primer orden, especialistas como los dentistas y los obstetras también empiezan a reconocer los efectos de la mente.

La psiconeuroinmunología cuenta ahora con su propia publicación trimestral, llamada *Advances*. En ella se examinan desde el análisis científico hechos que antes no se consideraban. Entre los sujetos de estudio se encuentran, por ejemplo, unos monos que, al ser separados de sus madres, mostraron una menor capacidad para protegerse de las enfermedades, pero cuyo sistema inmunitario se reforzó cuando se les devolvió a un grupo de apoyo. Otro ejemplo es el estudio de los maridos con mujeres que han muerto de cáncer y que presentan una disminución de la capacidad para protegerse de la enfermedad. Otro caso es el que a través de imágenes relajadas se frena el crecimiento de tumores, pero que vuelven a aumentar de tamaño cuando el sujeto deja de practicar estos ejercicios.

En un informe, John Maddox, editor de la revista *Nature*, explica que, según algunos psiconeuroinmunólogos, distintos estados mentales producen un mayor o menor nivel de inmunidad (*Brain/Mind Bulletin*, Vol. 10, N.º 2). En el informe se afirma que un grupo de asmáticos de la Universidad de California, San Francisco, que practicaron un viaje imaginario a través de sus cuerpos, revirtieron las células conflictivas y necesitaron menos medicación para respirar mejor.

La resistencia de los médicos

La campaña para promover la aceptación del papel de la mente en nuestra salud no ha estado exenta de mártires. Muchos médicos que han defendido el papel de la mente en la salud han sido acosados por sus asociaciones médicas locales y por la Asociación Médica Estadounidense (AMA, por sus siglas en inglés). Las autoridades médicas le hicieron la vida imposible al doctor Carl Simonton, uno de los primeros en adoptar parte del Método Silva para uso en los pacientes. Incluso hoy en día si usas tu mente en presencia de una persona enferma para ayudarla a recuperarse, se te puede acusar de practicar la medicina sin licencia.

He hecho un esfuerzo por proteger de esta acusación a los médicos que usan el Método Silva. Imaginar que otra persona recupera la salud mientras meditas es tan parecido a la oración, si no es lo mismo, que he creado una sociedad sin ánimo de lucro denominada Sociedad Ecuménica, bajo cuyo paraguas la gente puede entrar con seguridad en la habitación del enfermo y utilizar métodos de curación. La idea nació entre los años 1953 y 1963, cuando aún estaba investigando el Método Silva y enfrentándome a los desafíos de diversas autoridades. Un día el fiscal del distrito me llamó por teléfono y me pidió que fuera a verlo. Cuando llegué, su secretaria me hizo pasar a su despacho, donde me saludó amablemente y me invitó a sentarme. Nos conocíamos desde la infancia y solíamos tutearnos, pero en el entorno formal de un agente del orden las sutilezas resultan borrosas.

«Don José», me dijo, «hay una denuncia contra usted. Un médico se queja de que ha curado usted a uno de sus pacientes. Dice que está practicando la medicina sin licencia. ¿Qué están haciendo ustedes?».

Le expliqué que, más que cualquier otra cosa, lo que hacía era rezar por el paciente. Después de escucharme, el fiscal del distrito me aseguró que el médico no tenía ningún caso contra mí. Si el paciente se hubiera quejado, dijo, habría habido caso, pero era todo lo contrario: el paciente estaba agradecido por haberse curado.

Resultó que, hasta que el fiscal me citó en su despacho, yo ni siquiera me había enterado de esta curación. En este caso, el médico había prescrito una serie de inyecciones, dos por semana durante varias semanas, para corregir una afección del paciente. Durante este tiempo, el paciente había decidido venir a mis reuniones de los viernes. Mientras participaba en los ejercicios mentales que realizábamos al principio de cada sesión, el problema de salud del paciente había remitido. Yo ni siquiera estaba al corriente de los problemas ni de la cura.

El paciente había dejado de acudir a la consulta del médico, pero un día ambos se encontraron de casualidad en el centro de la ciudad, y el médico le preguntó: «¿Por qué dejó de venir a por sus inyecciones?».

«Porque me curaron en un curso del Método Silva», respondió el paciente. Fue entonces cuando el médico se quejó ante el fiscal del distrito.

Pero el propio fiscal del distrito tenía parientes que eran asiduos a mis sesiones de los viernes por la noche. Al final de nuestra pequeña reunión me dio algún consejo sobre cómo proceder para no meterme en problemas. Me alegré de tener familiares de funcionarios de nuestra ciudad y del condado en el movimiento y se me ocurrió la idea de la Sociedad Ecuménica.

La resistencia de la Iglesia

Los médicos no han sido los únicos que han hecho pasar malos ratos a la gente del Método Silva. Muchos clérigos de la iglesia local también lo han hecho. Incluso los que conocían a personas a las que yo había ayudado se negaron a creer en la eficacia de mis métodos hasta que los vieron por sí mismos. Un día me llamó un sacerdote al que había ayudado una vez. Tenía un amigo, otro sacerdote, que tenía cáncer del sistema digestivo y ya se había sometido a tres cirugías. El clérigo enfermo tenía fiebre y diarrea constantes. Ya había sido relevado de su puesto y se había retirado a una casa de reposo. Mi amigo me pidió que le ayudara, a pesar de que el clero local advertía a sus feligreses de que se alejaran de las reuniones del Método Silva, sugiriendo que yo trabajaba para el diablo. Le pregunté a mi amigo sacerdote: «¿Crees que los sacerdotes de allí me permitirán entrar en el edificio para ver al sacerdote enfermo?».

«Lo arreglaré para que nadie te moleste», me aseguró.

En cuanto entré en la habitación del sacerdote enfermo, sus compañeros nos dejaron solos. Estreché la mano del sacerdote, me llevé una buena impresión de su rostro y su voz, y le recomendé que bebiera medio vaso de agua por

JOSÉ SILVA Y ROBERT B. STONE

la noche y la otra mitad por la mañana. A continuación, le dije que volvería en tres días para comprobar su evolución.

Esa noche, en casa, terminé la programación a distancia (más adelante explicaré este método en detalle).

Tres días más tarde, volví para comprobar la evolución del cura, y me dijo que sentía una clara mejoría. La fiebre había bajado y la diarrea había cesado. Ahora tenía movimientos intestinales normales. Además, su actitud, al igual que la de los demás sacerdotes, había cambiado. Sin embargo, su curación total requirió dos aplicaciones más.

Cada vez que llegaba, los sacerdotes se mostraban más cordiales conmigo. Un mes después, el sacerdote se fue de vacaciones a España, y cuando regresó fue reasignado a una parroquia. En el momento de escribir estas páginas, todavía seguía vivo.

Presunción en vez de resistencia

Ha pasado una generación y aún hoy los profesionales se enfrentan al Método Silva con escepticismo. Pero vamos haciendo pequeños progresos. En el mundo religioso, en lugar de decir que somos «del diablo», la gente de la Iglesia está recordando lo que hizo el rabino Jesús durante su estancia en la Tierra. Y Sus declaraciones sobre las capacidades de los seres humanos. Ahora se dicen: «Supongamos que lo que dijo Jesús es cierto».

La profesión médica sigue inclinándose a favor de los enfoques alopáticos estrictos, pero en algunos círculos los médicos se preguntan: «Supongamos que en este caso se utilice la mente…».

Hubo una época en que mi mujer era rechazada por los vecinos y mis hijos se sentían avergonzados en la escuela, pero ese tiempo ha pasado.

Laredo, Texas, está ahora en el mapa, al menos en parte debido a su posición como sede internacional del Método Silva de Control Mental, que cuenta con millones de graduados. Innumerables personas, graduados y sus amigos y familias, se han beneficiado en todos los aspectos de la salud.

Con tu práctica matutina diaria, has estado reforzando tus expectativas y confianza en la eficacia del método. Cuanto más fuertes sean tus convicciones, menos te interpondrás en tu camino y más grande será tu éxito. En cierta ocasión, un admirador le dijo al difunto Walter Russell, codescubridor del agua pesada (que presagió la era atómica), arquitecto, compositor, autor y poseedor de muchas otras habilidades creativas: «Debe de tener usted una fe tremenda».

«No tengo nada de fe», le respondió Russell. «Sencillamente, *lo sé*».

Pronto tú también «lo sabrás». Habrás conseguido dominar el nivel Alfa. Serás capaz de ayudar a tu cuerpo y al de los demás a sanar. A partir de ahí, podrás pasar a resolver otro tipo de problemas.

Cientos de médicos de todas las especialidades, así como cientos de enfermeras, han seguido la formación del Método Silva. Las principales empresas han enviado a sus altos ejecutivos a hacer la formación para sacar mayor provecho de sus mentes. Contables, ingenieros, obreros, maestros, padres y niños de todos los ámbitos de la vida están utilizando la formación para aumentar su intuición, su creatividad y su capacidad para resolver problemas.

El Método Silva te ayudará a resolver muchos problemas, pero la salud es la forma más fácil de empezar. La salud es la principal prioridad de las neuronas del cerebro. Cuando tu mente las programa para que se impliquen en la mejora de tu salud, tus células cerebrales responden positivamente.

Sesión 12
El clima para la mejora de la salud

1. Cierra los ojos y gíralos ligeramente hacia arriba, hacia las cejas.
2. Los pasos 2A, 3A, 3B y 3C son ahora opcionales. Cuenta lenta y silenciosamente de 50 a 1. Deja pasar un segundo entre cada par de números.
   A. Empezando por el cuero cabelludo, concéntrate en las diferentes partes de tu cuerpo, desde la cabeza hasta los pies, relajándolas a medida que avanzas.
3. Cuando llegues a la cuenta de 1, piensa en ti mismo como en alguien joven, radiante, saludable y atractivo.
   A. Pregúntate mentalmente: «¿Por qué tengo este problema físico?». Luego deja que tu mente divague.
   B. Cuando en tus pensamientos aparezca alguna persona, concéntrate en ella. Visualízala.
   C. Imagina que ambos os perdonáis mutuamente. Visualiza un abrazo, un apretón de manos, sonrisas, cabezas asintiendo. Procura sentirte bien en esta situación.
4. Repite mentalmente: «Mantendré siempre un cuerpo y una mente perfectamente sanos».
5. Después di: «Voy a contar hasta cinco. Cuando llegue a cinco, abriré los ojos, me sentiré a gusto y sano. Me sentiré mejor que antes».
6. Luego empieza a contar. Al llegar a tres, repite: «Cuando llegue a cinco, abriré los ojos, me sentiré a gusto y sano. Me sentiré mejor que antes».
7. Sigue contando. Al llegar a cinco, abre los ojos y afirma mentalmente: «Estoy completamente despierto, me siento a gusto y sano. Me siento mejor que antes. No me cabe la menor duda».

Cómo revertir la diabetes

T. S., de veinticinco años, sufría de diabetes y sus efectos cuando decidió seguir el entrenamiento del Método Silva. Aquí, en sus propias palabras, está el resultado de lo que ocurrió:

«La razón principal por la que decidí seguir el Ciclo de Conferencias Básicas del Método Silva fue mi salud. Soy diabético de tipo I (insulinodependiente) desde hace veinte años. Cuando llegué a la edad de veintiún años, empecé a tener efectos secundarios. El primero de ellos fue la retinopatía diabética. Las hemorragias en los ojos me provocaron ceguera en el ojo derecho y pérdida de visión en el izquierdo. Me sometí a una operación completa con rayos láser en ambos ojos. Más tarde recuperé parte de la visión en mi ojo derecho, pero no volví a tener nada ni remotamente parecido a mi visión normal.

»Los médicos me dijeron que ya no podía realizar ninguna actividad física que no fuera caminar (ni correr, ni agacharme, ni levantar pesos, nada, etc.). Esto fue como una pesadilla para mí, ya que toda mi vida había sido un atleta activo. Lo único que podía pensar era: "¿Por qué me está pasando esto? Solo tengo veintiún años".

»Más tarde, ese mismo año, desarrollé hipertensión arterial y me pusieron la dosis máxima de un medicamento para la presión arterial junto con un diurético. Los médicos dijeron que era imposible que dejara de tomar la medicación para la tensión. La hipertensión no solo es mala para la salud cardiovascular, sino que, en mi caso, es una amenaza para la vista.

»Cuando cumplí veintitrés años, me dijeron que había surgido otra complicación: mis riñones se estaban deteriorando. Para entonces ya había perdido el 50 % de la función renal.

»Ahora tengo veinticinco años y creo que el Método Silva y Dios me han salvado la vida. Desde que seguí el curso, mi consumo de insulina ha disminuido cada semana. Me he estado programando para ello. Estoy en un tratamiento con una bomba de insulina, donde la dosis se cambia tres veces al día (progresión por pasos). De hecho, he programado la hora del día para que mis necesidades de insulina bajen, y así ha sido. También he ido disminuyendo la dosis de la medicación para la tensión arterial. Y me he estado programando y rezando para que mi visión mejore, especialmente para que mis ojos dejen de sangrar.

»En el pasado, el simple hecho de montar en cólera me provocaba una hemorragia. Ahora estoy jugando al tenis y montando en bicicleta, aunque, por supuesto, con mucho cuidado. Para mí, el Método Silva ha supuesto algo más que una coincidencia. Mis médicos no pueden explicar los cambios, pero me dicen: "Sigue haciendo lo que quiera que estés haciendo".

¿Te imaginas a T. S.? ¿Es un pensador positivo? Sí. ¿Es una víctima del miedo, la hostilidad y la inseguridad? Difícilmente. ¿Cree en una base espiritual para el mundo material? Sí.

T. S. se sintió motivado para hacer la formación del Método Silva debido a su condición física (deseo). Creía que podía programar su insulina a voluntad, y lo hizo. Esperaba que su programación funcionara y lo consiguió. En otras palabras, tenía la atmósfera mental perfecta para el éxito. Y la utilizó.

Cómo superar los pensamientos negativos

El pensamiento negativo causa problemas.

El pensamiento positivo provoca soluciones.

El pensamiento negativo crea un clima que favorece el desarrollo de problemas de salud.

El pensamiento positivo favorece la consecución y el mantenimiento de la buena salud.

Permíteme refrescar tu comprensión definiendo cada tipo de pensamiento.

El *pensamiento negativo* es la culpa, la preocupación, la inseguridad, el miedo, los celos, la sospecha, el odio, el antagonismo, la ira, la desesperación, el duelo y la falta de confianza en uno mismo. El pensamiento negativo es la discordancia con la gente y con las cosas que te rodean.

El *pensamiento positivo* es el amor, el aprecio, el optimismo, la seguridad, el valor, la cooperación, la compasión, la generosidad, la amabilidad, la paciencia y la ambición. El pensamiento positivo es estar en armonía con las personas y las cosas que te rodean.

Estos son solo ejemplos, no el cuadro completo. No necesitas ver el panorama completo. Basta con que tengas una idea cabal de tus propios pensamientos, especialmente de sus componentes negativos.

Por ejemplo, la culpa. Como cualquier componente del pensamiento negativo, la culpa es estresante. La culpa, o cualquier otro tipo de pensamiento negativo, se convierte en algo habitual, y el estrés que provoca se vuelve crónico. El estrés crónico es mortal.

Cuando sientes que no has hecho lo suficiente, o que no te has esforzado lo suficiente, te sientes culpable. Si sigues sintiéndote así, puedes estar causando daño a tu sistema inmunitario. A largo o corto plazo, ese daño acabará perjudicándote.

Cuando mantienes actitudes negativas durante períodos prolongados, se producen cambios químicos en tu cuerpo. El estrés libera en la sangre una sustancia química que inhibe el trabajo del sistema inmunitario, lo que, al parecer, confunde y lo debilita. En estas circunstancias, los problemas de salud se van acumulando. Pero los sentimientos positivos sobre ti mismo y sobre el trabajo que realizas, que te llevan a ser optimista en lugar de pesimista, contribuyen a tu salud y, en última instancia, a tu supervivencia. También es mejor para ti hacer lo que sabes que es correcto, de modo que no te atormenten los sentimientos de culpa. Es como si la naturaleza, o Dios, nos hubiera proporcionado un sistema de recompensas. Si haces lo correcto, tu salud prospera. Si haces lo incorrecto, tu salud se resiente.

Cada vez que sientas remordimientos de conciencia sobre lo que estás haciendo, detente. Ve a tu nivel Alfa. Identifica la acción que te produce el sentimiento de culpa. Toma la decisión de reparar esa acción y de no repetirla. Cuenta del 1 al 5, abre los ojos y observa el efecto positivo que ha tenido sobre tu bienestar.

Incluso la idea de hacer algo que no es totalmente justo, considerado, moral, legal o correcto, puede ser estresante. La sola tentación puede hacer que te sientas mal.

> Cada vez que un pensamiento erroneo entre en tu mente, detente. Cierra los ojos, respira profundamente, gira los ojos ligeramente hacia arriba, y dite mentalmente: «Cancela, cancela». Habrás disipado esa fuente de estrés en el acto. Esta es una práctica recomendable al inicio de cualquier pensamiento negativo.

Sesión 13
La necesidad de tener fe

1. Cierra los ojos y gíralos ligeramente hacia arriba, hacia las cejas.
2. Ya estás preparado para reducir la cuenta de 100 a 50. Y los pasos 2A, 3A, 3B y 3C son ahora opcionales. Cuenta lenta y silenciosamente de 50 a 1. Deja pasar un segundo entre cada par de números.
   A. Empezando por el cuero cabelludo, concéntrate en las diferentes partes de tu cuerpo, desde la cabeza hasta los pies, relajándolas a medida que avanzas.
3. Cuando llegues a la cuenta de 1, piensa en ti mismo como en alguien joven, radiante, saludable y atractivo.
   A. Pregúntate mentalmente: «¿Por qué tengo este problema físico?». Luego deja que tu mente divague.
   B. Cuando en tus pensamientos aparezca alguna persona, concéntrate en en ella. Visualízala.
   C. Imagina que ambos os perdonáis mutuamente. Visualiza un abrazo, un apretón de manos, sonrisas, cabezas asintiendo. Procura sentirte bien en esta situación.
4. Repite mentalmente: «Mantendré siempre un cuerpo y una mente perfectamente sanos».
5. Después di: «Voy a contar hasta cinco. Cuando llegue a cinco, abriré los ojos, me sentiré a gusto y sano. Me sentiré mejor que antes».
6. Luego empieza a contar. Al llegar a tres, repite: «Cuando llegue a cinco, abriré los ojos, me sentiré a gusto y sano. Me sentiré mejor que antes».
7. Sigue contando. Al llegar a cinco, abre los ojos y afirma mentalmente: «Estoy completamente despierto, me siento a gusto y sano. Me siento mejor que antes. No me cabe la menor duda».

Los diversos caminos que conducen a la enfermedad

Nadie puede decir a ciencia cierta qué actitudes mentales o emociones específicas producen enfermedades como la esclerosis múltiple, la diabetes o el síndrome de Guillain-Barre. Estas dolencias no se pueden atribuir fácilmente a actitudes o emociones específicas, si bien es cierto que, en ocasiones, una mujer puede perder el oído porque hay algo que no quiere escuchar y un hombre puede perder la vista porque hay algo que no quiere ver.

La enfermedad puede llegar por muchos caminos: por la vía de la herencia, por ejemplo, o por el aire que respiramos o el agua que bebemos. Puede estar en los aditivos alimentarios o en los contaminantes ambientales. Puede ser el resultado de un déficit de sueño, ejercicio, nutrientes o vitaminas.

Para algunos, la enfermedad parece enseñar una lección; la ven como una bendición encubierta. No estoy de acuerdo. Nuestro Creador quiere que seamos perfectos, como Él. Las desviaciones de esa perfección no están hechas en el cielo, sino en la tierra.

La gente produce sus propios problemas de salud. Estoy convencido de ello. La hermana Elizabeth Reis, conferenciante del Método Silva, tiene otra opinión. Y tiene sus razones. Dejaré que lo explique en sus propias palabras:

«Síndrome de Guillain-Barre: una experiencia extraña, única; una "enfermedad" poco conocida..., hasta que entra en tu vida.

»¿De dónde viene?

»¿Cómo afecta a las personas?

»¿Qué puede hacer uno con él? ¿Debe recurrir a la oración, las técnicas del Método Silva, las actitudes positivas, la audacia, la fe, la confianza en uno mismo?

»El 23 de agosto me invitaron al Convento de Santa María, en Port Huron, Michigan, para escribir mi libro *Reflexiones bíblicas*, un manuscrito que surge de veinticinco años de enseñanza de las sagradas escrituras en varios países.

»Los capítulos 1 y 2 estaban terminados. Y surgió una pregunta. "¿Qué camino sigo ahora? ¿La verdad bíblica o la verdad universal?". Esta pregunta no era baladí, ya que, como cristiana y profesora del Método Silva de Control de la

Mente, a menudo había sido objeto de desafíos y ataques: "¿Cómo encaja el Método Silva en el mensaje de Jesús?".

»El 25 de agosto oramos para pedir una respuesta a esa pregunta. El jueves desperté con visión doble. A las once de la mañana no podía caminar. A medianoche estaba totalmente paralizada. ¿Una respuesta a la oración? "Pedid y se os dará; buscad y encontraréis".

»Acudí al Servicio de Urgencias del Hospital Mercy, en Port Huron.

»A las diez de la noche ya me habían hecho un escáner cerebral, un TAC y varios exámenes. Finalmente, las pruebas apuntaron al Síndrome de Guillain-Barré, una enfermedad causada por un virus que afecta al sistema nervioso a través de la columna vertebral.

»Todos los músculos de mi cuerpo, empezando por los de la vista, habían colapsado. Una señal interesante: ¿un movimiento hacia la claridad de la visión interior, quizás?

»Seis Hermanas de José y amigos de Michigan llegaron para constituir un equipo de enfermería y oración las veinticuatro horas..., seis personas de amor, oración y fe, graduados del Método Silva (todos menos uno) y viejos amigos.

»Me arroparon con su presencia y su energía. Nunca tuve miedo. Nunca sentí dolor. Gracias a años de oración y entrenamiento en el Método Silva, hacía tiempo que había aprendido a relajarme, así que mi presión sanguínea, la temperatura y el pulso fueron normales durante toda la experiencia.

»No me "esforcé". Se trataba de un hecho cotidiano que ya había sido establecido por la práctica, la práctica, la práctica.

»En una ocasión, una enfermera me tomó la tensión y comprobó que era baja. Le dije: "Dame un minuto y vuelve a tomarla". Lo hizo y... ¡la lectura fue normal!

»Los músculos de la garganta habían dejado de funcionar, así que existía la posibilidad de que los pulmones se vieran afectados. Mis amigos me hacían hacer gárgaras varias veces al día, así que eso también se evitó. Me succionaron, pero nunca me pusieron un respirador. Una vez más, todo muy único para el tipo de patrón que normalmente sigue el síndrome de Guillain-Barré. Al parecer, las personas aquejadas de esta enfermedad pueden tardar entre seis meses y varios años en recuperarse. Pero en treinta días, mi asombrado y complacido médico me dio el alta. Podía caminar, hablar, fluir: prueba de la eficacia de lo que José Silva llama energía, visualización, relajación... y de lo que un cristiano/santo llama la oración de la fe.

»Hoy llamo a esta maravillosa experiencia de aprendizaje y curación mi "retiro de treinta días".

»Estuve totalmente paralizada durante diez días... esperando a que los ojos empezaran a moverse. Luego fuimos en ambulancia a Borgess, nuestro hospital en Kalamazoo, y durante diez días recibí fisioterapia.

»Llegamos a Borgess el domingo 5 de septiembre por la tarde. El lunes por la mañana comenzó la terapia; por la tarde ya movía los brazos y estaba de pie. Una vez más, cuando uno conoce las experiencias de otras personas con esta enfermedad vírica, aprecia el poder de la relajación, la energía y la oración.

»Mientras el personal médico de Borgess asistía a mi asombrosa recuperación, me preparé para volver a Nazaret y a nuestra planta médica en Fontbonne (nuestro edificio de hermanas jubiladas).

»Una vez más, los "diez días mágicos" de amor y cuidados, junto con las sesiones diarias de fisioterapia, me han llevado a un punto de independencia física. Mis ojos aún no están perfectamente sincronizados. Me siento como el hombre del evangelio que vio "hombres como árboles que andan". No estoy preocupada. Con un poco de paciencia...

»Mi pregunta ahora es: "¿Qué he aprendido y cómo puedo compartirlo con el universo?". Ciertamente, mi libro nunca será el mismo, ni yo tampoco.

»No me fue "impuesto" por Dios, ni fue algo satánico. Pedí entender el dolor físico. Ya había sufrido emocional, espiritual y mentalmente. Y por ello, no me costaba aconsejar en estas áreas. Pero, ¿en el terreno físico? Siempre había estado sana, por lo que a menudo era arrogante con los físicamente débiles. Ahora alabo a Dios por esta experiencia particular. Me ha permitido entender que la vida es un aprendizaje continuo.

»La curación no es un accidente; es un flujo natural que, sin escollos, realmente "actúa". También es un flujo universal que puede beneficiarse de la oración y los pensamientos de los demás. Quizás esta historia nos recuerde que ninguno de nosotros está solo. Somos el "guardián de nuestro hermano"; somos nuestro hermano.

»Tu energía es la mía porque todos bebemos de la misma fuente.

»Es un don y es real.

»Yo lo llamo Dios y, como cristiana, reconozco la "buena nueva".

La experiencia de la hermana Elizabeth Reis es una inspiración para muchos, mientras continúa compartiéndola con clases y audiencias dondequiera que enseña y da conferencias.

La fe en Dios es un factor de curación y bienestar. Cuanto más solos nos sentimos, más estrés experimentamos. Cualquier religión que reconoce una Inteligencia Superior alivia el estrés. Por la misma razón, el amor de la familia es un camino hacia el bienestar.

Sesión 14
Cómo conquistar la paz interior

1. Cierra los ojos y gíralos ligeramente hacia arriba, hacia las cejas.
2. Los pasos 2A, 3A, 3B y 3C son ahora opcionales. Cuenta lenta y silenciosamente de 50 a 1. Deja pasar un segundo entre cada par de números.
   A. Empezando por el cuero cabelludo, concéntrate en las diferentes partes de tu cuerpo, desde la cabeza hasta los pies, relajándolas a medida que avanzas.
3. Cuando llegues a la cuenta de 1, piensa en ti mismo como en alguien joven, radiante, saludable y atractivo.
   A. Pregúntate mentalmente: «¿Por qué tengo este problema físico?». Luego deja que tu mente divague.
   B. Cuando en tus pensamientos aparezca alguna persona, concéntrate en esa persona. Visualízala.
   C. Imagina que ambos os perdonáis mutuamente. Visualiza un abrazo, un apretón de manos, sonrisas, cabezas asintiendo. Procura sentirte bien en esta situación.
4. Repite mentalmente: «Mantendré siempre un cuerpo y una mente perfectamente sanos».
5. Después di: «Voy a contar hasta cinco. Cuando llegue a cinco, abriré los ojos, me sentiré a gusto y sano. Me sentiré mejor que antes».
6. Luego empieza a contar. Al llegar a tres, repite: «Cuando llegue a cinco, abriré los ojos, me sentiré a gusto y sano. Me sentiré mejor que antes».
7. Sigue contando. Al llegar a cinco, abre los ojos y afirma mentalmente: «Estoy completamente despierto, me siento a gusto y sano. Me siento mejor que antes. No me cabe la menor duda».

CÓMO SANARTE A TI MISMO

Nuestra capacidad para enfermarnos o curarnos se está teniendo en cuenta cada vez más. Por ejemplo, antes era impensable ver una investigación del cáncer que no fuera de tipo médico-químico. Sin embargo, a finales de 1984, la Fundación para la Prevención del Cáncer (antiguamente, la *Cancer Research Foundation of America)* publicó una encuesta sobre el estrés y su relación con estas enfermedades. «Hemos lanzado esta iniciativa porque muchos estudios muestran una fuerte relación entre los niveles de estrés y las posibilidades de contraer el cáncer», dice la carta de presentación. El documento cita estos tres estudios específicos:

1. El Dr. William H. Green, de la Universidad de Rochester, estudió la vida de tres pares de gemelos. Uno de los gemelos de cada par experimentó un trastorno psicológico y poco después desarrolló leucemia (cáncer de la sangre), mientras que el gemelo sin estrés no lo hizo.
2. El Dr. H. J. F. Baltrush informó, en el Tercer Simposio Internacional sobre Detección y Prevención del Cáncer, que, tras estudiar a ocho mil pacientes con diferentes tipos de cáncer, se constató que, en la mayoría de los casos, el cáncer aparecía «durante un período de estrés vital severo e intenso, a menudo vinculado a pérdidas, separaciones y duelos similares».
3. Estudios independientes realizados por la Dra. Caroline B. Thomas, del Dr. John Hopkins, y por el Dr. Rene C. Mastrovito, del Memorial Sloan Kettering Cancer Center, detectaron una mayor incidencia del cáncer entre las personas que tienden a «reprimir» sus emociones.

Uno no puede sino alegrarse de que entre los profesionales de la salud haya cada vez más conciencia del potencial de la mente humana para producir salud o enfermedad. Pero es un progreso lento que frustra a los que desde hace tiempo venimos experimentando los resultados positivos que se derivan de esta toma de conciencia.

Es muy satisfactorio ver cómo los educadores se están abriendo a la importancia del funcionamiento del hemisferio derecho, pero, nuevamente, son cambios muy lentos y frustrantes. Cada vez son más las personas de orígenes muy diversos que van reconociendo el valor de potenciar la creatividad, la percepción y la intuición asociados al control Alfa.

Esperemos que el número de adeptos y seguidores aumente.

108

Cómo reducir el estrés y conquistar la paz interior

Su marido llevaba a N. B. al trabajo cuando el coche de delante frenó de golpe. Cuando esto ocurrió, ella estaba comiendo un tazón de cereales. «Mi cabeza chocó con el salpicadero. El desayuno voló por todas partes: me salpicó al pelo, al bolso y al bonito vestido de flores que llevaba...».

El coche no sufrió daños, pero la pareja tuvo que regresar a casa para cambiarse. N. B. llamó a la oficina para informar de su retraso. Estaba visiblemente conmocionada y mentalmente desconcertada.

Utilizó el Método Silva para ir a su nivel Alfa.

Rápidamente reprimió sus emociones negativas y las sustituyó por las positivas: «Agradezco no haberme hecho daño. De este accidente solo puede salir algo bueno, porque eso es lo que corresponde. Voy a tener un gran día. Mi marido va a tener un gran día. Me siento cada vez más tranquila. Cuando abra los ojos a la cuenta de 5, me sentiré estupendamente».

Cuando terminó la cuenta sintió un alivio inmediato. «Mi marido fue testigo del cambio en mí. No tuvo que cargar con mi bolso ni ayudarme físicamente. En lugar de lamentarme de lo sucedido, había dejado atrás las emociones producidas por el accidente. Estaba orgullosa de mí misma».

Para suprimir el estrés de lo que ocurre en un momento dado, haz lo que hizo N. B. Ve a tu nivel Alfa y dale la vuelta a la situación. Imagina que el vaso de tu vida no está medio vacío, sino medio lleno. Date instrucciones mentales para sacar provecho de lo ocurrido. Prográmate para restablecer tu equilibrio mental y utilizar la experiencia para convertirte en un ser aún mejor de lo que eras antes.

Acostúmbrate a sustituir el estrés por un estado de tranquilidad. Repasa las actividades de ayer y piensa en cualquier acontecimiento estresante, buscando especialmente alguna acción en la que hayas sido poco generoso, poco ético, legalmente injusto o escasamente compasivo con otra persona. En tu nivel Alfa, resuelve hacer algo hoy para rectificar esa acción. O, si no hiciste nada en lugar de ayudar a alguien, decídete a emprender hoy alguna acción positiva. Por la noche haz lo mismo para el día que acaba de terminar.

Hacer esto con regularidad produce un estado mental sereno, que es un prerrequisito para la longevidad.

Biorretroalimentación y control del estrés

Los equipos de biorretroalimentación miden los estados físicos internos. Puesto que estos estados son indicativos de los estados mentales, la biorretroalimentación se ha convertido en una forma popular de realizar cambios en los estados mentales y confirmar que esos cambios se han producido realmente. Con la biorretroalimentación, por ejemplo, se puede confirmar que uno está en el nivel correcto de relajación para eliminar el estrés.

Un termómetro es un dispositivo de biorretroalimentación. No mide el nivel de relajación, pero proporciona valiosa información sobre la temperatura corporal. La relajación se puede medir con dos dispositivos de biorretroalimentación: uno mide la resistencia eléctrica de la piel, el otro las frecuencias cerebrales.

Pongo ambos instrumentos a disposición de los estudiantes del Método Silva. Pueden obtener un sensor del nivel de conductancia de la piel para ayudarse en sus prácticas de relajación. Colocando los electrodos en dos dedos, encendiendo el instrumento y ajustando los pitidos a un punto intermedio entre lento y rápido, los estudiantes pueden relajarse y obtener una respuesta sonora inmediata a su nivel de relajación. Aunque el sensor de conductancia de la piel no mide la frecuencia de las ondas cerebrales, sino que proporciona información sobre la relajación de carácter más cualitativo que cuantitativo, lo he calibrado para que los pitidos estén en su punto más lento cuando una persona está profundamente relajada.

Para obtener una medición real de Alfa es necesario un electroencefalógrafo. Se trata de un dispositivo de biorretroalimentación más elaborado y, por tanto, más caro que el sensor galvánico de la piel. En el electroencefalógrafo, los electrodos se colocan directamente en la cabeza del usuario y se utiliza una retroalimentación visual (dial) o auditiva para indicar cuándo se ha alcanzado las frecuencias Alfa.

Con cualquiera de los dos dispositivos, los estudiantes pueden saber si las técnicas que están utilizando tienen un efecto real sobre la relajación del cuerpo y la mente. En la cuenta atrás, pueden determinar si es más eficaz imaginar los números o enunciarlos mentalmente. Pueden determinar qué escena relajante es más eficiente: aquel hermoso lago o un columpio en el patio trasero. Y pueden determinar cuál es el mejor método para la relajación progresiva. ¿Es mejor que se limiten a dar la orden a sus hombros para que se relajen o que los muevan hasta encontrar una posición distendida? Este tipo de preguntas se responden rápidamente por el ritmo de los pitidos que escuchan o por la señal que ven en la pantalla. De este modo, los usuarios aprenden a determinar qué les relaja exactamente.

Quizás una cualidad aún más importante de estos dispositivos de biorretroalimentación es su capacidad para convencer a los estudiantes de que realmente se están relajando al contar hacia atrás. Con esta garantía, los alumnos se sienten más seguros del proceso de relajación. Si tienes dudas sobre si realmente estás relajado, por supuesto que no estás relajado.

Contribuir a la relajación es contribuir a la gestión del estrés…, pero no a su eliminación. La limitación de la biorretroalimentación es que, aunque puede ayudarte a manejar o disipar el estrés, no es útil para evitar su aparición. Para ello, es necesario utilizar el nivel Alfa, que es el que permite tomar decisiones y realizar correcciones, tal como se ha descrito anteriormente.

Sesión 15
Cómo desactivar los pensamientos destructivos

1. Cierra los ojos y gíralos ligeramente hacia arriba, hacia las cejas.
2. Ya estás preparado para reducir la cuenta de 100 a 50. Y los pasos 2A, 3A, 3B y 3C son ahora opcionales. Cuenta lenta y silenciosamente de 50 a 1. Deja pasar un segundo entre cada par de números.
   A. Empezando por el cuero cabelludo, concéntrate en las diferentes partes de tu cuerpo, desde la cabeza hasta los pies, relajándolas a medida que avanzas.
3. Cuando llegues a la cuenta de 1, piensa en ti mismo como en alguien joven, radiante, saludable y atractivo.
   A. Pregúntate mentalmente: «¿Por qué tengo este problema físico?». Luego deja que tu mente divague.
   B. Cuando en tus pensamientos aparezca alguna persona, concéntrate en ella. Visualízala.
   C. Imagina que ambos os perdonáis mutuamente. Visualiza un abrazo, un apretón de manos, sonrisas, cabezas asintiendo. Procura sentirte bien en esta situación.
4. Repite mentalmente: «Mantendré siempre un cuerpo y una mente perfectamente sanos».
5. Después di: «Voy a contar hasta cinco. Cuando llegue a cinco, abriré los ojos, me sentiré a gusto y sano. Me sentiré mejor que antes».
6. Luego empieza a contar. Al llegar a tres, repite: «Cuando llegue a cinco, abriré los ojos, me sentiré a gusto y sano. Me sentiré mejor que antes».
7. Sigue contando. Al llegar a cinco, abre los ojos y afirma mentalmente: «Estoy completamente despierto, me siento a gusto y sano. Me siento mejor que antes. No me cabe la menor duda».

Hoy sabemos que la depresión aguda te predispone para un posible cáncer y a infecciones víricas como el herpes. Cuando la depresión termina, el sistema inmunitario se libera para volver a funcionar con normalidad, y estos riesgos parecen disminuir.

La mecánica de este fenómeno es actualmente objeto de investigación por parte de bioquímicos e inmunólogos. Estos investigadores son capaces de detectar reacciones en cadena en cuyo origen hay una conexión con el sistema inmunitario del cerebro. Nosotros no participamos en esta investigación. Pero tampoco nos quedamos de brazos cruzados. Partiendo de la base de que todo en el cuerpo es coordinado por la mente, nos centramos en controlar la mente para controlar el sistema inmunitario, los órganos vitales y nuestros niveles generales de salud.

Sí, puedes combatir la enfermedad controlando tus estados de ánimo. Mientras los científicos buscan las vías que conectan el cerebro con la línea de defensa del cuerpo, no tienes que esperar a sus descubrimientos. Puedes utilizar tu nivel Alfa para mover tus estados de ánimo hacia el lado positivo del espectro anímico, y vivir más tiempo.

Mi filosofía es que el Creador nos recompensa cuando ayudamos a reparar los problemas de la Creación. Estamos aquí para ayudar a Dios en este mundo manifiesto. Somos las únicas criaturas en el mundo que pueden actuar como cocreadores. Solo nosotros somos capaces de hacer de este un mundo mejor para vivir, tanto para los humanos como para otras formas de vida. A medida que trabajamos en esta dirección, la vida también mejora para nosotros. En la medida en que cada uno de nosotros piense de forma creativa en lugar de destructiva, positiva en lugar de negativa, nos iremos beneficiando de una vida más sana y prolongada.

En cambio, mientras pensemos destructivamente, mientras estamos deprimidos, mientras «menospreciamos a los demás», seremos los primeros en sufrir nuestra oposición a la Creación. Perderemos nuestra inmunidad a las enfermedades y sucumbiremos a pequeños gérmenes y virus. A propósito del castigo que se corresponde con el delito… si pensamos de forma destructiva, nos destruimos a nosotros mismos.

Delito y castigo

La naturaleza de los pensamientos destructivos con frecuencia se manifiesta en el tipo de afección que causan a nuestro cuerpo. El pensamiento elige las palabras, y las palabras trasmiten órdenes al cuerpo. Pero las palabras pueden obviarse, y de hecho la mayoría de nuestros pensamientos son no verbales.

La fricción continua, como la de una pipa en los labios de un fumador empedernido, puede provocar cáncer. Pero también se sabe que el cáncer es causado por la fricción humana: por ejemplo, por un supervisor autoritario o una suegra «intratable». Y se sabe que dejarse consumir por el deseo de algo inalcanzable puede provocar tisis o tuberculosis.

A un nivel más fisiológico, las frustraciones ocultas pueden aparecer en la piel en forma de psoriasis. Se sabe que las frustraciones sobre nuestro progreso pueden ser causa de problemas en las rodillas o en los pies. Las preocupaciones por los negocios o la ansiedad crónica pueden tener efectos sobre las «tripas» en forma de úlceras.

¡La felicidad te puede curar!

Por lo general, no es difícil ver la conexión entre las actitudes y emociones negativas y sus efectos físicos negativos.

Partiendo de la premisa de que el «castigo» —o la enfermedad— se adecua al «delito» —o los pensamientos negativos—, se pueden obtener importantes pistas sobre qué pensamientos nos están causando un problema físico.

Este enfoque es especialmente útil para los principiantes. Más adelante, a medida que aprendes a dominar tu nivel Alfa, podrás identificar estos pensamientos de forma más directa, no solo en ti mismo, sino también en los demás, como se explica en capítulos posteriores.

Escuchar música armoniosa puede ser un camino hacia el bienestar. La alegría y la risa pueden ser un camino hacia el bienestar. En la actualidad, muchos terapeutas organizan «seminarios de la risa» para enfermos graves. Desde que Norman Cousins, entonces editor del *Saturday Review*, se curó de lo que los médicos consideraban una enfermedad incurable tras abandonar el hospital y registrarse en un hotel con tebeos, discos de humor y otros entretenimientos que inducían la risa, la profesión médica ha estado prestando atención a la risa como «elemento medicinal».

Podría enumerar otros caminos hacia el bienestar, pero, al igual que los anteriormente citados —la fe, el amor, la armonía y la diversión—, todos están relacionados con la mente.

Si el denominador común es la mente y si eres capaz de ir al nivel Alfa y controlar tu mente, ¿qué más podrías necesitar?

Repaso de los procedimientos de salud necesarios

Estos son los principales procedimientos para disfrutar de un «ambiente» ideal para mejorar la salud:

Cómo enfrentarse a la tentación y a otros sentimientos negativos. Detente. Cierra los ojos y gíralos ligeramente hacia arriba. Respira profundamente. Dite mentalmente: «Cancela, cancela». Abre los ojos.

Cómo terminar una actividad negativa. Siempre que estés involucrado en una actividad que genere un conflicto en tu interior, detente. Ve a tu nivel Alfa. Identifica la actividad cuestionable. Resuelve repararla y no volver a hacerla. Sal del nivel Alfa.

Cómo eliminar el estrés diario. Al acostarte, ve a tu nivel Alfa. Repasa las actividades del día. ¿Hiciste alguna cosa que no fuera totalmente considerada o ética, algo sobre lo que podrías estar albergando sentimientos de culpa? Dite a ti mismo que mañana harás algo para rectificar ese acto. Del mismo modo, si hubo alguna acción que no realizaste y que deberías haber hecho, decídete a realizarla mañana. Duérmete. Por la mañana, repite y sal del nivel.

Cómo ayudarte a ti mismo a sanar. Ve a Alfa. Sumérgete en tu cuerpo y ve hasta donde esté el problema. Imagina que te estás curando a ti mismo. Imagina que gozas de una salud perfecta. Sal del nivel, afirmando tu bienestar.

Sesión 16
Dolor e hipnosis

1. Cierra los ojos y gíralos ligeramente hacia arriba, hacia las cejas.
2. Los pasos 2A, 3A, 3B y 3C son ahora opcionales. Cuenta lenta y silenciosamente de 50 a 1. Deja pasar un segundo entre cada par de números.
   A. Empezando por el cuero cabelludo, concéntrate en las diferentes partes de tu cuerpo, desde la cabeza hasta los pies, relajándolas a medida que avanzas.
3. Cuando llegues a la cuenta de 1, piensa en ti mismo como en alguien joven, radiante, saludable y atractivo.
   A. Pregúntate mentalmente: «¿Por qué tengo este problema físico?» Luego deja que tu mente divague.
   B. Cuando en tus pensamientos aparezca alguna persona, concéntrate en ella. Visualízala.
   C. Imagina que ambos os perdonáis mutuamente. Visualiza un abrazo, un apretón de manos, sonrisas, cabezas asintiendo. Procura sentirte bien en esta situación.
4. Repite mentalmente: «Mantendré siempre un cuerpo y una mente perfectamente sanos».
5. Después di: «Voy a contar hasta cinco. Cuando llegue a cinco, abriré los ojos, me sentiré a gusto y sano. Me sentiré mejor que antes».
6. Luego empieza a contar. Al llegar a tres, repite: «Cuando llegue a cinco, abriré los ojos, me sentiré a gusto y sano. Me sentiré mejor que antes».
7. Sigue contando. Al llegar a cinco, abre los ojos y afirma mentalmente: «Estoy completamente despierto, me siento a gusto y sano. Me siento mejor que antes. No me cabe la menor duda».

El alivio del dolor, la reducción del sangrado excesivo, la aceleración del proceso de curación..., todas estas son cosas que puedes hacer si sabes cómo ir al nivel Alfa y utilizarlo de forma controlada.

¿Sabías que una persona puede afectar a la capacidad de las bacterias de sobrevivir o sucumbir a un veneno?

¿Sabías que una persona puede detener en seco el dolor, incluso si se trata de un dolor crónico que ha causado sufrimiento durante años? ¿Sabías que una persona puede ayudar a distancia a otra a aliviar el sufrimiento y recuperarse de una lesión?

Estas son las habilidades que estás desarrollando a medida que aprendes a ejercer control sobre el nivel Alfa de la mente y sobre las que nos centraremos en este capítulo. A medida que avancemos en los próximos capítulos, descubrirás lo asombrosas que son estas habilidades. La mente puede enfermarnos y la mente puede mantenernos sanos. No cabe la menor duda.

Hipnosis y mesmerismo

Hoy en día no damos importancia a los medicamentos de venta libre y con receta para controlar el dolor. Pero a principios de 1800 no existían tales fármacos. La cirugía se realizaba con una botella de whisky y cuatro hombres fuertes. El paciente se bebía el whisky, los hombres se colocaban junto a cada extremidad para sujetar al paciente, y el cirujano cortaba.

Fue poco después de esa época cuando un médico británico llamado Esdaile llevó a un equipo de hipnotizadores a la India para realizar una serie de pruebas utilizando los principios energéticos de Mesmer. El Dr. Esdaile demostró que cuando los mesmerizadores hacían pases sobre el cuerpo de un sujeto, desde la cabeza hasta los pies, manteniendo las manos a unos ocho centímetros del cuerpo, el paciente se anestesiaba. El médico podía realizar intervenciones quirúrgicas importantes, tales como amputaciones, sin necesidad de cuatro hombres fuertes y una botella de whisky, y sin introducir ningún anestésico químico en el cuerpo.

Un efecto secundario de estos pases mesméricos que el Dr. Esdaile descubrió fue un plus antiséptico. La esterilización parecía ser el resultado de los pases. La incidencia de la infección se redujo a menos del 5 % en comparación con otros métodos. He investigado este proceso y he encontrado que la frecuencia cerebral del mesmerizador se ralentiza mientras se realizan los pases. La energía transmitida por las manos del mesmerizador, cuyo cerebro está funcionando en el nivel Alfa, penetra en el cuerpo del sujeto y parece estimular y excitar las partículas subatómicas de la materia, provocando su adormecimiento.

He visto varias operaciones realizadas por curanderos utilizando este método. En una de esas operaciones, se extirpó un tumor del brazo de un paciente sin utilizar anestesia química. No hubo dolor y, aunque el instrumento quirúrgico no estaba esterilizado, no se produjo ninguna hemorragia ni infección.

El mesmerismo tenía mucho en común con la hipnosis. En mis estudios y la práctica de la hipnosis a lo largo de los años, he encontrado que la hipnosis se puede utilizar con bastante eficacia como un anestésico en estado de vigilia.

El primer uso registrado de la hipnosis en la cirugía también tuvo lugar en la India. Después de observar a faquires recostados, sin dolor, sobre lechos de clavos, un médico británico desarrolló una técnica de inducción de la hipnosis que utilizó con éxito en sus pacientes. Cuando hizo una demostración de su técnica ante un comité de médicos, estos se marcharon y presentaron un informe diciendo que no existía la hipnosis y que los pacientes quirúrgicos solo estaban haciendo lo que el médico les pedía que hicieran. ¡Al parecer, estaban dispuestos a hacer lo que fuera excepto aceptar la realidad!

La hipnosis, el analgésico especial del cerebro

La hipnosis es un anestésico perfecto. Se puede utilizar para anestesiar cualquier parte del cuerpo sin los efectos alérgicos o secundarios que los anestésicos químicos suelen provocar. Incluso se puede dibujar un círculo con el dedo en alguna parte del cuerpo del paciente y crear una insensibilización solo dentro de ese círculo.

La hipnosis insensibiliza a través del cerebro. Las palabras del hipnotizador actúan como «órdenes» para el cerebro. El cerebro obedece durmiendo la zona especificada. Lo hace enviando a la zona su propio anestésico natural, unas sustancias químicas llamadas endorfinas, que eliminan el dolor y crean una sensación de euforia.

En las treinta y dos horas de formación del Método Silva, se dedica aproximadamente media hora a una sesión en la que los estudiantes utilizan una técnica hipnótica para adormecer una mano (la izquierda para los diestros). La imagen mental de esta mano se sumerge en un cubo imaginario de agua helada. Tras unos minutos sentados con las manos inmersas en este cubo imaginario, vuelven a colocar las manos en el regazo y las pellizcan.

La mayoría de los alumnos son capaces de insensibilizar sus manos la primera vez. A los que solo son capaces de detectar pequeños cambios se les pide que practiquen este procedimiento para mejorar sus resultados. Una vez que la mano está adormecida, descubren que pueden colocarla sobre una zona dolorosa del cuerpo y transferir mentalmente la insensibilización a ese punto. Esta transferencia mental se produce físicamente. Las endorfinas aparecen en el cerebro y el dolor desaparece.

En el trabajo que has estado haciendo hasta ahora con este libro, te has entrenado en la relajación profunda y la imaginación realista. Ya eres capaz de utilizar la autodirección para adormecer tu mano tal como lo acabamos de describir. Estos son los pasos:

1. Siéntate en una silla con el respaldo recto, cierra los ojos, gíralos ligeramente hacia arriba e inicia la cuenta atrás para llegar a Alfa.
2. Profundiza en tu relajación con una cuenta más larga; recomiendo contar hacia atrás desde 100 hasta 1.
3. Baja tu mano menos hábil (la izquierda si eres diestro) y sumérgela a un lado de la silla en un cubo imaginario de agua helada. Siente los trozos de hielo; recuerda el momento en que hayas metido la mano en un cubo de agua helada.
4. Mantén la mano en el cubo imaginario de agua helada durante cinco minutos, consciente de que tu mano está cada vez más fría, más entumecida.
5. Saca la mano del cubo imaginario y comprueba el entumecimiento pellizcándola con la otra mano.
6. Recupera la sensibilidad frotándote la mano adormecida varias veces desde la muñeca hacia afuera, diciéndote mentalmente que tu mano vuelve a la normalidad.
7. Recuérdate a ti mismo que puedes volver a dormir la mano simplemente recordando este suceso, y que puedes transferir este adorme-

cimiento a tu otra mano o a cualquier parte dolorosa de tu cuerpo con solo colocar tu mano adormecida sobre esa zona.
8. Sal del nivel Alfa sintiéndote bien.

Un modo Beta de acabar con el dolor

Las frecuencias cerebrales Teta están relacionadas con la hipnosis, por lo que el tratamiento estándar de primeros auxilios del Método Silva es una adaptación de la técnica hipnótica que acabamos de describir para alcanzar el nivel Teta.

Sin embargo, hay otra forma de acabar con el dolor sin llegar al nivel Alfa o Teta. Es el más recomendado para el dolor crónico o persistente.

El dolor es la forma que tiene la naturaleza de decir que algo requiere tu atención.

El procedimiento de insensibilización de las manos mencionado anteriormente es una técnica de primeros auxilios. Se debe utilizar para aliviar el dolor hasta que la zona dolorida sea atendida por un especialista de la salud. También puedes usar este método cuando se recomienden medicamentos.

Pero cuando la zona dolorida ha sido atendida, se le han aplicado todas las pruebas y tratamientos necesarios, y todavía sientes dolor, utiliza este procedimiento Beta:

1. Señala el lugar exacto del dolor.
2. Si el dolor pudiera caber en un recipiente, ¿qué tamaño de recipiente sería perfecto para él (lata, botella, caja, etc.)?
3. Si el dolor tuviera un color, ¿de qué color sería? Siente el dolor. ¿De qué color es?
4. Si el dolor tuviera un sabor, ¿a qué sabría? Siente el dolor. ¿A qué sabe?
5. Si el dolor tuviera un olor, ¿a qué olería? Siente el dolor. ¿A qué huele?
6. Repite los pasos 1 a 5, notando los cambios en el lugar, la forma, el color, el sabor y el olor.
7. Si todavía queda algo de dolor, repite los ciclos (pasos 1 a 5) unas cuantas veces más, hasta que ya no puedas localizar o sentir el dolor.

La Sra. L. W. tuvo bursitis durante cinco años. Después de pasar por el ciclo anterior cuatro veces, no volvió a sentir dolor, por mucho que moviera el hombro. Semanas después, el dolor no había vuelto.

El Sr. R. B. tuvo una mañana un ataque de gota en el dedo gordo del pie. Se dice que la gota es uno de los dolores más intensos. Quienes lo padecen lo comparan con tener el dedo en un tornillo de banco, apretarlo y luego darle una vuelta más. R. B. acudió con su cojera a un seminario en el que se iba a demostrar el método aquí descrito. Se ofreció como voluntario y avanzó cojeando hasta el frente de la sala. Cinco minutos después, R. B. volvió a su asiento sin dolor ni cojera.

El Sr. A. R. padecía un dolor lumbar crónico. Concienzudamente, pasó por el ciclo dos veces. Cuando se le pidió que localizara el dolor para comenzar el tercer ciclo, exclamó: «¡Se ha ido!».

El Dr. C. D., un médico que asistía a una de estas demostraciones, se ofreció como voluntario para que le trataran un doloroso codo de tenista. Después de someterse a varios ciclos, fue incapaz de encontrar el dolor. Durante unos minutos, se negó a bajar de la tarima y volver a su asiento. «No me lo creo», murmuraba, moviendo el codo y tratando de encontrar una posición dolorosa. Finalmente volvió a su asiento, sacudiendo la cabeza con incredulidad.

No hay magia en esto. El dolor es una sensación subjetiva, una función del cerebro derecho. Cuando lo conviertes en un objeto, cuando le das una ubicación, una forma, un color, un sabor y un olor, pasa a ser algo objetivo. Tu cerebro responde enviando endorfinas para aliviar el dolor.

Algunos dolores nos acompañan durante tanto tiempo que nos volvemos posesivos. Los llamamos «mi dolor». Para aferrarnos mejor a ellos, les damos un nombre específico: «mi dolor de artritis».
El dolor crónico es un hábito. ¿Por qué sufrir? Libérate de la idea preconcebida de que debes tenerlo.
Rompe el hábito. Si tienes un dolor, haz el ciclo ahora.

Sesión 17
Cómo enfrentarse a las emergencias

1. Cierra los ojos y gíralos ligeramente hacia arriba, hacia las cejas.
2. Los pasos 2A, 3A, 3B y 3C son ahora opcionales. Cuenta lenta y silenciosamente de 50 a 1. Deja pasar un segundo entre cada par de números.
   - A. Empezando por el cuero cabelludo, concéntrate en las diferentes partes de tu cuerpo, desde la cabeza hasta los pies, relajándolas a medida que avanzas.
3. Cuando llegues a la cuenta de 1, piensa en ti mismo como en alguien joven, radiante, saludable y atractivo.
   - A. Pregúntate mentalmente: «¿Por qué tengo este problema físico?». Luego deja que tu mente divague.
   - B. Cuando en tus pensamientos aparezca alguna persona, concéntrate en ella. Visualízala.
   - C. Imagina que ambos os perdonáis mutuamente. Visualiza un abrazo, un apretón de manos, sonrisas, cabezas asintiendo. Procura sentirte bien en esta situación.
4. Repite mentalmente: «Mantendré siempre un cuerpo y una mente perfectamente sanos».
5. Después di: «Voy a contar hasta cinco. Cuando llegue a cinco, abriré los ojos, me sentiré a gusto y sano. Me sentiré mejor que antes».
6. Luego empieza a contar. Al llegar a tres, repite: «Cuando llegue a cinco, abriré los ojos, me sentiré a gusto y sano. Me sentiré mejor que antes».
7. Sigue contando. Al llegar a cinco, abre los ojos y afirma mentalmente: «Estoy completamente despierto, me siento a gusto y sano. Me siento mejor que antes. No me cabe la menor duda».

Uso de Alfa en una emergencia

David Pelby, de Winnipeg, Canadá, tuvo una emergencia de esas por las que nadie quiere pasar. Había tomado el entrenamiento del Método Silva dos años antes y lo había utilizado con éxito para pequeños problemas en la vida cotidiana. Pero en marzo de 1980, se enfrentó a un problema serio.

Esta es su propia descripción de lo que sucedió:

«Estaba trabajando en una plataforma de perforación cerca de Wollaston Lake, Saskatchewan, Canadá. Estaba a unos seis metros de altura en la torre de perforación, cuando se me ordenó ir al exterior de la torre y esperar mientras se realizaba una operación de perforación.

»Estaba colgado en el marco de la torre cuando la sección interna del taladro empezó a descender. No era consciente de que mis dedos estaban en medio, y antes de darme cuenta había perdido la mitad superior de los dedos de mi mano izquierda.

»Pensamientos como "Mantén la calma, aguanta" y "Esto no duele" vinieron a mi mente simultáneamente. Intenté recuperar el ánimo y bajé las escaleras, diciéndome a mí mismo: "No te duele, no te duele, no vas a sangrar". Una vez en el suelo y en cuanto pude, apliqué la técnica del dolor del Método Silva. No sé cuánto dolor llegué a sentir, pero sé que he sentido más dolor y he perdido casi tanta sangre por cortes menores y un golpe en la rodilla. Fui al nivel Alfa y me programé: "No hay dolor, no hay dolor, ya está curado", una y otra vez.

»Las siguientes ocho horas iban a ser mucho más duras que los pensamientos del accidente. Tomó alrededor de una hora conseguir que la avioneta estuviera lista para el despegue. Aproximadamente una hora y media después me dejaron en un aeropuerto improvisado en Lynn Lake, Manitoba.

»Se suponía que habría una ambulancia esperándome, pero parecía que iba a tener que esperar otra hora, así que desistí de esperar y encontré mi propio transporte al hospital. Cuando llegué allí, pregunté dónde había estado la ambulancia y me dijeron que les habían informado mal sobre la gravedad del accidente y que no se habían dado cuenta de que era lo suficientemente grave como para llamar a una ambulancia.

»Tuve que esperar otra hora y media para que viniera un médico al hospital, solo para que me dijera que no podía hacer nada por mí.

»Me informaron de que tendría que ir a Winnipeg, que estaba a unos 960 kilómetros al sur. Me vi a mí mismo llegando allí al día siguiente. Entonces me programé para obtener el mejor servicio y llegar a Winnipeg lo antes posible. En ese momento, también programé que conseguiría el mejor médico posible.

»Una hora después, el médico me había conseguido un Learjet de Winnipeg a Lynn Lake, en el que me embarcaron junto con una enfermera. Novecientos sesenta kilómetros y ocho horas después del accidente, estaba en una sala de operaciones, en el Centro de Ciencias de la Salud en Winnipeg, Manitoba, Canadá.

»Durante todo el viaje no se me permitió tomar nada para controlar el dolor, ni tampoco comida. Durante todo el viaje me mantuve bastante tranquilo y dicharachero. Intenté estar lo más alegre posible, dadas las circunstancias.

»Después de la operación, con pensamientos positivos de curación, la mejor dieta posible en un hospital muy grande, los tiernos cuidados y la actitud positiva del personal de la sala H, mejoré rápidamente. De hecho, cuatro días más tarde, la carne y la piel de las puntas de los dedos se habían curado en un 80-90 %. Al cuarto día, el médico retiró los puntos de sutura y comentó que el mío había sido uno de los mejores ejemplos de cirugía plástica sencilla que había visto. Una de las enfermeras me dijo que tenía suerte de haber contado con el mejor médico para lo que me había pasado.

»Permanecí en el hospital una semana más para recibir fisioterapia y me dieron el alta. Tres semanas después del accidente, podía realizar tareas importantes, como girar los pomos de las puertas y abrocharme la ropa, por lo que estaba agradecido. Muy pronto volví a estar empleado en otro trabajo. Aprendí que con una mente sana, pensamientos sanos y un cuerpo sano, una persona puede producir resultados fantásticos.

David Pelby llevaba dos años utilizando el Método Silva.

Se podría decir que era un experto operador Alfa.

La técnica de tres dedos para sacar un mayor provecho de la mente

Cuando llegas a Alfa, una mayor parte de tu mente está trabajando para ti, porque has activado el hemisferio derecho del cerebro. Pero incluso una cuenta atrás de 5 a 1 puede ser difícil si el dolor es insoportable, la sangre mana a borbotones o todo es caos a tu alrededor después de un accidente. Tienes que prepararte para poder pasar a Alfa de una manera más fácil y rápida, a fin de que tu mente se ponga a trabajar en tu beneficio en caso de emergencia.

Uno de estos preparativos es la técnica de los tres dedos. Consiste en poner el pulgar y los dos primeros dedos de cualquier mano juntos como una señal a las neuronas en ambos hemisferios cerebrales de que se necesita un trabajo en equipo completo. Desde el momento en que se programa esta técnica en adelante, el pulgar y los dos primeros dedos de cualesquiera de las manos se utilizan como el disparador de Alfa en cuestiones de salud. Una vez programada, la técnica de los tres dedos te puede ayudar a funcionar a un nivel superior de inteligencia para enfrentarte a la situación de emergencia. Utiliza estos pasos para programar la técnica:

1. Cierra los ojos, gíralos ligeramente hacia arriba y ve a Alfa.
2. Junta el pulgar y los dos primeros dedos de cualesquiera de las dos manos y repite mentalmente: «Cada vez que junto estos tres dedos, mi mente trabaja a un nivel de conciencia más profundo para normalizar cualquier lesión».
3. Termina la sesión y abre los ojos, sintiéndote bien.

Cómo preprogramarte para cualquier emergencia

Puedes extender esta programación para que te dé amplios poderes de recuperación ante cualquier emergencia.

Hacerlo implica el uso de la técnica de los tres dedos más un principio nuevo, que tiene que ver con elegir el momento óptimo para la programación. Obviamente, el mejor momento para programarse no es mientras se pasa por una situación difícil. Tu frecuencia de ondas cerebrales está en un nivel Beta alto en ese momento. El mejor momento para programarse es cuando tus ondas cerebrales ya están en una frecuencia más lenta, algo que ocurre por la noche.

Pero, ¿en qué momento de la noche? Puedes dejar que tu cerebro lo decida. Antes de dormirte, te programarás para despertar automáticamente durante la noche en el momento óptimo para programarte a ti mismo. Así pues, la primera vez que despiertes durante de la noche, irás a tu nivel Alfa y seguirás el procedimiento prescrito. Estarás en Alfa profundo y la programación será decididamente eficaz.

Si ya estás listo para preprogramarte a fin de manejar cualquier emergencia de salud que pueda surgir, este es el procedimiento:

1. Pasa a tu nivel Alfa justo antes de quedarte dormido.
2. En el nivel Alfa, date instrucciones para despertar automáticamente en el mejor momento para programarte para emergencias.
3. Duérmete desde Alfa.
4. Cuando te despiertes durante la noche, vuelve a ir a Alfa.
5. En Alfa, junta las puntas del pulgar y dos dedos de cualesquiera de tus manos.
6. Luego dite a ti mismo: «Cuando en el futuro me encuentre en una emergencia, todo lo que tengo que hacer es desenfocar mi visión. Con solo mirar sin enfocar los ojos, entraré en el nivel Alfa. Así, haré un uso más intenso de mi mente para salir de cualquier emergencia en el mejor estado de salud posible».
7. Vuelve a dormirte desde el nivel Alfa.

Esta preprogramación te permitirá ir a Alfa instantáneamente sin importar las condiciones externas y programarte para la curación y la salud. No será necesario un largo recuento hacia atrás.

Con solo mirar el espacio, estarás en Alfa.

Sesión 18
Procedimientos de primeros auxilios

1. Cierra los ojos y gíralos ligeramente hacia arriba, hacia las cejas.
2. Los pasos 2A, 3A, 3B y 3C son ahora opcionales. Cuenta lenta y silenciosamente de 50 a 1. Deja pasar un segundo entre cada par de números.
   A. Empezando por el cuero cabelludo, concéntrate en las diferentes partes de tu cuerpo, desde la cabeza hasta los pies, relajándolas a medida que avanzas.
3. Cuando llegues a la cuenta de 1, piensa en ti mismo como en alguien joven, radiante, saludable y atractivo.
   A. Pregúntate mentalmente: «¿Por qué tengo este problema físico?». Luego deja que tu mente divague.
   B. Cuando en tus pensamientos aparezca alguna persona, concéntrate en ella. Visualízala.
   C. Imagina que ambos os perdonáis mutuamente. Visualiza un abrazo, un apretón de manos, sonrisas, cabezas asintiendo. Procura sentirte bien en esta situación.
4. Repite mentalmente: «Mantendré siempre un cuerpo y una mente perfectamente sanos».
5. Después di: «Voy a contar hasta cinco. Cuando llegue a cinco, abriré los ojos, me sentiré a gusto y sano. Me sentiré mejor que antes».
6. Luego empieza a contar. Al llegar a tres, repite: «Cuando llegue a cinco, abriré los ojos, me sentiré a gusto y sano. Me sentiré mejor que antes».
7. Sigue contando. Al llegar a cinco, abre los ojos y afirma mentalmente: «Estoy completamente despierto, me siento a gusto y sano. Me siento mejor que antes. No me cabe la menor duda».

En este punto, me gustaría introducir un nuevo concepto relacionado con la visualización. Tiene que ver con el posicionamiento de tu imagen mental. Cuando visualizas directamente delante de ti, estás programando en el presente. Cuando la imagen que visualizas está a tu derecha, vas al pasado. Cuando tu imagen está a tu izquierda, vas al futuro. Imagínate mirando hacia el sur en tu visualización. El sol poniente —el pasado— está a tu derecha, y el sol naciente —el futuro— está a tu izquierda.

Cuando investigué por primera vez el Método Silva, lo probé con mis propios hijos. Para que se programaran a sí mismos con vistas al futuro —por ejemplo, con la intención de obtener mejores notas en la escuela— hice que giraran ligeramente hacia la izquierda. Esto se correspondía con los movimientos que se ven a menudo en sujetos hipnotizados: se inclinan hacia la derecha cuando retroceden al pasado. A veces se inclinan tanto hacia la derecha que es necesario reposicionarlos para que no se caigan de la silla.

Cuando programamos para una curación acelerada después de una lesión, primero visualizamos la situación en el presente, directamente delante de nosotros. Después —y esto es fundamental—, movemos ligeramente la imagen hacia la izquierda durante doce minutos e imaginamos que se produce la curación. Por último, volvemos a mover la imagen hacia la izquierda y nos imaginamos perfectamente curados, de vuelta a la normalidad.

Este es el procedimiento de curación que hay que seguir después de un accidente. En total, no debe tomarte más de quince minutos.

1. Desenfoca los ojos y entra en tu nivel Alfa.
2. Visualízate frente a ti, como si te estuvieses mirando en un espejo de cuerpo entero.
3. Tómate dos minutos para analizar el problema, identificando las áreas de mayor necesidad.
4. Mueve la imagen de ti mismo ligeramente hacia la izquierda.
5. Imagínate mejorando. Imagina todas las zonas lesionadas empezando a sanar. Hazlo durante doce minutos.
6. Mueve la imagen de ti mismo aún más hacia la izquierda.
7. Visualízate totalmente curado. Durante un minuto, mantén esta imagen de ti mismo completamente normal y sano.
8. Termina la sesión.

Repite esta sesión de quince minutos tres veces al día: por la mañana, al mediodía y por la noche.

Haz que tu imagen mental se ajuste a los cambios que se están produciendo. Por ejemplo, si el accidente es una quemadura grave que requiere un injerto de piel, imagina la nueva piel en la zona quemada, imagina la excreción de líquido de la zona, e imagina que tus vasos sanguíneos se funden con los de la piel injertada.

Cómo detener una hemorragia

Si se produce un accidente con laceraciones que sangran, es necesaria una cierta cantidad de sangrado para limpiar la herida. Pero si la hemorragia no se detiene, podría ser imprescindible saber usar la mente para detenerla.

Se han dado casos en la cirugía hospitalaria en los que, a pesar de todos los esfuerzos del equipo quirúrgico, la hemorragia no se detuvo.

Con frecuencia, en estos casos se ha recurrido a hipnotizadores. Los hipnotizadores ordenan a los pacientes que dejen de sangrar incluso cuando están bajo los efectos de la anestesia general.

Para asombro de los cirujanos (y quizás para el asombro de los hipnotizadores), la hemorragia se ha ido deteniendo gradualmente.[5]

Si estás sangrando profusamente como resultado de una lesión, esto es lo que debes hacer mentalmente:

1. Entra en tu nivel Alfa.
2. Imagina que la zona que sangra se enfría. Siente que se vuelve cada vez más fría. Imagina que se cubre de hielo. Imagínala cubierta de hielo.
3. Sigue haciendo esto hasta que la hemorragia se detenga. Termina tu sesión.

---

[5]   A medida que avancemos en el libro, describiré muchas formas de ayudar a los demás, ya que las neuronas cerebrales pueden comunicarse con otras neuronas en cualquier lugar en el que esté en juego la supervivencia. Sin embargo, el primer objetivo es dotarte de herramientas para que cuides de ti mismo.

El cuerpo obedece a la mente. Mientras mantengas esta imagen mental, los tejidos de la zona de la hemorragia se enfriarán realmente. Se contraerán y estrecharán…, hasta que la hemorragia se detenga.

Un resumen de los procedimientos de primeros auxilios del Método Silva

Utiliza las siguientes listas de procedimientos como guía de referencia para el tratamiento de emergencias. Son versiones abreviadas de las descripciones de los capítulos anteriores.

Cómo preprogramar el adormecimiento de la mano para el control del dolor

1. Siéntate en una silla con el respaldo recto. Pasa a Alfa.
2. Profundiza en el nivel Alfa con una cuenta atrás.
3. Sumerge tu mano menos hábil en un cubo imaginario de agua helada.
4. Permite que tu mano se enfríe cada vez más durante cinco minutos.
5. Devuelve la mano a tu regazo y pellízcala para probarla.
6. Elimina el entumecimiento frotando la mano tres veces desde la muñeca hasta los dedos, diciendo mentalmente: «Mano normal».
7. Recuérdate a ti mismo que en el futuro puedes adormecer tu mano con solo desearlo y que puedes pasar este adormecimiento a una zona dolorida de tu cuerpo por contacto.
8. Termina la sesión Alfa.

Una forma Beta o del cerebro izquierdo de aliviar el dolor

1. Señala el dolor.
2. Identifica su forma y tamaño describiendo el recipiente en el que mejor quepa.
3. Identifica el color del dolor.
4. Identifica el sabor del dolor.
5. Identifica el olor del dolor.
6. Repite los pasos 1 a 5 hasta que el dolor haya desaparecido.

Cómo preprogramarte para sacar un mayor provecho de la mente
1. Ve a Alfa.
2. Junta el pulgar con los dos primeros dedos de una de tus manos.
3. Afirma mentalmente: «Cada vez que junto estos tres dedos, mi mente trabaja a un nivel de conciencia más profundo para normalizar cualquier lesión».
4. Finaliza la sesión Alfa.

Cómo preprogramarte para entrar al instante en Alfa en caso de emergencia
1. Antes de quedarte dormido, pasa a Alfa.
2. Dite mentalmente que te despertarás automáticamente en el mejor momento para programarte para las emergencias.
3. Duérmete desde Alfa.
4. Cuando te despiertes automáticamente durante la noche, ve a Alfa.
5. Junta los tres dedos de la mano.
6. Dite mentalmente: «Cuando en el futuro me encuentre en una emergencia, todo lo que tengo que hacer es desenfocar mi visión. Con solo mirar sin enfocar los ojos, entraré en el nivel Alfa. Así, haré un mejor uso de mi mente para salir de cualquier emergencia en el mejor estado de salud posible».
7. Duérmete desde Alfa.

Cómo preprogramar la curación acelerada de lesiones
1. Utilizando el método de desenfoque, si lo prefieres, pasa a Alfa durante quince minutos.
2. Visualízate frente a ti, como si te estuvieses mirando en un espejo de cuerpo entero.
3. Mueve la imagen ligeramente hacia la izquierda e imagina la curación: que los cortes cicatrizan, que la hemorragia se detiene, que los tejidos se restauran, que los huesos rotos empiezan a soldarse. Hazlo durante doce minutos.
4. Vuelve a mover la imagen ligeramente hacia la izquierda e imagínate curado. Mantén la imagen durante un minuto.
5. Termina tu sesión Alfa y repite dos veces más durante el día y tres veces al día a partir de entonces (los mejores momentos son la mañana, el mediodía y la noche) hasta que te hayas curado.

Cómo detener una hemorragia
1. Utilizando el método de desenfoque, si lo prefieres, ve a Alfa.
2. Imagina que la hemorragia es cada vez más fría. Siente el frío. Imagínala cubierta de hielo.
3. Sigue haciendo esto hasta que la hemorragia se detenga y termina la sesión.

Sesión 19
El cerebro derecho y el enfoque positivo

1. Cierra los ojos y gíralos ligeramente hacia arriba, hacia las cejas.
2. Los pasos 2A, 3A, 3B y 3C son ahora opcionales. Cuenta lenta y silenciosamente de 50 a 1. Deja pasar un segundo entre cada par de números.
   - A. Empezando por el cuero cabelludo, concéntrate en las diferentes partes de tu cuerpo, desde la cabeza hasta los pies, relajándolas a medida que avanzas.
3. Cuando llegues a la cuenta de 1, piensa en ti mismo como en alguien joven, radiante, saludable y atractivo.
   - A. Pregúntate mentalmente: «¿Por qué tengo este problema físico?». Luego deja que tu mente divague.
   - B. Cuando en tus pensamientos aparezca alguna persona, concéntrate en esa persona. Visualízala.
   - C. Imagina que ambos os perdonáis mutuamente. Visualiza un abrazo, un apretón de manos, sonrisas, cabezas asintiendo. Procura sentirte bien en esta situación.
4. Repite mentalmente: «Mantendré siempre un cuerpo y una mente perfectamente sanos».
5. Después di: «Voy a contar hasta cinco. Cuando llegue a cinco, abriré los ojos, me sentiré a gusto y sano. Me sentiré mejor que antes».
6. Luego empieza a contar. Al llegar a tres, repite: «Cuando llegue a cinco, abriré los ojos, me sentiré a gusto y sano. Me sentiré mejor que antes».
7. Sigue contando. Al llegar a cinco, abre los ojos y afirma mentalmente: «Estoy completamente despierto, me siento a gusto y sano. Me siento mejor que antes. No me cabe la menor duda».

El Método Silva es un sistema dual. Puedes usarlo para sanarte a ti mismo y para sanar a otros. Ambos tipos de curación emplean el pensamiento positivo en el nivel Alfa. Los pensamientos negativos pueden afectar el ambiente negativamente hasta un radio de unos ocho metros. Los pensamientos positivos afectan positivamente al entorno, pero no están limitados por la distancia. Los pensamientos negativos siempre impiden, destruyen o dañan. Los pensamientos positivos siempre ayudan, crean y curan.

Para ayudar en el área inmediata, solo necesitas mantener una actitud mental positiva. Tu aura humana hará el trabajo. Esta radiación energética del cuerpo humano está controlada por igual por los hemisferios cerebrales izquierdo y derecho. Sin embargo, la mayoría de nosotros hemos aprendido de la cultura a suprimir las percepciones del cerebro derecho relativos a los fenómenos remotos o futuros como ilógicos o poco fiables.

Por lo tanto, las voces de nuestro hemisferio derecho apenas nos llegan, salvo en forma de destellos ocasionales de perspicacia, percepción, intuición o la llamada información psíquica y la percepción extrasensorial.

El entrenamiento y la práctica que estás recibiendo aquí te están ayudando a permitir que tu cerebro derecho desempeñe un papel más importante en tu vida.

Tus deseos, tus creencias y expectativas te ayudan a convertirte en una persona más intuitiva. Cuanto más tiempo permitas que continúe este proceso, más intuitivo y perceptivo serás. Permite que tu cerebro derecho ocupe el lugar que le corresponde junto a tu cerebro izquierdo para hacer de este un mundo mejor.

Pasa a Alfa. Visualiza tu mala salud e imagina que va mejorando. Tus frecuencias cerebrales e imágenes mentales son herramientas terapéuticas.

La curación es objetiva cuando se utilizan medios físicos para realizar el trabajo. La curación es subjetiva cuando se utilizan medios mentales para llevar a cabo el trabajo. Lo ideal para la curación es utilizar tanto lo subjetivo como lo objetivo: curar subjetivamente desde las capas interiores hacia las capas exteriores de la materia, y curar objetivamente desde las capas exteriores hacia las capas interiores de la materia. Es por ello que el Método Silva se usa mejor para complementar y no para sustituir la atención médica profesional.

Cómo explorar el inconsciente

Uno de los primeros pioneros en el estudio de la conciencia humana fue F. W. H. Myers. En una ocasión dijo que la mente inconsciente «no solo es un montón de basura, sino también una mina de oro».

Sí, la mente insconsciente es una fuente de reacciones de «defensa o huida», de alergias y fobias, de síntomas no deseados y de hábitos difíciles de romper. Pero también es la fuente de la perspicacia, el genio creativo, la perfección física y los impulsos creativos y espirituales que enriquecen nuestra vida. Juntos, el nivel Alfa y la pantalla mental nos permiten extraer material valioso de nuestra mente inconsciente y controlarla.

Recuerda que la pantalla mental, situada a unos veinte grados por encima de la horizontal y fuera y lejos del cuerpo, es donde plasmamos nuestras imágenes mentales. Cuando, relajado, te imaginas a ti mismo en tu pantalla mental, proyectas la contraparte no física de lo físico..., su causa o, en realidad, su forma energética.

Después, lo que proyectas se manifiesta en la forma física. De este modo, puedes utilizar tu imaginación para corregir condiciones no deseadas, ayudando a tu médico a curarte. En realidad, eres tú el que se cura a sí mismo.

La medicina tradicional se centra en los aspectos físicos de la curación. Ha desarrollado una amplia gama de técnicas para combatir enfermedades. Un médico necesita años para aprender cómo funcionan estas técnicas y cómo y cuándo usarlas.

El Método Silva se centra en los aspectos espirituales de la curación. Puesto que usa el nivel no físico, o mental, no invade la praxis médica. Y puesto que los médicos usan métodos físicos tangibles, no invaden lo intangible o espiritual. La única excepción es cuando los médicos recurren a un placebo para sacar provecho del potencial mental del paciente. Al utilizar una pastilla de azúcar como producto químico, el médico provoca las expectativas del paciente de que la curación se producirá... y lo consigue.

Los seguidores del Método Silva ve con buenos ojos esta excepción, pero tenemos formas más precisas y efectivas de lograr este objetivo que el uso de un placebo.

Cómo sanar a otros

Sin embargo, es importante repetir que el Método Silva no es un sustituto, sino un complemento, de los enfoques médicos. Esta es una distinción importante, particularmente a medida que desarrollas tu habilidad para avanzar a niveles más profundos de Alfa, a fin de usar tu pantalla mental para hacer correcciones y ayudar a otros a sanar.

Cuando ayudas a otros a sanar trabajando en el reino no físico, no estás invadiendo el terreno de la medicina tradicional. Para protegerte de la acusación de practicar medicina sin licencia, nunca trabajes con otra persona cuando esa persona esté en tu presencia. Nuestros millones de graduados son capaces de entrar rápidamente en un nivel profundo de Alfa para curar a otros a distancia. Son capaces de detectar problemas intuitivamente y hacer correcciones en su imaginación (es decir, en el nivel espiritual), que luego se manifiestan en el nivel físico.

De este modo, un graduado ayudó a su vecina a curarse de la dolorosa ciática que padecía desde hacía años. Otro graduado ayudó a una bailarina a reducir un tumor que le impedía actuar. Aún otro graduado ayudó a un bebé recién nacido a hacer de vientre, evitando así una arriesgada cirugía exploratoria.

Podría llenar un libro con estos ejemplos.

Cuando, como resultado de la práctica, llegas a niveles profundos de Alfa, te conviertes en un operador experto. La práctica te lleva a niveles profundos de conciencia que no están controlados por las frecuencias cerebrales Alfa, sino por las Teta.

Las frecuencias Teta son de cuatro a siete ciclos por segundo. La dimensión Teta controla el sistema nervioso autónomo. A través de este sistema las células, tejidos, órganos y glándulas responden a los mensajes mentales en Alfa.

Lo que este hecho importante quiere decir es que en este nivel profundo de conciencia te puedes sentar mentalmente a horcajadas sobre las células y órganos de tu cuerpo, así como sobre las células y órganos del cuerpo de otra persona, incluso a distancia, y normalizarlos a voluntad. Con tus convicciones y expectativas, en el nivel Alfa profundo puedes beneficiar mentalmente a las células de tu propio cuerpo.

Sesión 20
Cómo salvar tu vida con el cerebro derecho

1. Cierra los ojos y gíralos ligeramente hacia arriba, hacia las cejas.
2. Los pasos 2A, 3A, 3B y 3C son ahora opcionales. Cuenta lenta y silenciosamente de 50 a 1. Deja pasar un segundo entre cada par de números.
   A. Empezando por el cuero cabelludo, concéntrate en las diferentes partes de tu cuerpo, desde la cabeza hasta los pies, relajándolas a medida que avanzas.
3. Cuando llegues a la cuenta de 1, piensa en ti mismo como en alguien joven, radiante, saludable y atractivo.
   A. Pregúntate mentalmente: «¿Por qué tengo este problema físico?». Luego deja que tu mente divague.
   B. Cuando en tus pensamientos aparezca alguna persona, concéntrate en ella. Visualízala.
   C. Imagina que ambos os perdonáis mutuamente. Visualiza un abrazo, un apretón de manos, sonrisas, cabezas asintiendo. Procura sentirte bien en esta situación.
4. Repite mentalmente: «Mantendré siempre un cuerpo y una mente perfectamente sanos».
5. Después di: «Voy a contar hasta cinco. Cuando llegue a cinco, abriré los ojos, me sentiré a gusto y sano. Me sentiré mejor que antes».
6. Luego empieza a contar. Al llegar a tres, repite: «Cuando llegue a cinco, abriré los ojos, me sentiré a gusto y sano. Me sentiré mejor que antes».
7. Sigue contando. Al llegar a cinco, abre los ojos y afirma mentalmente: «Estoy completamente despierto, me siento a gusto y sano. Me siento mejor que antes. No me cabe la menor duda».

Problemas de salud psicosomáticos y orgánicos

Como he afirmado previamente, el pensamiento negativo debilita el sistema inmunitario. Los miedos, las ansiedades, las hostilidades y las fobias son tan peligrosos para la salud como el sarampión, el cólera, la tuberculosis y la malaria.

¿Qué causa la ansiedad y los otros nombres que damos al pensamiento negativo que debilita el sistema inmunitario? Las situaciones y los conflictos de la vida, pensados en Beta —veinte ciclos— se llaman ansiedad. La ansiedad y otros tipos de pensamientos negativos debilitan el sistema inmunitario. Al debilitarse el sistema inmunitario, los órganos vitales se ven afectados y acaban por desequilibrarse. Así, los problemas de salud que empiezan como algo psicosomático, sin base física detectable, con frecuencia se convierten en orgánicos, asociados a causas físicas detectables.

Tomemos el caso de Brad Koblentz. Tenía una fobia y su fobia podría haber provocado graves problemas físicos. Pero abordó sus problemas a nivel Alfa, y esto le llevó a un final feliz. Esta es su historia:

«Soy un graduado del Método Silva de la clase de Judith L. Powell.

»La razón principal por la que me apunté al seminario fue porque, en ese momento, llevaba más de doce años sufriendo una agorafobia. La agorafobia es el miedo a los espacios abiertos. Vivía con el miedo a sufrir una crisis de pánico…, es decir, a tener una taquicardia y palpitaciones, a desmayarme, a morir o a desplomarme. Algunas personas que sufren de agorafobia se recluyen en un lugar donde se sientan seguras. Este lugar seguro puede ser su casa, el patio delantero, la ciudad, o simplemente cualquier espacio donde sientan que tienen todo bajo control, de donde puedan salir rápidamente en caso de necesidad.

»Yo mismo fui incapaz de salir de mi ciudad natal, Brandon, durante más de doce años porque me daba un ataque de ansiedad. No podía conducir solo, siempre tenía que haber alguien en el coche o camión conmigo, y necesitaba tener varios objetos de mi casa en el vehículo para sentirme cómodo. ¡Tenía miedo de tener miedo!

»Muchos psicólogos y terapeutas del comportamiento dicen que la única manera de superar este miedo es enfrentarse a él. Sin embargo, la parte más difícil del proceso de superación de la agorafobia es dar ese primer paso.

»Gracias a las técnicas del Método Silva, he podido vencer mis temores.

»Cuando empiezo un viaje de cualquier distancia, intento ver todo el itinerario en mi espejo: me veo a mí mismo a salvo y relajado. Y programo un viaje maravilloso y tranquilo.

»Además, si surge algún pensamiento negativo o si mis temores a los ataques de pánico empiezan a aparecer mientras estoy en el nivel, me digo en voz alta: «¡Cancela, cancela!», y me voy a un lugar imaginario donde me relajo.

»Luego, durante el viaje, si me asalta algún pensamiento negativo o alguna afirmación del tipo "¿Y si...?", me digo en voz alta: "¡Cancela, cancela!" y uso la técnica de los tres dedos para ir a mi lugar de relajación.

»Esta técnica ha funcionado y funcionará siempre para ayudarme a tranquilizarme y a descansar.

Brad Koblentz podría haber desarrollado problemas de salud psicosomáticos que, a su vez, podrían haber producido síntomas físicos graves. Por ejemplo, su preocupación crónica podría haber causado una alteración de sus jugos gástricos, lo que podría haberle provocado úlceras pépticas. Pero cuando empezó a analizar su problema en la franja media de las frecuencias de las ondas cerebrales —a saber, en Alfa—, ambos hemisferios cerebrales se involucraron en la creación de una solución.

¿Por qué no se nos enseña a hacer esto en la escuela? ¡Es tan importante para la salud de la humanidad... tan simple, efectivo y rápido!

Los problemas de salud psicosomáticos no son imaginarios para el paciente. Son reales. Pueden empezar en la imaginación, pero, como la imaginación es creativa, se convierten en problemas de salud reales.

A menudo el médico no puede detectar estos problemas de salud, porque él o ella está mirando objetivamente, desde el exterior hacia el interior. Debido a que estos problemas de salud han comenzado subjetivamente, pueden estar todavía en las capas interiores de la materia, no haber llegado aún a las capas exteriores. Por lo tanto, la persona con problemas de salud psicosomáticos en estados iniciales es su mejor terapeuta.

El vital hemisferio derecho

La investigación y la evidencia clínica apuntan cada vez más al hecho de que todas las enfermedades son psicosomáticas y que al cambiar tu mente puedes cambiar tu salud, para bien o para mal. Pero, ¿es una pierna rota algo realmente psicosomático? ¿Una fractura de cráneo es psicosomática? La respuesta que está surgiendo de varias fuentes de investigación es que lo es.

Puede que algún día lo tengamos mucho más claro, pero, mientras tanto, una serie de indicios psicológicos, fisiológicos y filosóficos parecen apuntar al menos a una conclusión: los accidentes no existen. Un conductor ebrio choca frontalmente con una familia de camino a la iglesia. Cinco personas mueren. El conductor ebrio apenas se sacude. ¿No es esto un accidente puro y duro y una tragedia?

Detrás de la Inteligencia Superior que dirige el universo hay propósitos y fines que no podemos conocer. Sin embargo, podemos saber más de lo que sabemos hoy. Estamos conectados por una línea directa con la Inteligencia Superior. Es nuestro hemisferio cerebral derecho. Cuando activamos el hemisferio derecho de nuestro cerebro, estamos activando nuestra intuición, es decir, nuestros presentimientos.

¿Por qué una señora decidió tomar el siguiente avión, solo para leer después que el primero se había estrellado?

¿Por qué un hombre decidió tomar esta vez una ruta más larga, solo para descubrir más tarde que el puente de la ruta corta se había derrumbado?

Los presentimientos. La intuición. La información del hemisferio derecho. La actividad del cerebro derecho se intensifica en el nivel Alfa.

Ya estás activando medidas intuitivas para tu supervivencia en tus ejercicios de cuenta atrás matutinos. Cuando hayas completado estos ejercicios, una simple cuenta atrás de 5 a 1 con los ojos cerrados y girados ligeramente hacia arriba será tan eficaz para llegar al nivel Alfa como contar de cien a uno o de cincuenta a uno.

Si te has preprogramado como se ha descrito anteriormente, podrás juntar el pulgar y los dos primeros dedos para desencadenar decisiones intuitivas más fiables, y podrás desenfocar los ojos para hacer lo mismo.

Así que el nivel Alfa puede ser un salvavidas, el recurso que te permita mantener a raya los problemas.

Sesión 21
Cómo eliminar los pensamientos perniciosos

1. Cierra los ojos y gíralos ligeramente hacia arriba, hacia las cejas.
2. Ya estás preparado para reducir la cuenta de 50 a 25. Y los pasos 2A, 3A, 3B y 3C son ahora opcionales. Cuenta lenta y silenciosamente de 25 a 1. Deja pasar un segundo entre cada par de números.
   A. Empezando por el cuero cabelludo, concéntrate en las diferentes partes de tu cuerpo, desde la cabeza hasta los pies, relajándolas a medida que avanzas.
3. Cuando llegues a la cuenta de 1, piensa en ti mismo como en alguien joven, radiante, saludable y atractivo.
   A. Pregúntate mentalmente: «¿Por qué tengo este problema físico?». Luego deja que tu mente divague.
   B. Cuando en tus pensamientos aparezca alguna persona, concéntrate en ella. Visualízala.
   C. Imagina que ambos os perdonáis mutuamente. Visualiza un abrazo, un apretón de manos, sonrisas, cabezas asintiendo. Procura sentirte bien en esta situación.
4. Repite mentalmente: «Mantendré siempre un cuerpo y una mente perfectamente sanos».
5. Después di: «Voy a contar hasta cinco. Cuando llegue a cinco, abriré los ojos, me sentiré a gusto y sano. Me sentiré mejor que antes».
6. Luego empieza a contar. Al llegar a tres, repite: «Cuando llegue a cinco, abriré los ojos, me sentiré a gusto y sano. Me sentiré mejor que antes».
7. Sigue contando. Al llegar a cinco, abre los ojos y afirma mentalmente: «Estoy completamente despierto, me siento a gusto y sano. Me siento mejor que antes. No me cabe la menor duda».

El poder negativo de los pensamientos destructivos

Henry Thoreau escribió: «La mayoría de los hombres llevan una vida de tranquila desesperación».

Seguramente también se refería a las mujeres. Si no, sin duda incluiría a las mujeres de hoy. Los hombres y mujeres actuales se enfrentan a problemas y situaciones que ponen a prueba su voluntad de vivir.

Las líneas telefónicas de apoyo al ciudadano que contempla la posibilidad de suicidarse zumban por todo nuestro país, y por cada llamada telefónica que se hace, hay mil llamadas silenciosas de muda desesperación.

Si a los pensamientos suicidas añadimos los que son tan negativos y destructivos que pueden conducir a una apoplejía, a un infarto, a una lesión autoinfligida, a un ataque e, incluso, a un asesinato, se obtiene un volumen de pensamientos desnortados que se suman a la mayoría de los problemas del mundo.

La rectificación empieza en casa. Empieza en tu mente.

¿Quién puede afirmar que está totalmente libre de pensamientos negativos? Incluso el más insignificante pensamiento de destrucción puede reclamar su parte de realidad. Semejante pensamiento debe ser detenido en seco. ¿Cómo? Tú ya sabes cómo.

Si alguna vez experimentas un pensamiento destructivo hacia ti mismo o hacia otros, en el mismo instante, o tan pronto como sea posible, ve a tu nivel Alfa y haz lo siguiente:

1. En el nivel Alfa, identifica el pensamiento o los pensamientos destructivos que acabas de experimentar.
2. Dite mentalmente: «No necesito pensar en estas cosas; no quiero pensar en estas cosas, no volveré a pensar en ellas».
3. Termina la sesión.

En una variación de este método, puedes programarte para que cada vez que te asalte un pensamiento negativo, lo sustituyas por otro más deseable. Para llevar a cabo esta sustitución, debes seleccionar el pensamiento más deseable que utilizarás como sustituto. Este pensamiento deseable debe ser más espiritual y, por lo tanto, más creativo. Los pensamientos ideales serían los de

Jesús, Buda o Dios, cualquier idea que sea la más elevada en tu filosofía o religión. El procedimiento sería entonces como sigue:

1. En Alfa, identifica el o los pensamientos destructivos.
2. Dite mentalmente: «No necesito pensar en estas cosas; no quiero pensar en estas cosas y, a partir de ahora, si estos pensamientos asaltan mi mente, pensaré en cambio en (inserte la opción espiritual)».
3. Termina la sesión.

Para reforzar cualesquiera de estas variantes, puedes utilizar la técnica de los tres dedos descrita previamente. Prográmate con la idea de que cada vez que aparezcan pensamientos destructivos, juntarás el pulgar y los dos primeros dedos de cualesquiera de las dos manos y los pensamientos no deseados desaparecerán. En el futuro, cuando te descubras pensando en cosas destructivas, junta el pulgar y los dos primeros dedos de una de tus manos y tus pensamientos cambiarán automáticamente para mejor.

Este es el procedimiento para programarte:

1. Ve a tu nivel Alfa y profundízalo con una cuenta atrás adicional de 10 a 1.
2. Identifica los pensamientos destructivos que quieres dejar de tener.
3. Junta el pulgar con los dos primeros dedos de una de tus manos.
4. Repite mentalmente: «Cada vez que junto estos tres dedos, mi mente funciona a un nivel más profundo y positivo».
5. Termina tu sesión Alfa.
6. Cuando te asalten los pensamientos negativos, junta inmediatamente el pulgar y los dos primeros dedos de una de tus manos.

Puedes programar esta técnica en el momento más efectivo para ti; solo tienes que ir a tu nivel Alfa justo antes de dormirte y programarte para despertarte automáticamente en ese momento. Cuando te despiertes por primera vez esa noche, sigue los pasos 1 a 4.

Puedes combinar la variación con el refuerzo añadiendo estas palabras al final del paso 4: «Y sustituiré mis pensamientos por (inserta aquí la opción espiritual)».

Cómo atacar los problemas temprano

Los pensamientos negativos que no son lo suficientemente intensos como para merecer el adjetivo «destructivo» pueden, no obstante, enturbiar un acontecimiento o una relación, y si se mantienen de forma crónica pueden acabar evolucionando hacia estados mentales más perniciosos. Para contrarrestar esta tendencia, puedes utilizar la sencilla técnica básica de ir a tu nivel Alfa, identificar el problema, afirmar al abrir los ojos a la cuenta de 5 que el problema desaparecerá, y terminar la sesión. Cuanto antes lo hagas, mejor. Tanto si el resultado final es un dolor de cabeza, un ataque epiléptico, un ataque de asma o una depresión leve, lo mejor es programar la posibilidad de que desaparezca tan pronto sientas las primeras sensaciones desagradables o pienses los primeros pensamientos negativos.

Uso de la técnica del timo

Sin embargo, si no puedes ir a tu nivel Alfa, o si no has preprogramado la técnica de los tres dedos, existe un procedimiento rápido y eficaz. Golpea tu glándula del timo y pon una sonrisa en tu cara.

Si ya has programado la técnica de los tres dedos, simplemente golpea tu glándula del timo con los tres dedos.

La glándula del timo está aproximadamente cuatro centímetros por debajo del punto donde el tejido blando del cuello se une al esternón. Los graduados del Método Silva han estado aprendiendo este método durante bastante tiempo, incluso antes de que los científicos determinaran la función exacta de la glándula del timo. Ahora se sabe que la glándula del timo es una especie de regulador maestro de otras glándulas, sistemas y órganos del cuerpo.

Recientemente, los investigadores han descubierto que el simple hecho de sonreír hace que el cerebro libere sustancias químicas como las endorfinas, que a su vez provocan la sonrisa. En otras palabras, la cola puede menear al perro. Cuando te sientes bien, sonríes. Pero cuando sonríes, te sientes bien.

He aquí, pues, una forma instantánea de situarse en el nivel Beta, ya que el método es objetivo. Es una acción física directa de causa-efecto. Puedes reforzar su eficacia preprogramando la técnica de los tres dedos para una conciencia mental más profunda.

Con o sin esta técnica, he aquí el procedimiento:

1. Inmediatamente después de experimentar cualquier estado mental negativo o físico, sonríe.
2. Junta el pulgar y los dos primeros dedos de una de tus manos.
3. Golpea vigorosamente la glándula del timo con un par de dedos durante medio minuto.

Estos son algunos problemas que este procedimiento puede ayudar a resolver:

- Mareos
- Fatiga
- Aburrimiento
- Exasperación
- Depresión
- Desgana matutina
- Apatía
- Impaciencia
- Desorientación
- Pesimismo

Sesión 22
Un viaje fantástico

1. Cierra los ojos y gíralos ligeramente hacia arriba, hacia las cejas.
2. Los pasos 2A, 3A, 3B y 3C son ahora opcionales. Cuenta lenta y silenciosamente de 25 a 1. Deja pasar un segundo entre cada par de números.
   A. Empezando por el cuero cabelludo, concéntrate en las diferentes partes de tu cuerpo, desde la cabeza hasta los pies, relajándolas a medida que avanzas.
3. Cuando llegues a la cuenta de 1, piensa en ti mismo como en alguien joven, radiante, saludable y atractivo.
   A. Pregúntate mentalmente: «¿Por qué tengo este problema físico?». Luego deja que tu mente divague.
   B. Cuando en tus pensamientos aparezca alguna persona, concéntrate en ella. Visualízala.
   C. Imagina que ambos os perdonáis mutuamente. Visualiza un abrazo, un apretón de manos, sonrisas, cabezas asintiendo. Procura sentirte bien en esta situación.
4. Repite mentalmente: «Mantendré siempre un cuerpo y una mente perfectamente sanos».
5. Después di: «Voy a contar hasta cinco. Cuando llegue a cinco, abriré los ojos, me sentiré a gusto y sano. Me sentiré mejor que antes».
6. Luego empieza a contar. Al llegar a tres, repite: «Cuando llegue a cinco, abriré los ojos, me sentiré a gusto y sano. Me sentiré mejor que antes».
7. Sigue contando. Al llegar a cinco, abre los ojos y afirma mentalmente: «Estoy completamente despierto, me siento a gusto y sano. Me siento mejor que antes. No me cabe la menor duda».

Cada mañana, cuando practicas tus ejercicios de cuenta atrás, te acercas más y más al Alfa profundo. Tu objetivo es alcanzar los diez ciclos por segundo (CPS), es decir, la frecuencia cerebral llamada nivel de frecuencia centrada o, en el Método Silva, los diez CPS. El nivel de frecuencia centrada de diez CPS es donde se activa una mayor parte de tu mente y donde, por lo tanto, tiene lugar la programación más eficaz.

Sin embargo, tu mente está siendo constantemente programada por el ambiente externo mientras estás en el nivel Beta (una frecuencia cerebral de catorce a veintiún pulsaciones por segundo). Para que esto suceda, hace falta una repetición constante, pero ocurre.

Estás programado por los acontecimientos que se repiten, por las afirmaciones que oyes constantemente, por los anuncios que aparecen regularmente en los medios de comunicación. Uno se puede programar a sí mismo haciendo algo una y otra vez, como teclear en una máquina de escribir. Al principio, es posible que escribas solo diez o veinte palabras por minuto, pero cuanto más practiques más rápido irás. Con el tiempo, te habrás programado para ser un mecanógrafo. Del mismo modo, puedes programarte para montar en bicicleta, jugar a los bolos, conducir un coche. La programación en el nivel Beta se llama aprendizaje objetivo. La programación en el nivel Alfa se denomina aprendizaje subjetivo.

Aunque no hayas completado tus sesiones de práctica matutinas, puedes empezar a programarte ahora para mejorar tu salud. Esta programación tendrá lugar con cierta frecuencia entre el nivel Beta alto y el Alfa bajo, dependiendo de lo que hayas avanzado en tu entrenamiento y de tus habilidades de relajación. Para tener éxito, la programación requerirá repetición. Cuanto más alta la frecuencia cerebral, más necesarias las repeticiones.

Una forma de proceder es sentarse en una silla cómoda, cerrar los ojos, girarlos ligeramente hacia arriba y repetir la frase de la mañana, «Siempre tendré un cuerpo y una mente perfectamente sanos», mientras mentalmente te ves sano, vigoroso y atractivo. Otra forma es hacer «un viaje fantástico».

Hace algunos años, una película con ese nombre causó una gran conmoción. En ella participaba un equipo de científicos que se miniaturizaban para viajar dentro del cuerpo de un ser humano vivo. Puedes imaginarte haciendo un viaje dentro de tu propio cuerpo, obteniendo de la travesía beneficios para la salud.

Donde va la conciencia, va la energía. Si oyes hablar de una enfermedad y sueñas despierto con la posibilidad de contraerla, estás empezando a atraerla, incluso a crearla. Repite esto con suficiente frecuencia y te llamarán hipocondríaco. El hipocondríaco que imagina constantemente que está enfermo puede desarrollar los mismos síntomas que teme.

Lo contrario también es cierto. Imagínate sano; hazlo con frecuencia en el nivel Beta y crearás lo que imaginas. En Beta tarda un poco más que en Alfa, pero las imágenes mentales son creativas en cualquier nivel.

Imagina que estás dentro de tu propio cuerpo. Admira tu corazón, esa estación de bombeo que trabaja para ti las veinticuatro horas del día; o en tu cerebro, ese increíble ordenador; o en tu estómago, esa ingeniosa fábrica química que digiere cualquier combinación de alimentos que le suministres. A través de tu admiración por estos órganos, les estarás enviando energía positiva. Ellos «saben» que estás pensando amablemente en ellos. Lo «aprecian».

Y responden.

No hace falta que conozcas los entresijos de la anatomía humana para beneficiarte de este ejercicio mental. Tu concepto de un corazón o un hígado o un riñón identificará ese órgano satisfactoriamente, no obtendrás una grabación de «número equivocado».

Este viaje será más agradable y eficaz si no tienes que detenerte a pensar qué hacer a continuación. Una forma de resolver este problema es que alguien te lea las instrucciones (las instrucciones están en la siguiente sección). O bien puedes grabar una cinta de casete, relajarte y escucharla.

Este es el procedimiento:

1. Siéntate en una silla cómoda, cierra los ojos, gíralos ligeramente hacia arriba y cuenta hacia atrás como lo hiciste esta mañana.
2. Cuando llegues a la cuenta de 1, enciende el casete o dile a tu lector que comience.
3. Después de completar el viaje imaginario, termina la sesión como lo haces por las mañanas.

Instrucciones para un viaje fantástico

Relájate. Respira profundamente. Al exhalar, relaja tu cuerpo y procura profundizar aún más.

Dirige tu atención hacia el cuero cabelludo. Imagina el pelo penetrando el cuero cabelludo. Concéntrate en uno de los pelos y sigue su recorrido por debajo del cuero cabelludo. Allí encontrarás un bosque de raíces de cabello. Agradece a tu pelo por ser tu gloriosa corona. Agradece a tu cuero cabelludo por su protección.

Haz que tu cuero cabelludo envíe una palabra de agradecimiento a todas las células de la piel por hacer un gran servicio a tu cuerpo. Profundiza un poco más y visualiza tu cráneo. Agradece a tu cráneo por su heroico trabajo. Haz que tu cráneo envíe un mensaje de agradecimiento a todas las células óseas por proporcionar la estructura del esqueleto a tu cuerpo.

Profundiza un poco más con tu conciencia a nivel del cerebro. Envía agradecimientos sinceros y palabras de aprecio a tu cerebro, un maravilloso órgano de inteligencia, un ordenador que dirige tu cuerpo y te proporciona los medios para manifestar tu intelecto. Profundizando aún más en el cuerpo, agradece a tus ojos el sentido de la vista, a tu nariz por su función respiratoria y su sentido del olfato, a tu boca y la lengua por el sentido del gusto y la función digestiva.

Mientras te imaginas deslizándote por la garganta hasta el estómago, agradece a tu estómago su capacidad digestiva, una inclinación del sombrero a este gran laboratorio químico capaz de digerir todas las combinaciones de alimentos que introduces en él.

Alrededor del estómago están el hígado, el páncreas, el bazo y la vesícula biliar. Agradece a estos órganos la contribución que hacen a la digestión y a otras funciones corporales. A la salida del estómago, se entra en el intestino delgado. De ahí al intestino grueso hay un viaje serpenteante y tortuoso. Agradece a tu intestino delgado su trabajo en la continuación del proceso digestivo y en la absorción de nutrientes. Cuando entres en el intestino grueso, o colon, donde se sitúa el apéndice, agradece a tu intestino grueso su trabajo de eliminación de basura, un trabajo ingrato, pero vital.

Mientras estés en esta zona del cuerpo, agradece a tus riñones por limpiar de venenos la sangre y por su trabajo de eliminación de residuos; agradece a tus órganos reproductores; agradece a tus músculos abdominales y haz que transmitan tu agradecimiento y aprecio al resto de músculos y tejidos.

Ahora, entra en una vena o arteria y viaja por el torrente sanguíneo.

Agradece a las venas y arterias por permanecer limpias para proporcionar buena circulación de la sangre a todas las partes de tu cuerpo. Agradece a la sangre, a los glóbulos rojos y, sobre todo, a los glóbulos blancos, que actúan como policías del sistema sanguíneo. Agradéceles por mantenerte inmune a las enfermedades.

Cuando llegues a los pulmones, sal temporalmente de la sangre.

Agradece a tus pulmones por suministrar oxígeno a tu sangre para alimentar el cuerpo y por eliminar los venenos. Vuelve al torrente sanguíneo y vuelve a salir de él cuando llegues al corazón. Agradece sinceramente al corazón por su trabajo las veinticuatro horas como estación de bombeo para tu sangre.

Vuelve al torrente sanguíneo, desembarca bajo tu cuero cabelludo, sube por un pelo y sitúate otra vez en el exterior de tu cuerpo. Termina la sesión de la manera habitual, sintiéndote muy despierto al abrir los ojos, mejor que antes.

Sesión 23
El concepto de ti mismo

1. Cierra los ojos y gíralos ligeramente hacia arriba, hacia las cejas.
2. Los pasos 2A, 3A, 3B y 3C son ahora opcionales. Cuenta lenta y silenciosamente de 25 a 1. Deja pasar un segundo entre cada par de números.
   A. Empezando por el cuero cabelludo, concéntrate en las diferentes partes de tu cuerpo, desde la cabeza hasta los pies, relajándolas a medida que avanzas.
3. Cuando llegues a la cuenta de 1, piensa en ti mismo como en alguien joven, radiante, saludable y atractivo.
   A. Pregúntate mentalmente: «¿Por qué tengo este problema físico?». Luego deja que tu mente divague.
   B. Cuando en tus pensamientos aparezca alguna persona, concéntrate en esa persona. Visualízala.
   C. Imagina que ambos os perdonáis mutuamente. Visualiza un abrazo, un apretón de manos, sonrisas, cabezas asintiendo. Procura sentirte bien en esta situación.
4. Repite mentalmente: «Mantendré siempre un cuerpo y una mente perfectamente sanos».
5. Después di: «Voy a contar hasta cinco. Cuando llegue a cinco, abriré los ojos, me sentiré a gusto y sano. Me sentiré mejor que antes».
6. Luego, empieza a contar. Al llegar a tres, repite: «Cuando llegue a cinco, abriré los ojos, me sentiré a gusto y sano. Me sentiré mejor que antes».
7. Sigue contando. Al llegar a cinco, abre los ojos y afirma mentalmente: «Estoy completamente despierto, me siento a gusto y sano. Me siento mejor que antes. No me cabe la menor duda».

Tu concepto de ti mismo, tu cuerpo y tu conducta

Cuando D. K. se apuntó al entrenamiento del Método Silva, tenía síntomas de ansiedad hipoglucémica: desmayos, mareos y descargas de adrenalina. En dos semanas estos síntomas comenzaron a disminuir. En dos meses habían desaparecido. Pero lo más importante para D. K. fue que se encontró a sí misma. «Durante los últimos diez años, he estado buscando la llave espiritual que abriera los tesoros de mi alma. El Método Silva me ha dado la dirección y la confianza».

Las pruebas psicológicas de los graduados de Silva han demostrado que aceptan mejor su imagen física, su aspecto y su estatura. Se perciben a sí mismos como mucho más sanos que antes. También se perciben a sí mismos como más capaces de llevarse bien con los miembros de su familia y de cuidar de ellos. Y se ven a sí mismos mejor preparados para llevarse bien con otras personas.

¿Qué ocurre en la vida de las personas cuando se ven a sí mismas más saludables y capaces de trabajar con los demás? Están más sanos y son más productivos en el trabajo y en casa.

¿Qué ocurre cuando...

- ... se valoran más a sí mismos?
- ... son menos críticos y negativos?
- ... se aceptan más a sí mismos?
- ... son más creativos?
- ... tienen mejor memoria?

Todos estos atributos aumentan con la formación del Método Silva, tal como demuestran las pruebas estandarizadas de antes y después. Los estudiantes demuestran tener un mejor concepto de sí mismos, y un mejor concepto de uno mismo produce seres humanos mejores.

El Método Silva para la mejora de la personalidad

Por muy científico que sea el Método Silva, no hay que desestimar sus implicaciones espirituales. Tal vez es por ello que las escuelas parroquiales de Guam han comenzado recientemente a entrenar a su cuerpo docente y estudiantil en el Método Silva. Esta decisión se vio influida por los resultados obtenidos en proyectos similares en escuelas parroquiales de América continental.

Los proyectos fueron supervisados en estas escuelas por el Dr. George T. DeSau y se utilizaron pruebas de personalidad estandarizadas de antes y después: el test de los 16 factores de personalidad de Cattell en poblaciones adultas, y el HSPQ en grupos de secundaria, ambos publicados por el Institute for Personality and Ability Testing.

Estos son los principales resultados:

- En casi todos los grupos evaluados, los sujetos mostraron una fuerte tendencia a no dejarse alterar fácilmente, así como una «mayor autoestima, madurez, serenidad y habilidad para enfrentarse a la realidad».
- La persistencia de esta mayor autoestima quedó confirmada con un seguimiento cuatro y cinco meses después del entrenamiento. De hecho, en este período se observó un aumento de la autopercepción positiva.

También se realizaron otros estudios de los resultados de la formación del Método Silva en Albuquerque, Nuevo México, y en el condado de Ottawa, Michigan. Estos son algunos hallazgos importantes:

- Se produjo un cambio significativo en los adultos, que de estar sumidos en «la aprensión, los autorreproches y la preocupación excesiva» pasaron a ser individuos más «seguros de sí mismos, apacibles y serenos».
- El desarrollo de una consciencia interior ayudó a superar factores inhibidores en la interacción social. Un grupo de adultos que realizó la prueba de los 16 factores de personalidad pasó de estar afectado por «la timidez y la vulnerabilidad» a mostrar una mayor «espontaneidad y desenvoltura social».
- Un cambio que quedó reflejado en la mayoría de las pruebas realizadas es el que hizo que los sujetos pasasen de presentar señales de «estrés, frustración y sobreexcitación» a mostrar «relajamiento, serenidad y mayor tolerancia a la frustración».
- También se pasó de perfiles «reservados, distantes y críticos» a personalidades más «cálidas, extrovertidas y participativas».

- Las pruebas mostraron que los participantes dejaron de ser tan desconfiados y competitivos para mostrar una mayor disposición a trabajar en equipo.

Al superar la tristeza y el pesimismo, los participantes se fueron liberando de su ansiedad y agitación interior, dando muestras de una mayor alegría, entusiasmo y alegría de vivir.

Para resumir, la lista de la izquierda muestra los rasgos mitigados por el Método Silva y la de la derecha los rasgos potenciados:

Rasgos mitigados	Rasgos potenciados
Se enfada con facilidad	Mayor autoestima
Aprensivo	Maduro
Se culpabiliza	Se enfrenta a la realidad
Ansioso	Calmado
Tímido	Seguro de sí mismo
Asustadizo	Apacible
Vulnerable	Sereno
Tenso	Espontáneo
Frustrado	Socialmente desenvuelto
Impulsivo	Medido
Iracundo	Tranquilo
Reservado	Abierto
Crítico	Cálido
Introvertido	Extrovertido
Apático	Empático
Competitivo	Cooperativo
Desapegado	Jovial
Pesimista	Optimista

Lee los rasgos de la columna izquierda. ¿Te sentirías bien teniéndolos?

Ahora lee los rasgos de la columna derecha. ¿Se acercan más a los que te gustaría tener?

Los graduados del Método Silva sometidos a evaluación mostraron un desplazamiento desde los rasgos de la columna izquierda hacia los de la derecha.

Al practicar tus ejercicios de cuenta atrás durante cuarenta mañanas, estarás haciendo gradualmente este cambio. Cuanto más utilices tu nivel Alfa, más incorporarás los rasgos de personalidad de la columna derecha en tu vida diaria.

Sesión 24
Cómo sanar sin proponértelo

1. Cierra los ojos y gíralos ligeramente hacia arriba, hacia las cejas.
2. Los pasos 2A, 3A, 3B y 3C son ahora opcionales. Cuenta lenta y silenciosamente de 25 a 1. Deja pasar un segundo entre cada par de números.
   A. Empezando por el cuero cabelludo, concéntrate en las diferentes partes de tu cuerpo, desde la cabeza hasta los pies, relajándolas a medida que avanzas.
3. Cuando llegues a la cuenta de 1, piensa en ti mismo como en alguien joven, radiante, saludable y atractivo.
   A. Pregúntate mentalmente: «¿Por qué tengo este problema físico?». Luego deja que tu mente divague.
   B. Cuando en tus pensamientos aparezca alguna persona, concéntrate en ella. Visualízala.
   C. Imagina que ambos os perdonáis mutuamente. Visualiza un abrazo, un apretón de manos, sonrisas, cabezas asintiendo. Procura sentirte bien en esta situación.
4. Repite mentalmente: «Mantendré siempre un cuerpo y una mente perfectamente sanos».
5. Después di: «Voy a contar hasta cinco. Cuando llegue a cinco, abriré los ojos, me sentiré a gusto y sano. Me sentiré mejor que antes».
6. Luego empieza a contar. Al llegar a tres, repite: «Cuando llegue a cinco, abriré los ojos, me sentiré a gusto y sano. Me sentiré mejor que antes».
7. Sigue contando. Al llegar a cinco, abre los ojos y afirma mentalmente: «Estoy completamente despierto, me siento a gusto y sano. Me siento mejor que antes. No me cabe la menor duda».

Existe la posibilidad de que el mero hecho de aprender a ir a Alfa te cure. G. S., una señora de unos sesenta años de edad, dijo a uno de nuestros conferenciantes: «No salgo tantas veces del dormitorio porque esté aburrida; tengo colitis desde hace años y con frecuencia siento la necesidad de ir al baño».

«Lo entiendo», contestó el conferenciante. «Pero no se sorprenda si ese problema desaparece».

Y desapareció. Solo con ir a Alfa y programar pensamientos positivos durante el entrenamiento, la mujer se curó de la colitis.

A otra mujer, Louise Owen, le dijeron en septiembre de 1980 que se estaba muriendo. Durante más de un año había estado enferma de hepatitis. Ahora, su médico estaba dispuesto a rendirse. La hepatitis se había apoderado de todo el cuerpo y no podía ser detenida.

Owen se interesó por un libro sobre el Método Silva. Después de leerlo, buscó el Método Silva en la guía telefónica y se apuntó a un curso que se iba a impartir durante dos fines de semana.

Escribe Louise Owen:

«Durante la semana, entre las dos partes del curso, tuve una cita con mi médico. Me hizo otro análisis de sangre y no podía creer lo que encontró: ¡mi sangre estaba limpia!

»Así que me hizo un segundo análisis, que confirmó los resultados del primero.

»Mi médico no podía entender cómo alguien podía curarse de un caso grave de hepatitis en apenas una semana. Pero tuvo que admitir que estaba sana.

»Ahora, más de un año después, sigo estándolo».

La primera mitad del curso del Método Silva incluye una docena de sesiones de nivel Alfa de un promedio de quince minutos cada una. Además de profundizar en Alfa y de aprender técnicas de resolución de problemas, en estos «ciclos de condicionamiento» también se abordan específicamente el insomnio, los dolores de cabeza y la fatiga.

¿Cómo ayudaron estos ciclos de condicionamiento a que Louise Owen se curase de la hepatitis?

Los ciclos contienen afirmaciones positivas que te ayudarán a aprender a no contraer determinadas enfermedades, pero la hepatitis no es una de ellas. Sin embargo, en los ciclos se incluye esta afirmación positiva más amplia: «Siempre mantendré un cuerpo y una mente perfectamente sanos».

Lo señalo para destacar la importancia del nivel Alfa y un clima de pensamiento positivo. En miles de casos, las dolencias menores desaparecen en el curso del entrenamiento sin que el sujeto utilice ninguna metodología en concreto.

Una mujer que llevaba años sufriendo una neuralgia del trigémino informó a la clase, a mitad del curso, que ya no había vuelto a tener ese dolor.

Un vendedor de seguros, que no dejaba de preguntar a lo largo de las sesiones del curso cómo podía librarse de la artritis en las manos, cuyos dedos no podía cerrar, exclamó de pronto: «¡Mi artritis ha desaparecido!», flexionando con facilidad los dedos para asombro de la clase.

Esto no quiere decir que tengas que olvidar la metodología y sencillamente quedarte en Alfa. Pero tampoco te sientas frustrado al aplicar la metodología para curar un problema de salud especial solo porque la enfermedad parezca complicada o no se comprenda del todo la psicología del problema de salud.

Sumérgete. Hazlo. Haz lo que se te ocurra que tengas que hacer. Dedícale quince minutos en Alfa. Visualízate tal y como estás ahora. Mueve la imagen hacia la izquierda y pon en marcha la curación. Vuelve a mover la imagen hacia la izquierda e imagínate con un estado de salud envidiable.

Sesión 25
Cómo mejorar la visualización

1. Cierra los ojos y gíralos ligeramente hacia arriba, hacia las cejas.
2. Los pasos 2A, 3A, 3B y 3C son ahora opcionales. Cuenta lenta y silenciosamente de 25 a 1. Deja pasar un segundo entre cada par de números.
   A. Empezando por el cuero cabelludo, concéntrate en las diferentes partes de tu cuerpo, desde la cabeza hasta los pies, relajándolas a medida que avanzas.
3. Cuando llegues a la cuenta de 1, piensa en ti mismo como en alguien joven, radiante, saludable y atractivo.
   A. Pregúntate mentalmente: «¿Por qué tengo este problema físico?». Luego deja que tu mente divague.
   B. Cuando en tus pensamientos aparezca alguna persona, concéntrate en ella. Visualízala.
   C. Imagina que ambos os perdonáis mutuamente. Visualiza un abrazo, un apretón de manos, sonrisas, cabezas asintiendo. Procura sentirte bien en esta situación.
4. Repite mentalmente: «Mantendré siempre un cuerpo y una mente perfectamente sanos».
5. Después di: «Voy a contar hasta cinco. Cuando llegue a cinco, abriré los ojos, me sentiré a gusto y sano. Me sentiré mejor que antes».
6. Luego empieza a contar. Al llegar a tres, repite: «Cuando llegue a cinco, abriré los ojos, me sentiré a gusto y sano. Me sentiré mejor que antes».
7. Sigue contando. Al llegar a cinco, abre los ojos y afirma mentalmente: «Estoy completamente despierto, me siento a gusto y sano. Me siento mejor que antes. No me cabe la menor duda».

Cómo mejorar la visualización para obtener mejores resultados

En unas conferencias recientes sobre visualización y curación celebradas durante una reunión anual de la Asociación de Psicología Humanista, se preguntó a Robin Casarjian, psicoterapeuta especializada en la gestión del estrés en el Hospital General de Massachusetts, si la visualización implicaba autohipnosis. La psicóloga respondió que, en realidad, cuando visualizamos nos estamos deshipnotizando.

¡Cuánta verdad! Cuando nos relajamos, activamos el cerebro derecho. Cuando visualizamos, utilizamos el cerebro derecho y el izquierdo. Estamos más alertas, más despiertos, más en control. Es decir, todo lo contrario de estar hipnotizados. Cuanto más nos relajamos y visualizamos, menos tardamos en curarnos.

Recuerda que no es necesario visualizar en pantalla gigante y en Technicolor, ni ver hasta el más mínimo detalle. No importa si no te puedes relajar todo lo profundo que quieres o si no consigues visualizar a la perfección… siéntete cómodo con lo que consigas y procede con tu trabajo de curación. Con el tiempo te relajarás cada vez más, visualizarás con más detalle. Mientras tanto, ¿por qué no aprovechar las posibilidades de mejora de la salud aplicando estas habilidades, sea cual sea el nivel alcanzado hasta el momento?

Solo conseguirás mejorar y mejorar.

Ciertos ejercicios te ayudarán a mejorar tus habilidades de visualización. Puesto que visualizarte a ti mismo es esencial para curarte, deberías practicar lo que denominamos el ejercicio del espejo. Mírate en un espejo, cierra los ojos y recuerda tu rostro. Después, abre los ojos para ver qué tal lo has hecho. Si tu recuerdo de la nariz, los labios, las cejas no era correcto, examínalos de cerca en el espejo. A continuación, cierra los ojos de nuevo y visualiza tu cara. Abre los ojos. Comprueba lo que tenías en mente. Esta vez deberías haberlo hecho mejor.

En otro ejercicio más genérico, visualiza algo que se haya mencionado en una conversación o que hayas leído en un libro. Por ejemplo, un amigo te acaba de hablar de su coche. Imagina su coche. Piensa en la forma que tiene. Al hacerlo no interrumpirás la conversación. Un autor describe una casa. Imagina el aspecto de esa casa. Al hacerlo, no interferirás con la lectura. Cuanto más visualices e imagines, menos te costará ser creativo. En este caso, tú mismo eres el creador. Tu salud está en proceso de creación.

La visualización activa la energía sanadora

Cuando se piensa en ir hacia una puerta, ese pensamiento no se traduce en palabras. Hay un instante en el que mantienes ese acontecimiento en tu mente. Te imaginas caminando hacia la puerta.

La imagen instantánea sirve de exigencia al ordenador. Al ordenador, tu cerebro, se le pide que haga que el cuerpo produzca la energía necesaria para mover tu peso corporal la distancia específica y el movimiento de piernas necesario para llevar a cabo el desplazamiento. Así que tu cerebro pone en marcha los cambios en la química de tu cuerpo y el movimiento muscular necesarios. Si te paras a pensar en este simple acto, verás que es una habilidad extraordinaria.

El acto de curarte no es más sorprendente. En este caso, también envías una simple orden al cerebro, que se pone en marcha a partir de una imagen mental. Cuando la imagen de la curación se mantiene en la mente, tu cerebro activa los cambios corporales necesarios y el evento se lleva a cabo.

Todos sabemos cómo caminar hacia una puerta. Si cambiamos la imagen mental, podemos canalizar la energía necesaria para alcanzar un objetivo saludable, en lugar de llegar a una puerta. Pero la analogía se mantiene.

Cuando quieres ir a la puerta, tomas la decisión de hacerlo. Das por sentado que llegarás caminando. Quieres llegar a la puerta. Tomas la decisión de hacerlo. Caminas. Llegas. Quieres ponerte bien. Tomas la decisión de recuperarte. Das por sentado que en Alfa la imaginación te ayudará a ponerte bien. Vas a Alfa e imaginas. Te pones bien.

¿Cuáles son los vínculos exactos de causa-efecto en la cadena entre imaginar que el sistema inmunitario derrota a los invasores bacterianos y el hecho de que ese acontecimiento tenga lugar realmente? Dejemos esa pregunta a los psiconeuroinmunólogos.

Ve a tu nivel Alfa. Visualízate a ti mismo con tu problema. Visualizar significa volver a ver con la mente lo que ya ha visto con los ojos o has imaginado con la mente (a diferencia de *imaginar*, que es imaginar con la mente lo que aún no has visto con los ojos o has imaginado previamente). Ya has visto tu cuerpo con su problema, así que no tienes dificultad para visualizar, es decir, para recordar cómo es algo que has visto.

El siguiente paso es hacer correcciones mentales en el área del problema. Si se trata de algo que nunca has visto antes, como un injerto de piel tras una quemadura, un cálculo renal pulverizado o un ejército de glóbulos blancos entrando en batalla, limítate a imaginar qué aspecto tiene. Utiliza la palabra *imaginar* en lugar de *visualizar*, porque nunca has visto con los ojos, ni has imaginado antes, el fenómeno en cuestión. Has de fingir que sabes qué aspecto tiene. Invéntate la imagen. ¿Y si la imagen no es anatómicamente correcta? No importa. Tu cerebro recibe el mensaje, porque el concepto está ahí y es el concepto de la curación el que produce la programación. Las imágenes mentales son el lenguaje de los conceptos.

Es imposible cubrir en este libro las imágenes mentales que se pueden aplicar a cada problema de salud. Pero cuando entiendas el sencillo principio que subyace al uso de imágenes mentales para la curación física, podrás conseguir lo que te propongas en cualquier situación.

La visualización y la imaginación en la curación

Algunas personas se sienten más cómodas visualizando que imaginando. Para ellos, imaginar es como adivinar, y no les gusta equivocarse.

> En la curación, no importa si te equivocas; tu cerebro sabe lo que quieres decir. Lo que sí es importante es que te sientas cómodo con lo que estás haciendo.

No estar cómodo con la imaginación es una forma de decir que tienes dudas, y la duda subvierte. Así que tienes que estar cómodo con lo que estás haciendo.

Ahora voy a contarte algo sobre tu imaginación que puede resultar chocante para ti.

Una habilidad poco usual de la imaginación

Se ha descubierto que cuando la imaginación crea una imagen que nunca ha visto antes, esa imagen tiene un notable parecido con la realidad. O, dicho de otro modo, somos capaces de detectar información fuera del rango de nuestra visión óptica mediante el uso de nuestra imaginación.

Si esto te parece «excéntrico», permíteme referirme al trabajo llamado «visión remota» que se llevó a cabo durante más de diez años en el Stanford Research Institute de Menlo Park, California. Este programa multimillonario, que contaba con financiación del gobierno de los Estados Unidos, exploró técnicas que harían que esta habilidad perceptiva fuera más precisa y fiable. Los participantes en esta investigación, así como en investigaciones similares realizadas en una decena de organizaciones del país, aprendieron a describir objetos, edificios, zonas geográficas y actividades a miles de kilómetros de distancia. La precisión de sus descripciones alcanzó con frecuencia el 80 %, incluso entre personas sin experiencia previa.

La principal conclusión surgida de esta investigación es que la precisión mejora con la práctica. La práctica proporciona retroalimentación. Los seres humanos no hemos desarrollado ninguna habilidad sin retroalimentación. Aprendemos a caminar por ensayo y error. El error —una caída— proporciona información a la corteza cerebral, y el cerebro aprende a evitar el error en el futuro. Al aprender a hablar, nuestros oídos nos dan información. Del mismo modo, solo podemos aprender a tocar un instrumento musical practicando, proceso durante el cual recibimos retroalimentación auditiva.

La mente sanadora se nutre de la retroalimentación. Te relajas y haces uso de una imaginación positiva. No consigues activar el proceso de curación. Te vuelves a relajar y recurres a la imaginación positiva. Esta vez te curas. Has aprendido a través de la retroalimentación. Tal vez te has relajado de manera distinta, o has imaginado con más claridad, o le has dedicado más tiempo. Sea lo que sea que hayas hecho de forma distinta durante esta experiencia, se ha convertido en parte de tu habilidad mejorada, gracias a la retroalimentación que le proporcionó la práctica.

> La sorprendente verdad es que tú y yo somos capaces de proyectar nuestra inteligencia a cualquier distancia a voluntad, y de saber cosas que no podríamos conocer a través de los sentidos. La clave es sencilla: relajarse y utilizar la imaginación.

La explicación: activar el hemisferio derecho del cerebro parece ayudarnos a trascender las limitaciones objetivas del tiempo y el espacio.

No utilizamos este atributo especial de la imaginación para curarnos a nosotros mismos, pero nos resulta útil para curar a otras personas.

Cómo visualizar «películas» interiores

S. M. tenía catorce años. Había sufrido de asma durante más de diez años. Como su madre era enfermera y su padre técnico de rayos X, se les permitía tener adrenalina en su casa para controlar sus ataques. Sin embargo, S. M. tenía que ir al hospital con frecuencia para recibir tratamiento de urgencia.

Su padre había leído sobre el Método Silva y decidió que intentaría ayudar a su hija a ayudarse a sí misma. La madre era escéptica, pero aceptó no interferir.

Cuando se produjo el siguiente ataque, el padre guió a su hija a través del siguiente procedimiento:

«Imagina que estás dentro de tu cuerpo. Visualiza tus pulmones. Son rosa gris en lugar de rosa brillante. No entra suficiente aire. Mira…, hay una criatura en tus pulmones. Tiene la mano en una palanca. En un lado de la palanca pone "enfermedad"; en el otro, "salud".

»Ahora está en el lado de la "enfermedad". Esta criatura es un diablillo travieso. Juguemos con ella. Respira hondamente y veamos qué sucede. (La respiración profunda hace toser a S. M.) Vaya. Ese aire le hizo cosquillas. Ha movido el mango un poco hacia el lado de la "salud". Fíjate, tus pulmones parecen más rosados. Veamos qué pasa si respiras profundamente tres veces. (De nuevo, S. M. tose con cada respiración). ¿Ves? Ha movido la palanca hacia la "salud" otra vez. Mira tus pulmones. Están aún más rosados.

Su padre salió de la habitación en este punto, instruyendo a S. M. para que continuara por su cuenta. Volvió unos quince minutos después y preguntó dónde estaba la palanca. S. M. respondió que estaba a tres cuartos del camino hacia la salud. Tras cuarenta y cinco minutos respirando e imaginando la escena descrita por el padre, S. M. informó que la palanca estaba en el nivel de la salud. En este punto, S. M. se fue a la cama y se durmió rápidamente, evitando un viaje al hospital.

A partir de entonces, S. M. utilizó la visualización y la imaginación por sí misma. Cada vez que sentía la inminencia de un ataque, se aislaba, tal vez yendo a su habitación, y utilizaba estas técnicas. Contó a sus padres que normalmente tardaba entre cinco y diez minutos en recuperarse.

La idea es concebir películas mentales que representen un problema, su corrección y el final feliz. Una mujer utilizó las Radio City Rockettes como escena mental. Daban patadas. Con cada patada, expulsaban más gérmenes. Un hombre imaginó que sus glóbulos blancos eran hombres rana de la marina capturando las bacterias invasoras. Tú eres el guionista, el productor y el director. Lo que ves es la película que creas en tu mente. Estos son los pasos:

1. Ve a tu nivel Alfa.
2. Imagina que estás dentro de tu cuerpo en el punto conflictivo.
3. ¡Acción! El problema está en fase de corrección.
4. No hay más problemas.
5. Termina la sesión.

Sesión 26
Cómo combatir hábitos negativos

1. Cierra los ojos y gíralos ligeramente hacia arriba, hacia las cejas.
2. Los pasos 2A, 3A, 3B y 3C son ahora opcionales. Cuenta lenta y silenciosamente de 25 a 1. Deja pasar un segundo entre cada par de números.
   A. Empezando por el cuero cabelludo, concéntrate en las diferentes partes de tu cuerpo, desde la cabeza hasta los pies, relajándolas a medida que avanzas.
3. Cuando llegues a la cuenta de 1, piensa en ti mismo como en alguien joven, radiante, saludable y atractivo.
   A. Pregúntate mentalmente: «¿Por qué tengo este problema físico?». Luego deja que tu mente divague.
   B. Cuando en tus pensamientos aparezca alguna persona, concéntrate en ella. Visualízala.
   C. Imagina que ambos os perdonáis mutuamente. Visualiza un abrazo, un apretón de manos, sonrisas, cabezas asintiendo. Procura sentirte bien en esta situación.
4. Repite mentalmente: «Mantendré siempre un cuerpo y una mente perfectamente sanos».
5. Después di: «Voy a contar hasta cinco. Cuando llegue a cinco, abriré los ojos, me sentiré a gusto y sano. Me sentiré mejor que antes».
6. Luego empieza a contar. Al llegar a tres, repite: «Cuando llegue a cinco, abriré los ojos, me sentiré a gusto y sano. Me sentiré mejor que antes».
7. Sigue contando. Al llegar a cinco, abre los ojos y afirma mentalmente: «Estoy completamente despierto, me siento a gusto y sano. Me siento mejor que antes. No me cabe la menor duda».

Una esperanza para los alcohólicos

Recientemente, a petición del director de un hogar de transición para el tratamiento del alcoholismo, se llevó a cabo un estudio con un grupo de quince alcohólicos en recuperación. Trece hombres y dos mujeres que hicieron el entrenamiento del Método Silva respondieron el cuestionario de personalidad estándar de Cattell antes y después del curso.

Las pruebas fueron administradas por un psicólogo que realizó el entrenamiento junto con los alcohólicos. El cuestionario mide dieciséis rasgos de personalidad.

Los resultados mostraron que los cambios en la personalidad de los participantes tenía que ver con su nivel de autoestima. Este factor es importante, porque está relacionado con el éxito o el fracaso de las situaciones que afrontamos en la vida. A menudo, una autoestima débil indica una patología existente.

Las pruebas realizadas con posterioridad al entrenamiento mostraron un aumento de la autoestima, lo que significa que los alcohólicos se percibían a sí mismos como más dirigidos hacia el interior que hacia el exterior, un signo de buena salud mental y estabilidad emocional. Debido a su capacidad de elección basada en las expectativas sobre sí mismas, las personas orientadas hacia el interior parecen más capaces de ejercer control sobre su comportamiento y sus trayectorias vitales. En la prueba posterior al entrenamiento se observaron cambios de comportamiento de una personalidad egoísta y controladora a una actitud sin pretensiones ni manipulación, así como mayor autenticidad emocional y honestidad espontánea.

Además, los participantes mostraron más confianza en sí mismos y en su propia orientación. Se considera que la confianza en uno mismo y la seguridad interior sustituyen a la dependencia del refuerzo externo. El grupo en recuperación dio muestras de una mayor confianza en su capacidad para afrontar cualquier situación que pudiera surgir. Este cambio vino acompañado de un cambio en la percepción de sí mismos, que en muchos casos pasaban de ser «tímidos, inhibidos y miedosos» a ser más «espontáneos y socialmente desenvueltos».

El área de la vulnerabilidad a las amenazas externas puede ser de considerable importancia para entender el comportamiento del alcohólico. Es muy posible que los alcohólicos utilicen el alcohol como medio para intentar equilibrar sus sistemas mentales/físicos. Un mejor concepto de sí mismos y la capacidad de manejar la ansiedad parecería una alternativa significativa al alcohol.

En otras áreas de la personalidad, el estudio mostró un cambio significativo hacia «un estado relajado, con un umbral alto de tolerancia a las frustraciones», que contrastaba con una condición «tensa y escasamente tolerante a las frustraciones». La disminución de las luchas internas reflejada en las respuestas del grupo a los cuestionarios quizás indicaba que los individuos se percibían a sí mismos como si hubieran logrado un mayor control de sus procesos interiores. Seis meses después de la finalización del entrenamiento del Método Silva, se llevó a cabo un seguimiento con los quince alcohólicos en recuperación examinados. De los quince, doce no habían consumido nada de alcohol durante el tiempo transcurrido. Un individuo había tomado una copa de vino y se había arrepentido de inmediato; otro había bebido dos veces, pero había conseguido parar antes de intoxicarse y requerir hospitalización, y un tercero requirió hospitalización por excesivo consumo de alcohol.

La superación del alcoholismo, pues, no consiste simplemente en imaginarse un vaso de chupito vacío en la mano, sino que requiere un trabajo en los rasgos débiles de la personalidad que precipitan la dependencia al alcohol. Es decir, consiste en programarse positivamente para fortalecer factores como la autoestima y la confianza en uno mismo.

Puedes afirmar mentalmente estas órdenes positivas mientras imaginas una segunda imagen. Visualízate respondiendo a estas órdenes positivas. Caminas erguido. Irradias una nueva determinación. Vuelves a fruncir el entrecejo ante una invitación a tomar una copa. Tus ojos brillan con una luz nueva.

Ahora estás listo para la tercera foto: vives una vida normal, sin alcohol.

No quiero que esto parezca sencillo. No lo es. Lo ideal sería que el alcohólico realizase el entrenamiento completo y se sumergiese en un enfoque holístico de este complicado problema integral. Pero muchos pueden superar este problema de la manera descrita. Comienza hoy mismo.

Imágenes mentales para situaciones subjetivas

Es más fácil imaginarse una piedra en el riñón que quizás nunca hayas visto que imaginar el alcoholismo que puedes haber experimentado durante años. Aun así, utilizamos el mismo procedimiento de programación —la técnica de las tres imágenes a la izquierda— para el alcoholismo que para el cálculo renal. La imagen del alcoholismo puede ser una visión del sistema sanguíneo saturado de alcohol, o la de un hígado enfermo. Pero la imagen más fácil de imaginar es la que ya hemos visto con nuestros ojos: nosotros mismos tambaleándonos por un mundo que da vueltas o sentados en un bar vaciando un vaso tras otro.

Esta imagen identifica el problema. Es lo primero que viene a la mente. A continuación, mueve la imagen ligeramente hacia la izquierda y comienza a corregir el problema. ¿Qué imaginas ahora?

La tercera y última imagen será la de una persona sobria y un mundo estable sin ningún bar a la vista. ¿Pero cómo se llega a ese punto? ¿Cuál es la segunda imagen?

No hay dos alcohólicos iguales. Lo que funciona con uno no es necesariamente lo adecuado para el otro. En la prueba descrita anteriormente, los alcohólicos hicieron el entrenamiento completo del Método Silva, que está dedicado no solo a los problemas de salud descritos en este libro, sino también a las muchas otras formas de mejorar como personas que no se tratan aquí.

Ayuda para el tabaquismo y la sobrealimentación

Si el hábito de la bebida puede acabar minando nuestra salud y provocando nuestra muerte, los excesos pueden hacer lo propio en otros ámbitos. Es un hecho que tienes más posibilidades de vivir una vida larga como no fumador que como fumador.

Examinemos cómo puedes utilizar tu nivel Alfa para reducir el consumo de tabaco o dejar de fumar. Utilizaremos los mismos procedimientos básicos, pero voy a introducir aquí una técnica de activación, similar a la Técnica de los tres dedos. Definida de forma sencilla, la técnica de activación es una programación que provoca un resultado deseado siempre que hacemos una acción específica.

Como recordarás, la Técnica de los tres dedos sacaba mayor provecho de tu cerebro en tu beneficio.

¿Recuerdas al sacerdote al que ayudé? Prometí que explicaría por qué le hice beber agua. Beber el agua era una técnica desencadenante.

Programé que cada vez que bebiera un sorbo de agua mejorara, hasta curarse. Puedes programar que cada vez que bebas un sorbo de agua tu deseo inmediato de fumar un cigarrillo desaparezca.

Puedes programar que cada vez que respires profundamente tres veces elimines el deseo inmediato de encender un cigarrillo o de ir a la nevera.

Pero hay más de lo que parece a simple vista. Fumar o comer en exceso, como el consumo excesivo de alcohol, es un problema generalizado de la persona, por lo que necesita una solución holística. Los ingredientes de la receta no son los mismos para todos, así que lo mejor que puedo hacer aquí es enumerar una serie de pasos. Pruébalos. Adopta los que mejores resultados te den. Los dos primeros pasos son los más importantes; son un requisito previo para emprender cualesquiera de los otros.

Tabaquismo

1. Ve a tu nivel Alfa y analiza tu hábito. ¿Cuándo te das un capricho? ¿Cómo te sientes en ese momento?
2. Prográmate para superar a diario la debilidad de la personalidad detectada en el paso 1.
3. Adopta una técnica de activación. Por ejemplo, respirar profundamente tres veces o beber un poco de agua para superar el deseo de fumar.
4. Utiliza la técnica de las tres imágenes. Para fumadores:
   Imagen 1. Eres un fumador.
   Imagen 2. Estás utilizando tus técnicas de refuerzo de la personalidad y activación.
   Imagen 3. Eres un no fumador. Hay un calendario en la pared que muestra la fecha (aproximadamente un mes desde que empezaste el ejercicio).
5. Programa que postergarás el cigarrillo para más tarde o que dejarás intervalos más largos entre cigarrillos. Hazlo progresivamente a medida que superas cada etapa.

Sobrealimentación

1. Ve a tu nivel Alfa y analiza tu hábito. ¿Cuándo te das un capricho? ¿Cómo te sientes en ese momento?
2. Prográmate para superar a diario la debilidad de la personalidad detectada en el paso 1.
3. Adopta una técnica de activación. Por ejemplo, respirar profundamente, beber agua o comer un trozo de zanahoria o apio para superar el deseo inmediato de picar.
4. Utiliza la técnica de las tres imágenes. Para la sobrealimentación:
   Imagen 1. Visualízate a ti mismo con el problema de alimentación.
   Imagen 2. Estás utilizando tus técnicas de refuerzo de la personalidad y activación.
   Imagen 3. Tu peso es el adecuado. Imagina la báscula. Imagina el calendario en la pared con la fecha en la que te has propuesto conseguir tus resultados. Imagínate usando ropa de la talla deseada.
5. Prográmate para que los alimentos que engordan (grasa, azúcar, comida preparada, comida basura) ya no te atraigan y para que los alimentos más sanos te satisfagan plenamente.

Sesión 27
Un repaso de la sanación del hemisferio derecho del cerebro

1. Cierra los ojos y gíralos ligeramente hacia arriba, hacia las cejas.
2. Los pasos 2A, 3A, 3B y 3C son ahora opcionales. Cuenta lenta y silenciosamente de 25 a 1. Deja pasar un segundo entre cada par de números.
   A. Empezando por el cuero cabelludo, concéntrate en las diferentes partes de tu cuerpo, desde la cabeza hasta los pies, relajándolas a medida que avanzas.
3. Cuando llegues a la cuenta de 1, piensa en ti mismo como en alguien joven, radiante, saludable y atractivo.
   A. Pregúntate mentalmente: «¿Por qué tengo este problema físico?». Luego deja que tu mente divague.
   B. Cuando en tus pensamientos aparezca alguna persona, concéntrate en ella. Visualízala.
   C. Imagina que ambos os perdonáis mutuamente. Visualiza un abrazo, un apretón de manos, sonrisas, cabezas asintiendo. Procura sentirte bien en esta situación.
4. Repite mentalmente: «Mantendré siempre un cuerpo y una mente perfectamente sanos».
5. Después di: «Voy a contar hasta cinco. Cuando llegue a cinco, abriré los ojos, me sentiré a gusto y sano. Me sentiré mejor que antes».
6. Luego empieza a contar. Al llegar a tres, repite: «Cuando llegue a cinco, abriré los ojos, me sentiré a gusto y sano. Me sentiré mejor que antes».

7. Sigue contando. Al llegar a cinco, abre los ojos y afirma mentalmente: «Estoy completamente despierto, me siento a gusto y sano. Me siento mejor que antes. No me cabe la menor duda».

El versátil hemisferio derecho

Todo lo que se hace con el hemisferio derecho parece funcionar. Es un órgano versátil. Porque es creativo y no destructivo. Cuando lo activas, crea soluciones.

> La música puede curar.
> El arte puede curar.
> La risa puede curar.
> El amor puede curar.
> La imaginación puede curar.

Todos estos elementos son activadores del hemisferio derecho.

El Método Silva es solo una manera de utilizar el hemisferio derecho del cerebro para que haga su trabajo creativo de curación. Te proporciona una metodología sencilla que te permite usar la visualización y la imaginación para sanar.

Y funciona. Incluso con el Método Silva, el cerebro derecho es versátil. Puedes desviarte de los pasos específicos y aun así obtener beneficios. Los componentes son el nivel Alfa y el deseo, las convicciones y las expectativas de sanación.

El procedimiento de sanación básico del Método Silva

1. Visualízate directamente frente a ti, identificando el problema de salud (uno o dos minutos).
2. Mueve la imagen mental ligeramente hacia la izquierda e imagina que la acción correctiva tiene lugar (unos doce minutos).
3. Vuelve a mover la imagen mental ligeramente hacia la izquierda e imagínate a ti mismo sin el problema, con una salud estupenda (uno o dos minutos).

Cómo mejorar la visualización

La imagen mental es necesaria, pero la imagen mental nítida y detallada, aunque preferible, no es necesaria. He aquí algunos consejos:

1. Para visualizarte mejor, practica con un espejo. Memoriza tu cara, cierra los ojos y visualiza tu rostro; abre los ojos para ver si lo has hecho bien. Repite hasta que estés satisfecho.
2. Para visualizar mejor en general, practica durante el día, deteniéndote a visualizar o imaginar los objetos sobre los que lees o escuchas.
3. Si nunca has visto el problema de salud porque es interno, imagina cómo podría ser y confía en tu imaginación.

He aquí un ejemplo para ayudarte a mejorar el ejercicio de visualización:

Visualización e imaginación para superar un problema de tensión vascular
1. Ve a Alfa.
2. Visualízate frente a ti con el problema cardíaco. Utiliza una escena típica en la que puedas experimentar dolores torácicos.
3. Mueve la imagen ligeramente hacia la izquierda e imagina que se está produciendo una corrección. La placa del interior de los vasos sanguíneos del corazón se está limpiando o disolviendo.
4. Vuelve a mover la imagen ligeramente hacia la izquierda e imagínate completamente sano. Puedes utilizar la misma imagen que en el Paso 2, pero ahora no tienes dolores en el pecho.
5. Termina tu sesión de Alfa.
6. Repite el ejercicio tres veces al día.

Breve repaso de los ejercicios para acabar con los hábitos destructivos

A continuación, repasaremos brevemente los tres procedimientos cubiertos en el capítulo anterior.

Método para reforzar la autoestima y superar el alcoholismo

1. Ve a tu nivel Alfa y analiza tus hábitos de consumo.
2. En las sesiones diarias de nivel Alfa, hazte afirmaciones positivas para fortalecer esas debilidades de la personalidad (inseguridad, pobre concepto de ti mismo, etc.) que pueden haber aflorado en el Paso 1.
3. Utiliza el procedimiento básico de curación del Método Silva descrito anteriormente. Primero, imagínate intoxicado. Luego, imagínate respondiendo a tus afirmaciones de fortalecimiento de la autoestima del Paso 2 (repitiéndolas). Estás adquiriendo un nuevo aspecto. En la tercera imagen, eres un abstemio..., te ves y sientes muy bien.

Método para superar el tabaquismo

1. Ve a tu nivel Alfa y analiza tu hábito. ¿En qué momentos enciendes un cigarrillo? ¿Cómo te sientes cuando fumas?
2. Hazte afirmaciones Alfa para superar las debilidades de la personalidad detectadas en el paso 1.
3. Prográmate en Alfa para que tres respiraciones profundas eliminen el deseo inmediato de fumar.
4. Utiliza el procedimiento básico de curación del Método Silva. En la primera imagen, eres un fumador. En la segunda imagen, estás practicando los pasos 2 y 3. En la tercera imagen, ves una fecha un mes después de la fecha de inicio del ejercicio y eres un no fumador.
5. Prográmate para postergar el primer cigarrillo y para que el intervalo entre cigarrillos sea más largo. Haz esto paso a paso.

Método para superar la sobrealimentación

1. Ve a tu nivel Alfa y analiza tus hábitos de alimentación. ¿Cuándo tomas el primer tentempié entre horas? ¿Cómo te sientes?
2. Hazte afirmaciones Alfa para superar las debilidades de la personalidad detectadas en el paso 1. Por ejemplo: «Cada día tengo más y más confianza en mí mismo».
3. Programa en Alfa alguna técnica desencadenante para eliminar tu deseo inmediato de picar. Por ejemplo, tres respiraciones profundas, una rodaja de manzana, un palito de zanahoria.

4. Utiliza el procedimiento básico de curación del Método Silva. En la primera imagen, tienes sobrepeso (como ahora). En la segunda imagen, estás practicando los pasos 2 y 3. En la tercera imagen, estás delgado; toma nota de tu talla de ropa y la fecha en el calendario.
5. Prográmate para que los alimentos que engordan (grasas, dulces, comida preparada, comida basura) ya no te atraigan y para que los alimentos más sanos te satisfagan plenamente.

Uso de «películas mentales» para sanar
Utiliza un método alternativo al procedimiento básico de curación del Método Silva cuando la visualización de problemas internos o mentales sea difícil:

1. Ve a Alfa.
2. Imagina que estás dentro de tu cuerpo, en el lugar del problema (si es interior), o involucrado en algún comportamiento no deseado (si es mental).
3. Enciende la cámara. Rueda una película mental en la que el problema está en fase de corrección. Fantasea con la corrección total.
4. Finaliza la sesión Alfa. Repite este procedimiento tres veces al día.

Sesión 28
Cómo ayudarte a ti mismo ayudando a otros

1. Cierra los ojos y gíralos ligeramente hacia arriba, hacia las cejas.
2. Los pasos 2A, 3A, 3B y 3C son ahora opcionales. Cuenta lenta y silenciosamente de 25 a 1. Deja pasar un segundo entre cada par de números.
   A. Empezando por el cuero cabelludo, concéntrate en las diferentes partes de tu cuerpo, desde la cabeza hasta los pies, relajándolas a medida que avanzas.
3. Cuando llegues a la cuenta de 1, piensa en ti mismo como en alguien joven, radiante, saludable y atractivo.
   A. Pregúntate mentalmente: «¿Por qué tengo este problema físico?». Luego deja que tu mente divague.
   B. Cuando en tus pensamientos aparezca alguna persona, concéntrate en ella. Visualízala.
   C. Imagina que ambos os perdonáis mutuamente. Visualiza un abrazo, un apretón de manos, sonrisas, cabezas asintiendo. Procura sentirte bien en esta situación.
4. Repite mentalmente: «Mantendré siempre un cuerpo y una mente perfectamente sanos».
5. Después di: «Voy a contar hasta cinco. Cuando llegue a cinco, abriré los ojos, me sentiré a gusto y sano. Me sentiré mejor que antes».
6. Luego empieza a contar. Al llegar a tres, repite: «Cuando llegue a cinco, abriré los ojos, me sentiré a gusto y sano. Me sentiré mejor que antes».
7. Sigue contando. Al llegar a cinco, abre los ojos y afirma mentalmente: «Estoy completamente despierto, me siento a gusto y sano. Me siento mejor que antes. No me cabe la menor duda».

El escenario es una casa en una zona residencial en las afueras de Honolulu, Hawái. Una treintena de graduados del Método Silva y amigos asisten a una reunión bimestral en la que escuchan a un orador invitado y luego participan en una sesión de curación en grupo de una persona que alguien propone. Edward E. Kenney, de Thunder Bay, Ontario, Canadá, que actualmente asiste a la Universidad de Hawái, da el nombre de su hermana Colleen, de Thunder Bay, que sufre desde hace años la enfermedad de Crohn, una afección inflamatoria de tipo crónico y autoinmune del tubo digestivo. No se conoce ninguna cura. Si se opera, hay un 50 % de posibilidades de que la enfermedad se extienda.

Cinco años antes, a Colleen le extirparon una parte del intestino delgado, pero la enfermedad siguió extendiéndose. Sufría ataques periódicos de dolor abdominal, que tienen la gravedad de un ataque de apendicitis. Entraba y salía de los hospitales. En el momento de la reunión, Colleen estaba lista para otra intervención quirúrgica.

«Colleen Marie Kenney, treinta y un años, vive en Rossport, Ontario, Canadá, enfermedad de Crohn», fue todo lo que Kenney dijo a los presentes. Pasaron a sus niveles Alfa, profundizaron en sus niveles, rezaron en silencio durante un momento, y luego, de manera individual, cada uno «curó» a Colleen. En menos de tres minutos se les propuso el nombre de otra persona con la que ponerse a trabajar.

Unas semanas después, Colleen viajó a Honolulu para visitar a su hermano. «¿Sabes qué, Ed?», le dijo un día, en su piso de Waikiki. «Creo que ya no tengo la enfermedad de Crohn». Ed Kenney la miró y sonrió. «Tengo la sensación de que la enfermedad de Crohn ha desaparecido», continuó. «Simplemente lo sé. Sé que ha desaparecido».

Entonces le explicó lo de la reunión del Método Silva. «¿Te gustaría compartir tus sentimientos con ellos en su próxima reunión?» Colleen accedió.

Unos días más tarde, los miembros del grupo recibieron una prueba viviente de su poder, un poder universal al que todos tenemos acceso.

Un año después, Kenney nos escribió a Laredo, poniéndonos al día sobre este caso: «Mi hermana sigue gozando de una excelente salud. Antes de esto, nunca pudo trabajar y dependía de las ayudas del Gobierno. El año pasado trabajó a tiempo completo al aire libre, en condiciones invernales severas, en un parque provincial. Recientemente ha sido contratada como gerente de un nuevo hotel».

Las curaciones a distancia son habituales entre los graduados del Método Silva. Es más habitual que un individuo ayude a otra persona que lo haga un grupo, como en el caso de Kenney, y por supuesto las dolencias erradicadas suelen ser más comunes.

Cuando hayas dominado tu nivel Alfa, tú también podrás usar tu mente para ayudar a otros a sanar, incluso a grandes distancias. Se podría incluso decir que ayudar a curarse a otra persona es más fácil que curarse a uno mismo. Curarte a ti mismo es, en cierto modo, como ser un criminal y rectificar tu propio crimen. Cuando ayudas a otro, al menos partes de una posición neutral. Utilizamos la misma fórmula básica, pero no tenemos que dedicarle tanto tiempo. La curación de nosotros mismos nos lleva quince minutos por sesión. Sanar a otra persona requiere tres minutos por sesión y son necesarias menos sesiones.

Pero hay que tomar en cuenta un factor más difícil: la ciencia solo está empezando a comprender este tipo de curación, por lo que la lógica del proceso no está totalmente a nuestro alcance. Mi mente dirige mi cuerpo, por lo que puedo enfermarme y curarme. Pero, ¿qué tiene que ver *mi* mente con *tu* cuerpo? Esta pregunta puede constituir un obstáculo para tu cerebro izquierdo lógico, y puede bloquear el trabajo de tu cerebro derecho con su insistencia: «No puedo».

Por supuesto, después de curar a otro, comprendes que puedes hacerlo. Aun así, para empezar, será útil tener una explicación lógica, aunque necesariamente no confirmada, de por qué puedes hacerlo.

Así que aquí va.

Tomemos el caso de Marge Wolcott, de Port Isabel, Texas. La señora Wolcott usó el Método Silva para ayudar a otros y en el proceso se ayudó a sí misma a superar una enfermedad incapacitante:

«Sufrí esclerosis múltiple (EM) durante quince años. Cuando llegué a las conferencias del Método Silva, llevaba un corsé ortopédico y un collarín. También tuve que llevar una silla especial para sentarme. Acudí con una fe enorme, que se duplicó al final de la Serie de Conferencias Básicas.

»Dos meses después de graduarme, en marzo de 1970, me quité el collarín. Dos meses después, en mayo, el corsé ortopédico se partió en la zona de los hombros. Mi hija, que había hecho el curso del Método Silva, me sugirió que dejara de usarlo. Ella sabía que había tenido la tentación de quitármelo.

»Me lo quité y no lo he vuelto a llevar. De hecho, al cabo de un tiempo, un médico de Dallas que tenía una enfermedad incapacitante y tuvo que cerrar su consulta vino a verme. Yo no lo sabía entonces, pero él sabía mucho sobre la esclerosis múltiple, y más tarde me dijo que no pudo detectar ninguna señal de que yo la hubiera padecido. Un tiempo después me enteré de que había hecho el entrenamiento del Método Silva, se había recuperado y había vuelto a abrir su consulta.

»Cuando me recuperé de la esclerosis múltiple, volví a ver a mi médico. Su único comentario fue que había oído hablar de este tipo de cosas, pero que era la primera vez que lo presenciaba. Estaba convencido de que no había esperanza de que me recuperara. Había llevado los aparatos durante unos siete u ocho años.

»Esto es lo que hice: como mucha gente me llamaba pidiéndome ayuda, utilicé el Método Silva para programarme tres veces al día. De esta manera, entraba en el nivel Alfa y no solo me programaba para ayudar a los demás, sino también a mí misma.

»Sabía que los médicos no me daban muchas esperanzas, así que no las abrigaba. Tenía el deseo de sanar, por supuesto, y no me habría molestado en programar si no hubiera tenido alguna expectativa de que me ayudara. Pero no me preocupaba en exceso. Si mejoraba, sería estupendo. Si no, podía aceptarlo.

La Biblia dice que todo lo que haces por los demás se te devuelve multiplicado por diez. Al parecer, cuando programaba para otras personas, también me ayudaba a mí misma. Los pensamientos de curación parecían haber influido en mi propio cerebro para hacer correcciones en mi cuerpo. Han pasado doce años desde que me gradué en el Método Silva, y desde entonces no he vuelto a sufrir de esclerosis múltiple.

»Uno de los desafíos que tenía en ese momento era el dolor severo en mi rostro, en los músculos de mi cara. Cuando oí hablar de la Técnica de Control del Dolor de Cabeza (que se explica más adelante en el libro), sentí como si alguien me hubiera puesto la mano en el hombro. El dolor en la cara se detuvo y no ha vuelto a aparecer.

Es imposible saber qué parte de la curación de Marge se debió a su trabajo con ella misma y qué parte a su trabajo con otras personas.

En el nivel Alfa —el nivel de la unidad— la distinción entre el yo y los demás se vuelve borrosa, si es que existe.

El hemisferio derecho parece ser nuestra conexión con la fuente de la creación, el reino causal desde el que el espacio, el tiempo y el mundo material emergen en el reino físico, el de los efectos. En el reino causal, no hay espacio ni tiempo. ¿Cómo puede haber separación si no hay espacio?

Si curas a otra persona, te curas a ti mismo.

Considera que el acto de ayudar a otros a sanar es un acto egoísta, uno en el que tú eres el principal beneficiario. Estás ayudando a toda la humanidad, de la que tú eres un miembro de pleno derecho.

Sesión 29
Cómo sanar a distancia

1. Cierra los ojos y gíralos ligeramente hacia arriba, hacia las cejas.
2. Los pasos 2A, 3A, 3B y 3C son ahora opcionales. Cuenta lenta y silenciosamente de 25 a 1. Deja pasar un segundo entre cada par de números.
   A. Empezando por el cuero cabelludo, concéntrate en las diferentes partes de tu cuerpo, desde la cabeza hasta los pies, relajándolas a medida que avanzas.
3. Cuando llegues a la cuenta de 1, piensa en ti mismo como en alguien joven, radiante, saludable y atractivo.
   A. Pregúntate mentalmente: «¿Por qué tengo este problema físico?». Luego deja que tu mente divague.
   B. Cuando en tus pensamientos aparezca alguna persona, concéntrate en en ella. Visualízala.
   C. Imagina que ambos os perdonáis mutuamente. Visualiza un abrazo, un apretón de manos, sonrisas, cabezas asintiendo. Procura sentirte bien en esta situación.
4. Repite mentalmente: «Mantendré siempre un cuerpo y una mente perfectamente sanos».
5. Después di: «Voy a contar hasta cinco. Cuando llegue a cinco, abriré los ojos, me sentiré a gusto y sano. Me sentiré mejor que antes».
6. Luego empieza a contar. Al llegar a tres, repite: «Cuando llegue a cinco, abriré los ojos, me sentiré a gusto y sano. Me sentiré mejor que antes».
7. Sigue contando. Al llegar a cinco, abre los ojos y afirma mentalmente: «Estoy completamente despierto, me siento a gusto y sano. Me siento mejor que antes. No me cabe la menor duda».

Cinco casos

N. S. había sido operada por segunda vez de un tumor maligno en los intestinos cuando su caso fue transmitido a un graduado del Método Silva. Trabajando en el nivel Alfa, el graduado utilizó una luz láser imaginaria para limpiar el cuerpo de N. S. de todas las células malignas. Meses después, N. S. no mostraba ningún rastro de su enfermedad. La distancia entre N. S. y el graduado era de cinco mil kilómetros.

L. E. informó a un graduado del Método Silva de que su hijo recién nacido, de cuatro días, no había hecho su primera deposición. El hospital no daría el alta al niño hasta que esta se produjera, y si no lo hacía en las siguientes veinticuatro horas, tendrían que someterlo a pruebas.

«¿Me puede ayudar?», le preguntó al graduado.

«Llámame en diez minutos», fue la respuesta que recibió.

El graduado pasó al nivel Alfa, imaginó que veía al bebé, visualizó su sistema digestivo, percibió un problema y lo solucionó. Unos minutos después, cuando L. E. lo llamó, el graduado le explicó lo que había hecho. El intestino delgado estaba bien, pero donde se une al intestino grueso había un tapón como un cuello de botella. «Lo abrí de golpe. Ya tendría que estar bien».

A la mañana siguiente, la mujer de L. E. llamó desde el hospital para decirle que las enfermeras le habían informado de que el bebé «había defecado en grandes cantidades» aquella noche. Su hijo ya había recibido el alta y ambos estaban saliendo del hospital. La distancia en este caso era de apenas tres kilómetros.

Una pareja de Nueva York estaba a nueve mil setecientos kilómetros de su casa cuando oyó hablar de un grupo de graduados del Método Silva. Pidieron al grupo que trabajara en la madre de la esposa, que estaba en las últimas etapas de un cáncer. «Lleva semanas pendiente de un hilo». Al día siguiente, la mujer llamó a casa. Su madre había fallecido unas horas después del trabajo del grupo. Llamó al líder del grupo para darle las gracias.

«Se ha hecho la voluntad de Dios», dijo.

Parte del procedimiento del Método Silva cuando se envía ayuda curativa es dedicar primero un momento de oración. Aunque no está dirigida, esa oración es, frecuentemente, «Que se haga la voluntad de Dios».

L. S. tenía una fiebre que aumentaba rápidamente. Ella y su marido estaban de visita en casa de unos amigos, que celebraban una reunión para hablar de los poderes curativos de la mente. L. S. fue presentada como un caso de estudio.

Las diez personas presentes, todas ellas sin formación, decidieron poner a prueba sus capacidades para relajarse e imaginar mentalmente que se producía una corrección en la salud de L. S. Por la mañana, la fiebre de L. S. había bajado de 40 a 37 grados. En este caso no había una gran distancia: L. S. estaba en la habitación contigua.

Un graduado del Método Silva decidió visitar en el hospital a un amigo que tenía un problema en la próstata. Cuando llegó a la habitación del hospital a última hora de la tarde, su amigo le informó de que le iban a dar el alta al día siguiente y que le habían retirado el tubo que le permitía orinar, pero que, aunque creía que había vaciado la vejiga durante el día, al parecer no lo había hecho. Ahora estaba muy angustiado.

La enfermera no pudo contactar con el médico para que le pusieran la sonda. Las lágrimas rodaban por sus mejillas.

«No recuerdo haber llorado desde que era un niño», dijo. Estaba realmente angustiado.

El graduado del Método Silva sabía que posiblemente era ilegal trabajar con una persona enferma en presencia de esta, pero no pensaba abandonar a su amigo. Así que desenfocó sus ojos para ir al nivel Alfa e imaginó que aplicaba un analgésico a la vejiga y estiraba su capacidad.

Cuando volvió a enfocar los ojos, su amigo estaba descansando como si estuviera medio dormido. Al poco tiempo, llegó la enfermera. Por fin había conseguido contactar con el médico y había recibido permiso para ponerle la sonda.

La distancia en este caso: tres metros.

De tres metros a tres mil kilómetros, tu mente funciona de forma curativa. La distancia no es un factor limitante.

Sesión 30
Campos energéticos

1. Cierra los ojos y gíralos ligeramente hacia arriba, hacia las cejas.
2. Los pasos 2A, 3A, 3B y 3C son ahora opcionales. Cuenta lenta y silenciosamente de 25 a 1. Deja pasar un segundo entre cada par de números.
   A. Empezando por el cuero cabelludo, concéntrate en las diferentes partes de tu cuerpo, desde la cabeza hasta los pies, relajándolas a medida que avanzas.
3. Cuando llegues a la cuenta de 1, piensa en ti mismo como en alguien joven, radiante, saludable y atractivo.
   A. Pregúntate mentalmente: «¿Por qué tengo este problema físico?». Luego deja que tu mente divague.
   B. Cuando en tus pensamientos aparezca alguna persona, concéntrate en ella. Visualízala.
   C. Imagina que ambos os perdonáis mutuamente. Visualiza un abrazo, un apretón de manos, sonrisas, cabezas asintiendo. Procura sentirte bien en esta situación.
4. Repite mentalmente: «Mantendré siempre un cuerpo y una mente perfectamente sanos».
5. Después di: «Voy a contar hasta cinco. Cuando llegue a cinco, abriré los ojos, me sentiré a gusto y sano. Me sentiré mejor que antes».
6. Luego empieza a contar. Al llegar a tres, repite: «Cuando llegue a cinco, abriré los ojos, me sentiré a gusto y sano. Me sentiré mejor que antes».
7. Sigue contando. Al llegar a cinco, abre los ojos y afirma mentalmente: «Estoy completamente despierto, me siento a gusto y sano. Me siento mejor que antes. No me cabe la menor duda».

Puesto que el universo es energía y no simplemente materia física, podemos afectar a las personas a grandes distancias.

Incluso lo que consideramos el universo material es energía. La conciencia es energía. Los seres humanos son energía, y con entrenamiento podemos percibir la forma y el significado de esta energía... y producir cambios en ella.

Ya he mencionado el aura humana y cómo puede ser fotografiada con la técnica Kirlian. En realidad, esto es solo una parte de los campos de energía que emanan y/o rodean el cuerpo y la conciencia humanos. Los campos de energía pueden estar en muchos niveles. La energía eléctrica, por ejemplo, puede ser de corriente continua o alterna, de sesenta ciclos, más rápida o lenta. Sigue siendo electricidad.

La electricidad es energía objetiva. Son electrones moviéndose al unísono. Se puede detectar y medir. Al pasar de la energía eléctrica a las energías de la conciencia y la vida, pasamos de las energías objetivas a las energías subjetivas. Se podría decir que las energías subjetivas son más «enrarecidas». Son menos físicas y más espirituales. Están más cerca de la energía primigenia de la propia creación. Los seres humanos irradiamos tanto energías objetivas como subjetivas.

Se cree que los campos energéticos objetivos irradian no menos de seis metros en todas las direcciones del cuerpo humano. La distancia a la que esta energía puede ser detectada, por supuesto, depende de la sensibilidad de los instrumentos de detección. Estos pueden ser detectores de infrarrojos, que captan parte de la radiación del aura humana que se puede sentir, o los equipos fotográficos, que detectan lo que se puede ver.

La radiación corporal objetiva está limitada por la distancia, pero la parte subjetiva de la radiación corporal no lo está. Algunas personas pueden detectar una parte de la radiación corporal objetiva con sus ojos. A las personas que pueden ver la radiación del cuerpo humano se las conoce como lectores de aura. Su sentido de la vista puede percibir el extremo inferior del espectro visual, alrededor de siete mil angstroms. Algunos de estos individuos han desarrollado la capacidad de detectar los problemas psicológicos o fisiológicos de la gente a través de la lectura del aura.

Antes de que se desarrollara el Método Silva, entrené a personas en la lectura del aura para que fueran conscientes de los problemas de la gente, pero esto requería que el individuo que sufría el problema estuviera presente. Después de desarrollar el Método Silva, dejé de entrenar lectores de aura, porque con el uso de las técnicas del Método Silva, un clarividente puede detectar los problemas de una persona, tanto si son psicológicos como fisiológicos, tanto si la persona está presente como si no. De hecho, los clarividentes entrenados con el Método Silva pueden detectar los problemas de la gente sin importar donde se encuentre.

> Se dice que las auras del cuerpo humano están compuestas de siete «dimensiones» radiantes, cada una conectada a una fuente que es espiritual, en el sentido de que no es física. El punto en el que cada dimensión se conecta con lo físico se llama chacra, una palabra del sánscrito. Hay siete centros de energía vital en el cuerpo humano, desde el chacra de la base de la columna vertebral hasta el de la cabeza.

La mitad de las siete dimensiones radiantes son físicas y están en el mundo visible del cuerpo. La otra mitad son espirituales, es decir, están en el mundo invisible de la mente (se cree que están controladas por el hemisferio derecho). La primera es el campo energético puramente espiritual, subjetivo e inmaterial. La segunda es el campo energético subatómico. La tercera es el campo de energía atómica. La cuarta, el campo de energía molecular, es medio física y medio espiritual, y está controlada por ambos hemisferios cerebrales. La quinta, sexta y séptima son el mundo visible del cuerpo e incluyen el campo de energía celular, el campo de energía de un solo órgano y el campo de energía del sistema de órganos (como el sistema circulatorio, respiratorio o digestivo). Se cree que estos campos están controlados por el hemisferio izquierdo del cerebro.

Cada campo energético irradia de forma diferente en cada persona. La radiación de cada campo energético es el compuesto, la suma total de efectos de muchas variables, como la línea de ancestros de un individuo y la transmisión de los genes, los cromosomas y la radiación corporal objetiva y subjetiva del padre y madre a su descendencia.

Los campos de energía física controlados por el hemisferio cerebral izquierdo están limitados por la distancia, al igual que los campos de energía espiritual controlados por el hemisferio cerebral izquierdo. Pero los campos energéticos espirituales controlados por el hemisferio cerebral derecho no están limitados por la distancia. Estos son los campos de energía que activamos cuando ayudamos a sanar a otros a distancia.

La forma en que funcionan los campos de energía física es inversa a la de los campos energéticos espirituales. Los campos de energía física influyen en la materia por repulsión, desde los niveles externos a los internos de la materia. Los campos de energía espiritual influyen en la materia por atracción, de los niveles internos a los externos de la materia.

La mente, controlada por la inteligencia humana en el nivel Alfa, puede influir en todos estos campos de energía a través del hemisferio cerebral izquierdo o derecho. Visualizar e imaginar en este nivel Alfa altera la función cerebral, que a su vez altera la radiación energética del cuerpo, llamada aura.

La naturaleza de esta alteración depende del estado psicológico y fisiológico de la persona que transmite la energía. Todo lo que necesitas es el deseo sincero de ayudar a otra persona a corregir una anomalía de salud y la certeza de que la imagen mental que mantienes en Alfa es una energía real que hace un trabajo real. Y de eso no cabe duda.

Cómo establecer puntos de referencia del hemisferio derecho del cerebro

En la segunda mitad de las treinta y dos horas de formación del Método Silva, para ayudar a los estudiantes a trabajar mejor con la gente a distancia, abordamos un proceso que activa el hemisferio derecho del cerebro. Este proceso establece puntos de referencia en el hemisferio derecho similares a los que hemos estado estableciendo constantemente en el izquierdo.

En su orientación hacia el mundo físico, el cerebro izquierdo ha sido dotado de miles de puntos de referencia. Estos puntos comienzan a establecerse el primer día, cuando el bebé ve diferentes rostros, y continúan en los días siguientes, cuando experimenta sabores, sonidos, olores y sensaciones táctiles. Sigue a lo largo de la vida adulta, a medida que el individuo experimenta nuevos lugares, nuevas personas, nuevas experiencias: desde una comida nueva hasta un nuevo método educativo, pasando por un jersey nuevo o un atardecer distinto, todos ellos son nuevos puntos de referencia del mundo físico del cerebro izquierdo.

Pero, salvo algunas excepciones, como la música y el arte, el cerebro derecho queda al margen. No educamos al hemisferio derecho, que permanece como un páramo, sin señales de tráfico ni puntos de referencia. Es esta situación la que rectificamos en la segunda mitad del entrenamiento del Método Silva. Dotamos al hemisferio derecho de puntos de referencia. En los ocho ciclos de entrenamiento mental, cada uno de los cuales dura aproximadamente media hora, el instructor del Método Silva conduce a los estudiantes a través de ejercicios mentales que establecen cientos de puntos de referencia en el hemisferio derecho del cerebro en todos los niveles de la materia, desde el inanimado hasta el humano. Esto es algo que no se puede lograr de manera igualmente eficaz con un libro.

Aun así, podrás ayudar a los demás. Tienes un hemisferio cerebral derecho. A medida que te ayudes a ti mismo y comiences a ayudar a los demás, estarás estableciendo puntos de referencia en el hemisferio derecho. Lo que era en efecto un terreno baldío, empezará a desarrollar puntos de referencia a través de la retroalimentación que obtienes con la práctica. Cuanto más practiques, cuanto más te ayudes a ti mismo y a los demás, más puntos de referencia del cerebro derecho adquirirás y mejor uso harás de ellos.

Así como has necesitado más tiempo con tu cuenta atrás matutina para controlar tu nivel Alfa, necesitarás más tiempo para ejercer un mayor control sobre la buena salud de los demás. Pero lo conseguirás.

La naturaleza de las aptitudes psíquicas y clarividentes

Permíteme llevarte al interior de un aula de formación del Método Silva durante las horas finales. Los alumnos están distribuidos en grupos de tres. Se están turnando para tratar casos. Un caso es una persona que está bastante enferma o con problemas.

El estudiante que conoce a esta persona enferma ha escrito el nombre, la dirección, la edad y el sexo del individuo en un papel. En el reverso del papel se anota la enfermedad o enfermedades y una descripción de la persona como la que se puede encontrar en un carné de conducir. A continuación, el contacto pide a otro estudiante que pase al nivel Alfa.

El estudiante que presenta el caso se llama orientólogo. El estudiante que trabaja el caso se llama psicorientólogo, o psíquico, para abreviar. El tercer estudiante anota todo lo que dice el psíquico, y esta información se revisa después para ayudar al psíquico a establecer puntos de referencia.

Cuando el psíquico alcanza el nivel Alfa, anuncia: «Estoy listo».

Cuando recibe esta señal, el orientólogo facilita el nombre, la dirección, la edad y el sexo del paciente, la persona que el psíquico no conoce. A continuación, el vidente escanea el cuerpo para detectar la enfermedad y comunica los resultados al orientólogo. Después, el psíquico corrige los problemas detectados en la persona enferma, utilizando el procedimiento estándar de imaginación mental positiva, y finaliza la sesión Alfa. Por último, se discute el caso.

El orientólogo siempre se queda atónito ante la exactitud de los hallazgos del psíquico, pero, cuando se invierten los papeles, el orientólogo es capaz de demostrar el mismo nivel de exactitud, que suele ser del 80 % de media entre los estudiantes del Método Silva.

Podrás ser igual de preciso cuando trabajes por tu cuenta con mi ayuda, a lo largo de las páginas de este libro. El Método Silva saca a la superficie habilidades que están dormidas dentro de todos nosotros.

Eres un psíquico. Puedes detectar información a distancia. Puedes curar a distancia.

Sesión 31
El procedimiento para la sanación a distancia

1. Cierra los ojos y gíralos ligeramente hacia arriba, hacia las cejas.
2. Los pasos 2A, 3A, 3B y 3C son ahora opcionales. En lugar de contar de 25 a 1, ya estás listo para contar lenta y silenciosamente de 10 a 1. Deja pasar un segundo entre cada par de números.
   A. Empezando por el cuero cabelludo, concéntrate en las diferentes partes de tu cuerpo, desde la cabeza hasta los pies, relajándolas a medida que avanzas.
3. Cuando llegues a la cuenta de 1, piensa en ti mismo como en alguien joven, radiante, saludable y atractivo.
   A. Pregúntate mentalmente: «¿Por qué tengo este problema físico?». Luego deja que tu mente divague.
   B. Cuando en tus pensamientos aparezca alguna persona, concéntrate en ella. Visualízala.
   C. Imagina que ambos os perdonáis mutuamente. Visualiza un abrazo, un apretón de manos, sonrisas, cabezas asintiendo. Procura sentirte bien en esta situación.
4. Repite mentalmente: «Mantendré siempre un cuerpo y una mente perfectamente sanos».
5. Después di: «Voy a contar hasta cinco. Cuando llegue a cinco, abriré los ojos, me sentiré a gusto y sano. Me sentiré mejor que antes».
6. Luego empieza a contar. Al llegar a tres, repite: «Cuando llegue a cinco, abriré los ojos, me sentiré a gusto y sano. Me sentiré mejor que ante».
7. Sigue contando. Al llegar a cinco, abre los ojos y afirma mentalmente: «Estoy completamente despierto, me siento a gusto y sano. Me siento mejor que antes. No me cabe la menor duda».

Imagina que un amigo tuyo que conoce tu trabajo con el Método Silva se acerca y te pregunta si puedes ayudarle con un problema de salud.

«Claro», respondes amablemente. «¿Cuál es el problema?».

«Adivina», dice él.

Una respuesta inesperada. Probablemente nunca ocurrirá, pero, en cierto modo, ocurre siempre.

«Me sigue doliendo la espalda», podría responderte. Pero, en realidad, te está diciendo: «Adivina».

O su respuesta podría ser: «Mi médico dice que tengo artritis». Una vez más, puedes traducir esa respuesta como «Adivina».

Los problemas de salud no siempre son lo que se dice o parece inicialmente. El diagnóstico médico es un arte, además de una ciencia. La persona con un dolor en la boca del estómago puede tener un problema de hernia varios centímetros por debajo de la zona dolorida.

Diferentes problemas de salud suelen causar síntomas idénticos.

La única manera de saber con seguridad cuál es el problema real es obtener la información directamente «de la fuente», es decir, a través de la detección clarividente. Tu hemisferio cerebral derecho sabe cómo hacer esto. Todo lo que tienes que hacer es desear conocer la naturaleza del problema, tener el deseo de corregirlo y activar tu hemisferio derecho.

Vamos a resumirlo en unas instrucciones paso a paso:

1. Vas a tu nivel Alfa, profundizas en él con otra cuenta atrás y dices una breve oración.
2. En tu deseo de identificar el problema, escaneas el cuerpo de arriba abajo, pensando en posibles problemas y esperando que tu atención se vea atraída a la zona problemática.
3. Cuando tu conciencia se vea atraída a una parte del cuerpo, procede con tu curación como siempre.

El paso 2 parece una adivinanza. Después de todo, no hay ninguna información sensorial que te lleve a una conclusión, y durante la mayor parte de tu vida te han enseñado que la única forma de actuar es con la información sensorial objetiva, que todo lo demás son suposiciones. Los que te enseñaron este enfoque son personas que piensan con el hemisferio cerebral izquierdo. No se lo eches en cara. Después de todo, ellos también aprendieron de maestros que piensan con el hemisferio cerebral izquierdo.

Cómo curar a otros a distancia

Ya conoces el procedimiento para curarte a ti mismo. Se usa el mismo procedimiento para curar a otros a distancia:

1. Ve a Alfa.
2. Utiliza las tres imágenes:
   Imagen 1. Visualiza el problema.
   Imagen 2. Imagina que la curación está teniendo lugar.
   Imagen 3. Imagina que el problema está resuelto.
3. Termina la sesión.

Sin embargo, en la curación a distancia entran en juego otros factores. Sanar a otros requiere un nivel mental más profundo que el que se emplea para la curación de uno mismo. Así que es mejor utilizar una cuenta atrás adicional de 10 a 1 después de la cuenta de 5 a 1 (cuando hayas alcanzado ese nivel). Un nivel mental más profundo es un nivel más creativo, así que cuanto más profundo vayas, mayor será tu capacidad de hacer correcciones en las anormalidades.

He retrasado la entrega del método para sanar a otros a distancia a fin de darte más tiempo para practicar la relajación, la visualización y la imaginación.

El principiante en los métodos de relajación, visualización e imaginación no ha adquirido la seguridad en sí mismo necesaria para permitir que las expectativas y las convicciones potencien el trabajo mental. Cuando se ha logrado una retroalimentación positiva trabajando en uno mismo, se está preparado para trabajar con otros. Esta preparación tiene lugar, también, a lo largo de estas páginas, pero no hay sustituto para la práctica que nos lleva a obtener resultados exitosos.

Cuando trabajas con otros, no necesitas pasar quince minutos en tu nivel Alfa. Cada una de las tres imágenes mentales requiere solo un minuto de tu tiempo. Sin embargo, hay un momento óptimo para trabajar con otra persona. Cuando trabajas en ti mismo, los mejores momentos para dedicar estos quince minutos tres veces al día son al levantarte por la mañana, después de comer y al acostarte. En estos momentos, estás más relajado y abierto al funcionamiento del cerebro derecho.

Pero no sabrás a qué hora se levanta, come y se acuesta la otra persona. De modo que, para obtener resultados óptimos, lo ideal es programar por la noche. Sin embargo, incluso por la noche, las ondas cerebrales de la otra persona estarán ocupadas haciendo su trabajo. Hay momentos óptimos y malos para programar. Ya sabes cómo resolver este dilema. Justo antes de irte a dormir, programa para despertarte automáticamente en el mejor momento para programar a la otra persona. Luego, la primera vez que te despiertes durante la noche, ve a tu nivel Alfa y procede con las tres imágenes mentales.

Combinando estos pasos, he aquí, pues, el procedimiento de las tres imágenes para ayudar a otra persona a sanar:

1. Ve al nivel Alfa antes de dormirte y ordena que te despierte automáticamente en el mejor momento para programar al sujeto. Duérmete desde tu nivel.

2. Cuando te despiertes durante la noche, utiliza la cuenta atrás de 5 a 1 para entrar en el nivel Alfa. A continuación, utiliza una cuenta atrás adicional de 10 a 1 para profundizar en tu nivel más creativo.

3. Como ahora estás más cerca del Creador, disfruta de un momento de oración o de fervoroso silencio.

4. Visualiza al sujeto directamente frente a ti. Si conoces el problema, identifícalo mentalmente de forma visual; si no conoces el problema, imagina que lo estás detectando, utilizando el procedimiento de la página 178. Dedica un minuto.

5. Mueve la imagen mental ligeramente hacia la izquierda e imagina que el problema está en vías de resolverse. Dedica uno o dos minutos a la corrección.

6. Vuelve a mover la imagen mental ligeramente hacia la izquierda e imagina que el sujeto ha resuelto su problema y su estado de salud es perfecto.

7. Duérmete desde tu nivel.

Lo mejor es programarse para despertar, como se describe, pero, por supuesto, es posible hacer el trabajo de curación durante el día. Sin embargo, si el problema de salud es cuestión de vida o muerte, o si el paciente no está respondiendo, prográmate para despertar y repetir la curación en el mejor momento de la noche.

Procedimientos de seguimiento

Cuando corregimos una anomalía de forma subjetiva desde Alfa, asumimos que el paciente se está curando. Sin embargo, si es una situación de vida o muerte, repetimos la sesión Alfa a diario. Las afecciones tenaces o crónicas que persisten pueden requerir que el sanador repita la sesión Alfa cada tres días. En estas situaciones, lo mejor es que el sanador pueda obtener una retroalimentación diaria. ¿Qué cambio se ha producido en la situación de vida o muerte? ¿Qué cambio se ha producido en una dolencia crónica?

Como sanador, cuando recibas la retroalimentación, debes cambiar la primera de las tres imágenes mentales para ajustarla a los cambios que hayan tenido lugar. Si el paciente es consciente de la curación y está dispuesto a cooperar, puedes añadir una técnica de refuerzo.

Para potenciar la sanación, utiliza un mecanismo de refuerzo como la ingesta de agua. He aquí cómo hacerlo:

1. Pide al paciente que llene un vaso de agua justo antes de irse a dormir y que beba la mitad, dejando el resto para beberlo a primera hora de la mañana.
2. Al curar desde tu nivel Alfa, durante la segunda imagen mental imagina que el paciente bebe el agua y mejora al hacerlo.

Eres una persona que piensa con el cerebro izquierdo y el cerebro derecho. Has activado esa parte de tu inteligencia que se llama intuición, corazonada o percepción elevada. En la profundidad del nivel Alfa, puedes «adivinar» de forma fiable. Puedes extender estos presagios a los problemas empresariales, a las decisiones críticas, a las relaciones humanas y a otras formas de hacer de este un mundo un mejor lugar para ti y para los demás.

Así pues, la curación de los demás es algo más que corregir anomalías. También consiste en detectarlas.

Sesión 32
Cómo reforzar los mecanismos para ayudar a sanar

1. Cierra los ojos y gíralos ligeramente hacia arriba, hacia las cejas.
2. Los pasos 2A, 3A, 3B y 3C son ahora opcionales. Cuenta lenta y silenciosamente de 10 a 1. Deja pasar un segundo entre cada par de números.
   A. Empezando por el cuero cabelludo, concéntrate en las diferentes partes de tu cuerpo, desde la cabeza hasta los pies, relajándolas a medida que avanzas.
3. Cuando llegues a la cuenta de 1, piensa en ti mismo como en alguien joven, radiante, saludable y atractivo.
   A. Pregúntate mentalmente: «¿Por qué tengo este problema físico?». Luego deja que tu mente divague.
   B. Cuando en tus pensamientos aparezca alguna persona, concéntrate en ella. Visualízala.
   C. Imagina que ambos os perdonáis mutuamente. Visualiza un abrazo, un apretón de manos, sonrisas, cabezas asintiendo. Procura sentirte bien en esta situación.
4. Repite mentalmente: «Mantendré siempre un cuerpo y una mente perfectamente sanos».
5. Después di: «Voy a contar hasta cinco. Cuando llegue a cinco, abriré los ojos, me sentiré a gusto y sano. Me sentiré mejor que antes».
6. Luego empieza a contar. Al llegar a tres, repite: «Cuando llegue a cinco, abriré los ojos, me sentiré a gusto y sano. Me sentiré mejor que antes».
7. Sigue contando. Al llegar a cinco, abre los ojos y afirma mentalmente: «Estoy completamente despierto, me siento a gusto y sano. Me siento mejor que antes. No me cabe la menor duda».

Procedimientos de sanación avanzados mediante el uso de la confusión

Un método avanzado de curación, que identifico como Método de Curación N.° 3-C, se debe usar en presencia del paciente. Debido a las posibles trabas legales de tu región o país, es mejor limitar su uso a miembros de tu familia. La técnica consiste en confundir al paciente.

Cuando una persona está confundida, acepta más fácilmente la programación. Es fácil producir confusión durante una conversación.

La conversación podría ser así: «Ayer llovió. Pero si el sol no hubiera brillado tanto no me habría mojado. Quizá el tiempo sea mejor antes de ayer. Sudo mucho cuando hace frío».

Cualquier comentario totalmente absurdo confundirá rápidamente al paciente lo suficiente para una programación eficaz. Después de que la conversación haya confundido al paciente, el sanador deberá ir a su nivel Alfa y, desde allí, usar la técnica de las tres imágenes, incluyendo un mecanismo de refuerzo, si se desea, para corregir el problema del paciente. El mecanismo de refuerzo más socorrido es el vaso de agua, descrito en el capítulo anterior.

Para utilizar esta técnica, el sanador debe estar acostumbrado a entrar en el nivel Alfa con los ojos abiertos y la visión desenfocada. Cuando el paciente está confundido, el sanador, con los ojos abiertos y desenfocados, visualiza al paciente frente a él y, después, en la segunda imagen, imagina al paciente bebiendo el agua y mejorando. En la tercera imagen, el sanador se imagina al paciente con un estado de salud perfecto.

El sanador le indica al paciente que beba el agua para que la sanación funcione. El sanador puede continuar la conversación y confundir de nuevo al paciente para repetir la programación a modo de refuerzo. Si el paciente empieza a hacer preguntas para despejar la confusión, pídale que no haga preguntas hasta el final de la sesión.

Método del estado de expectación

El método de curación N.° 4-E utiliza un estado de expectación, en lugar de confusión. La diferencia entre el método de curación 3-C y el 4-E es que en el primero el sanador confunde al paciente durante la conversación y lo programa mientras está confundido, mientras que en el segundo el sanador crea un estado de expectación y programa mentalmente al paciente mientras está en ese estado.

Para crear un estado de expectación, el sanador habla de algo muy interesante. En el punto de mayor interés, el sanador hace una pausa, dejando al paciente en un estado de suspense. En ese momento, el sanador desenfoca los ojos y utiliza la técnica de las tres escenas como en los otros métodos de curación.

Uso del mecanismo de supervivencia

En el método de curación N.º 5-ESM, el sanador estimula el mecanismo de supervivencia del paciente. En este estado, el paciente puede ser programado mentalmente por un sanador que sepa utilizar el nivel de clarividencia y el método de las tres escenas. El mecanismo de supervivencia se estimula cuando el sujeto está asustado, cuando está sufriendo por una lesión, cuando se le pincha, como en la acupuntura o la inyección de medicamentos o, incluso, en algunos casos, cuando se le expone a la visión de sangre.

El método de curación N.º 6-SBA funciona cuando el sanador es capaz de ralentizar la actividad cerebral del paciente. Con la actividad cerebral ralentizada, la persona puede ser programada objetiva y subjetivamente.

En el entrenamiento avanzado del Método Silva se enseña un tipo especial de ejercicio de relajación para ralentizar la actividad cerebral del paciente.

Si un paciente no reacciona a tus esfuerzos de curación, puede que tengas que añadir un mecanismo de refuerzo o, si ya has programado uno, cambiarlo. Si el caso es de vida o muerte, deberás realizar sesiones de curación cada noche; cada setenta y dos horas para casos menos críticos. Si no se aprecia ninguna mejora después de tres sesiones, el sanador deberá recurrir al mecanismo de refuerzo. Añade uno a tu procedimiento si no estás utilizando ninguno, o cambie el que usas de, por ejemplo, el vaso de agua, a algún otro alimento o líquido que el paciente ingiera más de una vez al día. En algunas situaciones, un cambio de un vaso de agua a una taza de té, si eso es lo que bebe comúnmente el paciente, puede hacer un mundo de diferencia.

Cómo ayudar a otros a romper hábitos y cambiar actitudes destructivas

Para corregir problemas de salud, cualquier cosa que el paciente ingiera más de una vez al día puede servir como mecanismo de corrección a modo de refuerzo. Pero corregir cualquier otro tipo de problema, incluidos los hábitos insalubres, puede ser muy difícil si la persona adicta no coopera. Elige cualquier acción o función que el sujeto realice más de una vez al día, como, por ejemplo, encender la luz, leer el periódico o salir a pasear al perro.

Cuando programas para corregir la adicción de una persona, no lo haces para que esta abandone el hábito, sino para que aumente su deseo de superarlo. Cuando la persona desee firmemente acabar con el hábito, buscará ayuda. Este deseo facilitará la corrección del problema, porque la persona estará dispuesta a cooperar (para un análisis detallado de la motivación de los demás, consulta el Capítulo 42, que trata de la motivación y la comunicación subjetiva para corregir comportamientos anormales).

Cuando estés corrigiendo un problema emocional o mental, visualiza en la primea escena cómo actúa la persona con el problema. Después, en la segunda escena, imagina que el paciente realiza el mecanismo de refuerzo seleccionado y que el problema se va reduciendo. Por último, en la tercera escena, imagina a la persona sin el problema, funcionando con normalidad.

Un repaso de los procedimientos para ayudar a sanar a otros

Utiliza estos resúmenes como guías de referencia rápida para curar a los demás.

El procedimiento básico
Utiliza este procedimiento solo después de haber practicado los ejercicios de cuenta atrás durante cuarenta mañanas para adquirir la capacidad de pasar al nivel Alfa y de haber utilizado el nivel Alfa con éxito para ayudarte a ti mismo. Después podrás ayudar a otros usando el mismo procedimiento básico que utilizaste para ayudarte a ti mismo.

1. Pasa al nivel Alfa.
2. Visualiza la primera imagen e imagina las otras dos, desplazándolas sucesivamente hacia la izquierda: la persona y la enfermedad, la enfermedad en proceso de curación y la persona sana.
3. Termina tu sesión Alfa.

El procedimiento detallado

Al curar a otros, se añaden o cambian algunos detalles del procedimiento básico:

1. Ve a tu nivel Alfa por la noche y prográmate para despertarte automáticamente a la hora óptima para trabajar en el sujeto.
2. Cuando despiertes, ve a tu nivel Alfa. Después, profundiza en tu nivel Alfa con una cuenta atrás adicional de 10 a 1.
3. Antes de empezar a visualizar la primera imagen, disfruta de un momento de oración.
4. Visualiza al sujeto con el problema de salud (si no conoces el problema, ve al procedimiento para detectarlo). Dedica un minuto.
5. Mueve la imagen ligeramente hacia la izquierda. Dedica uno o dos minutos a imaginar que se corrige el problema.
6. Vuelve a mover la imagen ligeramente hacia la izquierda e imagina al sujeto con un estado de salud perfecto.

Cómo detectar un problema de salud en otra persona

1. Ve a Alfa, profundiza y ora brevemente.
2. Pregúntate: «¿Dónde está el problema?». Luego escanea el cuerpo de arriba a abajo hasta que tu atención se vea atraída por una zona.
3. Asume que es correcto y procede con tu trabajo de curación como en los casos anteriores.

Pasos de seguimiento

- En una situación de vida o muerte, repite tu trabajo de curación cada noche. Si la situación no es grave, repite cada tres días.
- En una situación grave o en la que no se produzca una respuesta inmediata, utiliza mecanismos de refuerzo como beber un vaso de

agua. Programa al sujeto para que cada sorbo de agua ayude a la curación.

- Si el sujeto no responde incluso con el mecanismo de refuerzo, cambia la ingesta de agua por la de alimentos o té o café, algo que el sujeto haga con frecuencia.
- A medida que la curación progresa, cambia la imagen mental negativa por la condición mejorada.

Cómo ayudar a otros a romper hábitos y a cambiar pensamientos destructivos

Programa un mecanismo de refuerzo: alguna acción que el sujeto realice más de una vez al día. A continuación, realiza el mismo procedimiento que para una enfermedad, pero con estas excepciones:

1. Tus tres imágenes no deben ser de la desaparición del hábito, sino de la persona que quiere romper el hábito.
2. Puedes ayudar a los sujetos con problemas emocionales o mentales mediante el procedimiento estándar de las tres escenas.
   Imagina estas escenas:
   Imagen 1. El sujeto funciona de forma anormal.
   Imagen 2. La anormalidad se va corrigiendo.
   Imagen 3. El sujeto ha superado su problema emocional o mental.

Sesión 33
Comunicación subjetiva

1. Cierra los ojos y gíralos ligeramente hacia arriba, hacia las cejas.
2. Los pasos 2A, 3A, 3B y 3C son ahora opcionales. Cuenta lenta y silenciosamente de 10 a 1. Deja pasar un segundo entre cada par de números.
   A. Empezando por el cuero cabelludo, concéntrate en las diferentes partes de tu cuerpo, desde la cabeza hasta los pies, relajándolas a medida que avanzas.
3. Cuando llegues a la cuenta de 1, piensa en ti mismo como en alguien joven, radiante, saludable y atractivo.
   A. Pregúntate mentalmente: «¿Por qué tengo este problema físico?». Luego deja que tu mente divague.
   B. Cuando en tus pensamientos aparezca alguna persona, concéntrate en ella. Visualízala.
   C. Imagina que ambos os perdonáis mutuamente. Visualiza un abrazo, un apretón de manos, sonrisas, cabezas asintiendo. Procura sentirte bien en esta situación.
4. Repite mentalmente: «Mantendré siempre un cuerpo y una mente perfectamente sanos».
5. Después di: «Voy a contar hasta cinco. Cuando llegue a cinco, abriré los ojos, me sentiré a gusto y sano. Me sentiré mejor que antes».
6. Luego empieza a contar. Al llegar a tres, repite: «Cuando llegue a cinco, abriré los ojos, me sentiré a gusto y sano. Me sentiré mejor que antes».
7. Sigue contando. Al llegar a cinco, abre los ojos y afirma mentalmente: «Estoy completamente despierto, me siento a gusto y sano. Me siento mejor que antes. No me cabe la menor duda».

Comunicación subjetiva

Uno de los hallazgos más importantes de la investigación sobre el cerebro derecho y el izquierdo es que el cerebro derecho funciona en un ámbito sin espacio, sin tiempo. La intemporalidad es lo suficientemente impactante, pero la ausencia de espacio es casi inimaginable.

> La capacidad del cerebro derecho de funcionar como si el espacio no existiera nos hace a ti y a mí más que miembros de la familia humana. Nos convierte en uno. Si no hay separación en el cerebro derecho, o causal, entonces todos compartimos la misma fuente causal. Nuestros cuerpos separados pueden no estar conectados en el ámbito físico objetivo, pero nuestras mentes aparentemente separadas están en el reino subjetivo, no físico.

Te he mostrado cómo el Método Silva usa esa conexión para permitirnos curar enfermedades en otros. Ahora me gustaría enfocar en esta conexión para sanar otros tipos de anomalías a distancia.

Considera a la hija de la Sra. J. T., que llevaba un año casada. En ese año había hecho nuevos amigos, pero del tipo equivocado. Se había ido alejando cada vez más de su familia para acercarse al grupo de gente promiscua a la que pertenecía su marido. Todo lo que J. T. le decía caía en saco roto. De hecho, sus palabras solo servían para ensanchar la brecha entre ambas. Fue entonces cuando la Sra. J. T. hizo el entrenamiento del Método Silva. Lo utilizó inmediatamente en el problema de su hija.

Pasó al nivel Alfa. Tuvo una conversación imaginaria con su hija. Terminó la sesión. A la mañana siguiente decidió visitar a su hija. Cuando le abrió la puerta, su hija se abalanzó sobre ella y la abrazó por primera vez en meses. Fue el comienzo de un mejor estilo de vida para ella.

El poder de las palabras subjetivas

¿Cómo se ha «colado» esa conversación imaginaria en Alfa? ¿Qué se dijo?

Repasemos algunas diferencias en el funcionamiento del cerebro izquierdo y el derecho, tal y como han revelado investigaciones recientes en instituciones de reconocido prestigio. Gran parte de estos estudios se realizaron con la ayuda de un anestésico, generalmente amelobarbitona, que «noquea» el cerebro izquierdo o derecho del cerebro, según la arteria en la que se inyecte. Observando el comportamiento de las personas en las que uno u otro de los hemisferios cerebrales ha sido desactivado, los investigadores pudieron establecer «listas de tareas específicas» de cada uno de los dos hemisferios. Examinemos tres características contrastadas.

1. El cerebro izquierdo se nutre del mundo material, de los sentidos, de lo físico. El cerebro derecho está orientado al mundo del pensamiento, los sentimientos, la percepción.
2. El cerebro izquierdo se nutre de los detalles, de lo esencial, de la visión de la hormiga. El cerebro derecho no tolera los detalles. Ve, en cambio, la imagen completa, la vista de pájaro.
3. El cerebro izquierdo se nutre de la dicotomía, la polaridad y el conflicto. Ve las diferencias. El cerebro derecho pasa por alto las diferencias para ver en su lugar «lo que se repite». Ve los denominadores comunes. Ve la unidad.

Cada hemisferio tiene una plétora de atributos que contribuyen a nuestra enorme inteligencia humana. Pero es necesario enfatizar estos tres en particular. De hecho, estas tres formas de pensar son los requisitos para el éxito de la comunicación subjetiva.

La primera exige que desconectemos el mundo físico para ir al mundo de la imaginación: Alfa. La segunda exige que veamos a todas las personas como una, que nos elevemos por encima de las diferencias terrenales y veamos a cada individuo como una especie de Yo Superior unido a nuestro propio Yo Superior. La tercera exige que abandonemos la dicotomía de «yo tengo razón, tú estás equivocado» y en su lugar comuniquemos «lo que es correcto», una solución de mutua conveniencia. Estas tres funciones cerebrales parecen sencillas, pero en realidad son el opuesto exacto de nuestros patrones habituales de comunicación.

Para que el hemisferio derecho participe plenamente, se necesita una conciencia profunda de estas tres formas de pensar durante una conversación imaginaria. Sin la participación del cerebro derecho, el mensaje no llega.

Cómo contactar exitosamente con otras mentes

Veamos un ejemplo práctico.

Tu hijo de tres años sigue mojando la cama. Hablar con él en sucesivas ocasiones no ha servido de nada. De modo que decides utilizar la comunicación subjetiva.

Pasas a tu nivel Alfa. Visualizas al niño. Le dices mentalmente: «¡Maldito mocoso! ¡La próxima vez que mojes la cama, te voy a restregar la cara en ella!».

¿Funciona? Desde luego que no. Rompiste las tres reglas. Lo único que hiciste correctamente fue ir a tu nivel Alfa, pero incluso allí probablemente volviste a subir a Beta en cuanto expresaste tu irritación. En el momento en que dijiste «maldito mocoso», rompiste la conexión. Creaste una relación superior-inferior, destinada a «apagar» el cerebro derecho.

Por último, al invocar un castigo, donde tú eres el castigador y el niño el castigado, elegiste la separación, una característica del cerebro izquierdo. En este punto, el cerebro derecho desaparece de escena.

El pensamiento en el nivel Alfa debe ser creativo, no destructivo. Para que la comunicación subjetiva funcione, debemos aceptar a la otra persona como a un igual. Las soluciones subjetivas ofrecidas deben ser soluciones materiales que beneficien tanto al emisor como al receptor.

Otra regla para la comunicación subjetiva es evitar muchos detalles. Los detalles son «cosas» del cerebro izquierdo. Mantén la solución mutuamente beneficiosa libre de «sis», «ys» y «peros».

Cuando se cumplen estos requisitos básicos, se puede manejar la situación descrita, la del niño que sigue mojando la cama, de la siguiente manera.

Vas a tu nivel Alfa. Visualizas al niño. Dices mentalmente: «Querido, ¿no sería mejor que, cuando sientas ganas de orinar, te levantes y vayas al baño? Te sentirás más cómodo en tu cama. Dormirás mejor. Y yo no tendré que lavar las sábanas».

Simple. Mutuamente beneficioso. Eficaz.

Sesión 34
El pensamiento centrado y la salud

1. Cierra los ojos y gíralos ligeramente hacia arriba, hacia las cejas.
2. Los pasos 2A, 3A, 3B y 3C son ahora opcionales. Cuenta lenta y silenciosamente de 10 a 1. Deja pasar un segundo entre cada par de números.
   A. Empezando por el cuero cabelludo, concéntrate en las diferentes partes de tu cuerpo, desde la cabeza hasta los pies, relajándolas a medida que avanzas.
3. Cuando llegues a la cuenta de 1, piensa en ti mismo como en alguien joven, radiante, saludable y atractivo.
   A. Pregúntate mentalmente: «¿Por qué tengo este problema físico?». Luego deja que tu mente divague.
   B. Cuando en tus pensamientos aparezca alguna persona, concéntrate en ella. Visualízala.
   C. Imagina que ambos os perdonáis mutuamente. Visualiza un abrazo, un apretón de manos, sonrisas, cabezas asintiendo. Procura sentirte bien en esta situación.
4. Repite mentalmente: «Mantendré siempre un cuerpo y una mente perfectamente sanos».
5. Después di: «Voy a contar hasta cinco. Cuando llegue a cinco, abriré los ojos, me sentiré a gusto y sano. Me sentiré mejor que antes».
6. Luego empieza a contar. Al llegar a tres, repite: «Cuando llegue a cinco, abriré los ojos, me sentiré a gusto y sano. Me sentiré mejor que antes».
7. Sigue contando. Al llegar a cinco, abre los ojos y afirma mentalmente: «Estoy completamente despierto, me siento a gusto y sano. Me siento mejor que antes. No me cabe la menor duda».

El pensamiento centrado

La invención de la rueda fue uno de los grandes avances de la humanidad en su evolución de la vida primitiva a la civilizada.

Pero todavía estamos inventando la rueda.

La gente sigue aprendiendo a centrarse, como la rueda. Si el cubo de la rueda no está correctamente centrado, no rodará suavemente como debería hacer una rueda. El movimiento se verá obstaculizado. Decimos, entonces, que es un movimiento excéntrico.

Las personas que no están centradas son excéntricas. No ruedan suavemente por el camino de la vida. Sufren de un comportamiento desequilibrado. Su pensamiento es errático. Se desvían con facilidad. Pueden ser creativos o destructivos. El pensamiento centrado es el pensamiento Alfa. Alfa está en el centro del espectro de frecuencias de las ondas cerebrales humanas.

Los científicos han descubierto que el espacio entre el planeta Tierra y la ionosfera, situada en lo alto, forma una cavidad resonante que contiene energía electromagnética que vibra a una frecuencia de diez ciclos por segundo, la mitad del rango Alfa de las frecuencias del cerebro humano. Los científicos sospechan que el generador de estas vibraciones podría estar en algún lugar de las profundidades del universo. Pero ¿podría ser la frecuencia el promedio de las frecuencias de los miles de millones de cerebros humanos que pulsan abajo, en la Tierra?

Una persona centrada tiene más frecuencias Alfa que una excéntrica. Puedes reconocer a una persona centrada porque esa persona es más humana, es decir, más *humanitaria*. Ser más humano también significa ser más sano y espiritual. Estas mejoras se producen automáticamente cuando la persona se centra o, en otras palabras, cuando realiza una mayor actividad cerebral en el centro del espectro de ondas cerebrales, es decir, en la dimensión Alfa de diez ciclos, que es la misma frecuencia de la energía electromagnética que rodea el planeta Tierra.

A medida que tu pensamiento se va centrando, primero mediante los ejercicios de cuenta atrás matutinos para ir a Alfa, después mediante el trabajo que realizas contigo mismo y tu salud y, finalmente, mediante la ayuda que prestas para mejorar la salud de los demás, te haces más humano, te vuelves una mejor persona.

Tu sistema inmunitario se llena de vida. Tu sistema reproductivo se llena de vida. Tu mente creativa se llena de vida. Tu intuición se llena de vida. Y así, poco a poco, te vas convirtiendo en una persona más sana, atractiva, ingeniosa y exitosa.

También te vas convirtiendo en una persona más segura de sí misma, en sintonía con el flujo de las cosas. Cada vez es menos probable que te veas involucrado en un accidente de tráfico, como le ocurriría a una persona excéntrica, y cada vez es menos probable que crees una realidad con distorsiones, aberraciones y anormalidades.

Mundo interior, mundo exterior

Puesto que este es un mundo físico y la supervivencia en él es primordial, hemos priorizado de forma natural el pensamiento lógico y racional sobre el pensamiento fantástico. Hemos dado al mundo exterior prioridad sobre el mundo interior, y nuestra preocupación por ese mundo exterior, físico, ha eclipsado en gran medida nuestras habilidades provenientes del mundo interior.

En el Método Silva, celebramos nuestro mundo interior. No proponemos cambiar completamente el énfasis y dar prioridad al mundo interior sobre el mundo exterior, sino que intentamos conseguir cierto equilibrio entre ambos mundos. Trabajamos para activar el hemisferio derecho del cerebro, nuestro órgano inteligente del mundo interior, a fin de utilizarlo tanto como el hemisferio izquierdo del cerebro, nuestro órgano inteligente del mundo exterior.

Algunos críticos sostienen que el mundo exterior es la única realidad, y califican el mundo interior de irreal. Ignoran el hecho de que todo lo grande en nuestra historia y nuestra cultura se ha originado en el mundo interior.

Un artista ve mentalmente un cuadro y luego lo pinta. Un compositor escucha mentalmente una composición y después se limita a escribirla en una partitura. Las sagradas escrituras espirituales del mundo se han plasmado en papel a través del mundo interior de sus escribas. Los inventores han imaginado sus descubrimientos, los físicos han soñado sus teorías y los científicos han sido recompensados con sus descubrimientos a través de la intuición. La facultad creativa de la mente humana es nuestra conexión con el Creador. Lo que nuestros críticos están diciendo realmente es: «Es un error estar conectado a Dios». El verdadero error estaría en romper esa conexión. Hacerlo supondría:

- abandonar nuestro poder de crear nuestra propia realidad;
- abandonar nuestra capacidad de manejar el estrés, el dolor y todo lo que afecta a nuestra salud;
- abandonar nuestra capacidad de eliminar el pensamiento negativo y sustituirlo por un pensamiento positivo, y
- abandonar nuestras habilidades creativas, intuitivas y psíquicas.

Hemos sido creados con un cerebro bicameral, o de dos hemisferios. Pero en cierto sentido es una casa dividida contra sí misma, donde el cerebro izquierdo «edita» al derecho y filtra la mayor parte de su información.

Al activar el cerebro derecho y demostrar su capacidad al cerebro izquierdo dominante, adquirimos los beneficios de nuestro cerebro completo trabajando como un todo para lograr más genialidad, salud y eficacia.

Con ambos hemisferios cerebrales trabajando para ti, estás centrado…, «en sintonía» con el universo.

Sesión 35
Cómo usar el Alfa profundo

1. Cierra los ojos y gíralos ligeramente hacia arriba, hacia las cejas.
2. Los pasos 2A, 3A, 3B y 3C son ahora opcionales. Cuenta lenta y silenciosamente de 10 a 1. Deja pasar un segundo entre cada par de números.
   - A. Empezando por el cuero cabelludo, concéntrate en las diferentes partes de tu cuerpo, desde la cabeza hasta los pies, relajándolas a medida que avanzas.
3. Cuando llegues a la cuenta de 1, piensa en ti mismo como en alguien joven, radiante, saludable y atractivo.
   - A. Pregúntate mentalmente: «¿Por qué tengo este problema físico?». Luego deja que tu mente divague.
   - B. Cuando en tus pensamientos aparezca alguna persona, concéntrate en ella. Visualízala.
   - C. Imagina que ambos os perdonáis mutuamente. Visualiza un abrazo, un apretón de manos, sonrisas, cabezas asintiendo. Procura sentirte bien en esta situación.
4. Repite mentalmente: «Mantendré siempre un cuerpo y una mente perfectamente sanos».
5. Después di: «Voy a contar hasta cinco. Cuando llegue a cinco, abriré los ojos, me sentiré a gusto y sano. Me sentiré mejor que antes».
6. Luego empieza a contar. Al llegar a tres, repite: «Cuando llegue a cinco, abriré los ojos, me sentiré a gusto y sano. Me sentiré mejor que antes».
7. Sigue contando. Al llegar a cinco, abre los ojos y afirma mentalmente: «Estoy completamente despierto, me siento a gusto y sano. Me siento mejor que antes. No me cabe la menor duda».

El Alfa profundo y el Alfa superficial

Notarás que, en algunos de los procedimientos descritos en este libro, he recomendado pasar por una cuenta atrás adicional para profundizar el nivel Alfa. Aunque podría ser útil en muchos casos, no siempre la he recomendado. En interés del lector, he mantenido los procedimientos lo más cortos y sencillos posible.

Recientemente, un profesor del Método Silva llevó a cabo un proyecto de investigación en una universidad local. Participaron dieciocho graduados del Método Silva. Diez pasaron por un proceso adicional de profundización de la relajación antes de ir a Alfa. Ocho utilizaron solo el método estándar. Todos fueron examinados después con los ojos abiertos en Alfa para medir su capacidad de detectar e identificar visualmente objetos que se les enseñaban durante una décima de segundo y para compararla con esa capacidad en el nivel Beta.

Los sujetos que habían profundizado su nivel Alfa con procedimientos de relajación adicional, identificaron menos objetos en el nivel Alfa que en el nivel Beta. En cambio, los sujetos que habían entrado en el nivel Alfa sin los procedimientos de profundización fueron capaces de identificar más objetos en Alfa que en Beta.

Este experimento parece confirmar otras investigaciones, así como mi propia intuición, que sugiere que las personas que entran más profundamente en Alfa tienden a dejar temporalmente de lado sus controles cognitivos y percepciones sensoriales automáticas y, en cambio, se centran más en el interior. Un Alfa más superficial aumenta la atención basada en el exterior. Por lo tanto, se recomienda un Alfa más superficial para resolver problemas externos al cuerpo y a la mente: problemas de negocios, problemas de dinero, problemas relacionados con las posesiones materiales. Un Alfa más profundo, en el que se utiliza una cuenta atrás adicional o una relajación progresiva para llevarlo a frecuencias cerebrales por debajo de diez ciclos, disminuye la conciencia de la información externa, pero aumenta la capacidad de mantener una salud superior.

Aun así, no todo es blanco o negro. No hay ninguna regla. Ve a Alfa como puedas cuando surja la necesidad de ayudarte a ti mismo o a los demás. Desenfoca tus ojos, si eso es todo lo que puedes hacer en ese momento, consciente de que con el Método Silva eso bastará. Practica la técnica de los tres dedos, si has preprogramado esa técnica, y será suficiente.

Cuenta hacia atrás desde el punto en que te encuentres en tus ejercicios del entrenamiento. Si has completado tu autoentrenamiento, de 5 a 1 te llevará a un nivel suficientemente profundo de Alfa para realizar un importante trabajo de salud en ti y en los demás.

Añade una cuenta atrás adicional de 10 a 1 y estarás en un nivel Alfa más profundo. En él, serás un sanador aún más efectivo de tu propia salud y de la de los demás.

Recomiendo el Alfa profundo siempre que sea posible para problemas de salud. Si esto no es posible, por cualquier razón, ve al Alfa más profundo que puedas alcanzar. Seguirá siendo un nivel curativo.

Sesión 36
Cómo controlar los peligros medioambientales

1. Cierra los ojos y gíralos ligeramente hacia arriba, hacia las cejas.
2. Los pasos 2A, 3A, 3B y 3C son ahora opcionales. Cuenta lenta y silenciosamente de 10 a 1. Deja pasar un segundo entre cada par de números.
   A. Empezando por el cuero cabelludo, concéntrate en las diferentes partes de tu cuerpo, desde la cabeza hasta los pies, relajándolas a medida que avanzas.
3. Cuando llegues a la cuenta de 1, piensa en ti mismo como en alguien joven, radiante, saludable y atractivo.
   A. Pregúntate mentalmente: «¿Por qué tengo este problema físico?». Luego deja que tu mente divague.
   B. Cuando en tus pensamientos aparezca alguna persona, concéntrate en ella. Visualízala.
   C. Imagina que ambos os perdonáis mutuamente. Visualiza un abrazo, un apretón de manos, sonrisas, cabezas asintiendo. Procura sentirte bien en esta situación.
4. Repite mentalmente: «Mantendré siempre un cuerpo y una mente perfectamente sanos».
5. Después di: «Voy a contar hasta cinco. Cuando llegue a cinco, abriré los ojos, me sentiré a gusto y sano. Me sentiré mejor que antes».
6. Luego empieza a contar. Al llegar a tres, repite: «Cuando llegue a cinco, abriré los ojos, me sentiré a gusto y sano. Me sentiré mejor que antes».
7. Sigue contando. Al llegar a cinco, abre los ojos y afirma mentalmente: «Estoy completamente despierto, me siento a gusto y sano. Me siento mejor que antes. No me cabe la menor duda».

Todavía no se ha dicho nada en estas páginas sobre los efectos del aire, el agua o los alimentos contaminados en nuestra salud y cómo podríamos utilizar el Método Silva para ayudar a detectar y corregir semejantes problemas.

Ahora parece ser un buen momento para considerar esto, ya que acabo de hablar de las capacidades mejoradas en niveles menos profundos de Alfa para tratar con el mundo físico. Pero antes, una advertencia: el pensamiento negativo magnifica los efectos negativos.

Puede que te hagas más daño a ti mismo preocupándote por la química que lleva el pollo, que comiendo ese mismo pollo. Puede que te hagas más daño sintiéndote culpable por ingerir todo el azúcar del helado que te has comido, que por ingerir el azúcar. La preocupación y la culpa se traducen en estrés. El estrés puede dañar más rápidamente que la mayoría de los factores ambientales. Antes que preocuparse, es mejor usar la mente de forma sensata para elegir la opción más adecuada.

Si estás en un supermercado y dudas entre comprar la carne de ternera picada o las chuletas de cerdo, detente, desenfoca los ojos y pregúntate: «¿Qué es mejor para mí en este momento: la carne de ternera picada o las chuletas de cerdo?». Despeja tu mente, vuelve a la tarea que tienes entre manos —elegir una de las dos bandejas— y verás que tu brazo se extiende automáticamente en dirección a, por ejemplo, la carne picada más magra. Si previamente has programado la técnica de los tres dedos, mantén los tres dedos juntos mientras te concentras. Cuanto más hayas practicado el Método Silva, más centrado estarás. Como se ha comentado anteriormente, una persona centrada es más proclive a tomar decisiones correctas.

Ocasionalmente, la necesidad de detectar venenos, sustancias irritantes o contaminantes se vuelve más crítica. Entonces es mejor ir a Alfa y seguir un procedimiento de resolución de problemas. Como esto implica tratar con el mundo físico en el presente, no hay necesidad de profundizar en tu nivel Alfa.

Alergias

Si sufres de erupciones cutáneas, indigestión o alguna reacción alérgica recurrente, el enfoque permanente más sabio es la prevención, no el tratamiento del síntoma. Puedes empezar utilizando las tres imágenes para curar los síntomas, pero la prevención debe ser el objetivo principal. El mejor paso para una solución permanente es detectar lo que está causando la reacción alérgica y, a continuación, evitar ese alimento o sustancia.

He aquí, pues, el procedimiento.

1. Ve a tu nivel Alfa y visualízate mentalmente frente a ti con la alergia. Hay un calendario a la vista.
2. Pregúntate cuándo y por qué empezó la alergia; pasa lentamente las hojas del calendario hacia atrás, y ve seleccionado imágenes de la derecha (el pasado).
3. Cuando llegues a una escena, permite que se reproduzca.
4. Termina tu sesión Alfa y analiza el recuerdo que acabas de rememorar. Intenta comprenderlo desde la perspectiva actual.

Comprender el suceso desde la perspectiva actual puede muy bien acabar con la alergia. Si los síntomas aún persisten, dirigir tu programación para eliminar los síntomas puede acabar con el problema y los síntomas.

Para un tratamiento más detallado de las alergias, consulta la Sesión 49.

Cómo identificar la causa de una alergia
Cuando la causa es un alimento o sustancia conocidos:

1. En Alfa, visualiza a tu médico o a alguna autoridad sanitaria respetada de pie frente a ti.
2. Elige dos alimentos o sustancias y pregunta a tu médico cuál de las dos tiene más posibilidades de ser la causante de la alergia.
3. Sal del nivel Alfa y piensa en el problema. En tu mente aparecerá una respuesta.
4. Compara esa sustancia con otra de la misma manera hasta que aparezca la culpable.

Sustancias contaminantes
Cuanto más centrado estás (ver más arriba), mayores posibilidades tienes de escoger intuitivamente las decisiones adecuadas. También puedes acudir a tu

nivel Alfa cuando estés indeciso y hacerte preguntas. La primera respuesta que surge suele ser la correcta.

Cómo acabar con la drogodependencia y otras adicciones

No hay respuestas sencillas a este problema. Cuando una persona opta por las drogas, está tomando una decisión basada en su propia experiencia. Varias vías, descritas en otro punto del libro, son aplicables aquí:

1. El entrenamiento de treinta y dos horas del Método Silva.
2. La comunicación subjetiva de otra persona para que cambie de opinión.
3. Asistencia clínica (podría ser el resultado de la opción 2).

Sesión 37
¿Por qué curarse?

1. Cierra los ojos y gíralos ligeramente hacia arriba, hacia las cejas.
2. Los pasos 2A, 3A, 3B y 3C son ahora opcionales. Cuenta lenta y silenciosamente de 10 a 1. Deja pasar un segundo entre cada par de números.
   A. Empezando por el cuero cabelludo, concéntrate en las diferentes partes de tu cuerpo, desde la cabeza hasta los pies, relajándolas a medida que avanzas.
3. Cuando llegues a la cuenta de 1, piensa en ti mismo como en alguien joven, radiante, saludable y atractivo.
   A. Pregúntate mentalmente: «¿Por qué tengo este problema físico?». Luego deja que tu mente divague.
   B. Cuando en tus pensamientos aparezca alguna persona, concéntrate en ella. Visualízala.
   C. Imagina que ambos os perdonáis mutuamente. Visualiza un abrazo, un apretón de manos, sonrisas, cabezas asintiendo. Procura sentirte bien en esta situación.
4. Repite mentalmente: «Mantendré siempre un cuerpo y una mente perfectamente sanos».
5. Después di: «Voy a contar hasta cinco. Cuando llegue a cinco, abriré los ojos, me sentiré a gusto y sano. Me sentiré mejor que antes».
6. Luego empieza a contar. Al llegar a tres, repite: «Cuando llegue a cinco, abriré los ojos, me sentiré a gusto y sano. Me sentiré mejor que antes».
7. Sigue contando. Al llegar a cinco, abre los ojos y afirma mentalmente: «Estoy completamente despierto, me siento a gusto y sano. Me siento mejor que antes. No me cabe la menor duda».

Un médico escribe: «De manera intuitiva, creo que desde el momento en que comienza la vida uno es consciente de la verdadera naturaleza de la curación en el hecho de que no es mecánica ni está orientada a los fármacos... Un ejemplo típico es la llamada remisión espontánea de un cáncer incurable. Yo preferiría que este acontecimiento espontáneo se denominara cura milagrosa o autoinducida, o milagro como resultado de un trabajo duro».

Opino lo mismo, doctor.

El autor es el doctor Bernard S. Siegel, quien, con su esposa Barbara H. Siegel, escribió «Aspectos espirituales de las artes curativas» para *The American Theosophist*. Más tarde, el Dr. Siegel escribió *Amor, medicina milagrosa,*[6] que fue un éxito de ventas durante mucho tiempo. Cirujano con consulta privada y profesor de cirugía en la Facultad de Medicina de la Universidad de Yale, el Dr. Siegel creó en 1978 la terapia de grupo «Paciente excepcional con cáncer», que trabaja con imágenes y dibujos de los pacientes. No cree que el médico deba ser un mero «mecánico» de la curación.

Considera que el médico también es un maestro que ayuda a las personas a responsabilizarse de sus propios problemas y a compartir el trabajo de curación.

En eso también coincido con usted, doctor. Pero deberíamos ir mucho más allá.

¿Por qué se considera una novedad el hecho de que nos enfermemos y curemos por medios mentales? ¿No debería ser esto tan sencillo de entender como sumar 2 + 2?

Al igual que enseñamos a nuestros hijos a usar su mente para dividir nueve galletas entre tres niños, también tenemos que enseñarles a ir a un mundo imaginario y hacer correcciones en el mundo físico, por ejemplo, a deshacerse de un dolor de barriga por haber comido demasiadas galletas.

¿Es malo sanar?

A veces la gente cuestiona este tipo de curación llamándola invasión de la intimidad. O acusan a los practicantes del Método Silva de impedir que la gente trabaje en su propio karma. O sienten que Dios no quiere que interfiramos.

---

[6]   Espasa Calpe, Madrid, 1998.

Estoy convencido de que somos responsables los unos de los otros. Si nos damos cuenta de que una persona está sufriendo un problema que le impide hacer su trabajo en este planeta, es nuestra responsabilidad corregir el problema de esa persona tanto si sabe que lo estamos haciendo como si no.

En relación con el karma, creo que el karma se refiere a las cosas malas que hacemos en esta vida y las consecuencias que estas acarrean. Muchas filosofías orientales enseñan que el karma se transmite de una vida a otra. Pero creo que el castigo solo se da cuando sabemos, o somos conscientes, de lo que hicimos mal. Su propósito debería ser permitirnos corregir nuestro comportamiento y aprender a no volver a cometer el mismo error. El castigo por una transgresión que desconocemos no tiene ningún efecto ni valor. En el Método Silva intento mostrar a las personas la relación causa-efecto entre su pensamiento y los resultados en sus vidas, para que puedan entender lo que deben cambiar si quieren tener una salud perfecta, prosperidad y felicidad.

Con respecto a la interferencia con la voluntad de Dios, sostengo que si Dios no quisiera que actuáramos, nuestras acciones y esfuerzos nunca serían eficaces. Pero no es el caso. Así que la posibilidad de que Dios no quiera que interfiramos no nos exime de la obligación de *intentar* corregir problemas.

Tenemos que ayudarnos unos a otros. También en la lucha por la supervivencia de la jungla, los animales acuden a rescatarse unos a otros. Tenemos primeros auxilios, ambulancias, hospitales, enfermeras, paramédicos, médicos, especialistas y sanadores de todo tipo, incluidos sanadores espirituales. Mi postura es la siguiente: tenemos la obligación de desarrollar nuestra capacidad de curación mental y utilizarla cuando sea necesario. Creo que estamos en este planeta para un propósito: apoyar la creación continua.

El papel de la humanidad en la Creación

Para ayudar a la creación, tenemos que ser creadores, no destructores. Debemos esforzarnos por ser parte de la solución, no del problema. Debemos interiorizar que crear es bueno y destruir, malo. Si nuestra misión fuera la destrucción del planeta, esta fórmula se invertiría. Nos sentiríamos bien por derribar o destruir cosas, y mal por construir, inventar y mejorar.

Se dice que hemos sido creados a imagen y semejanza de Dios. Ciertamente, nuestro Creador no tiene un cuerpo con dos brazos y dos piernas. Así que no estamos hechos a la imagen física de nuestro Creador. Es la imagen no física —la imagen mental y espiritual— de la que somos un reflejo.

Para continuar con la Creación, pienso que como cocreadores del Creador necesitamos mantenernos en contacto con el Jefe. Los trabajadores de una obra que no están en contacto con su capataz y sus superiores acaban trabajando de formas contradictorias.

La supervivencia de la humanidad depende de que mantengamos una conexión con Dios, y no a través de nuestros cuerpos, sino de nuestra mente. Debemos aprender a utilizar todo el potencial de nuestras mentes, que son obra de Dios.

La mente es la facultad sensorial de la inteligencia humana. Sabemos que la inteligencia humana puede funcionar a distancia del cerebro y que nuestra conciencia no está limitada físicamente por el cerebro o las barreras físicas del tiempo y el espacio.

Cuando alejamos nuestra conciencia de la dimensión física para acercarnos a la dimensión no física o espiritual, entramos en contacto con Dios. Cuando «apagamos» el mundo exterior, cerrando o desenfocando los ojos, meditamos, vamos al «reino interior», activamos nuestra conexión con Dios. Nos sentimos inspirados por Dios. Estamos donde tenemos que estar. Podemos acertar. Incluso podemos profetizar. Podemos curar. Podemos hacer de este mundo un mejor lugar para vivir.

Sesión 38
Clarividencia

1. Cierra los ojos y gíralos ligeramente hacia arriba, hacia las cejas.
2. Los pasos 2A, 3A, 3B y 3C son ahora opcionales. Cuenta lenta y silenciosamente de 10 a 1. Deja pasar un segundo entre cada par de números.
   A. Empezando por el cuero cabelludo, concéntrate en las diferentes partes de tu cuerpo, desde la cabeza hasta los pies, relajándolas a medida que avanzas.
3. Cuando llegues a la cuenta de 1, piensa en ti mismo como en alguien joven, radiante, saludable y atractivo.
   A. Pregúntate mentalmente: «¿Por qué tengo este problema físico?». Luego deja que tu mente divague.
   B. Cuando en tus pensamientos aparezca alguna persona, concéntrate en ella. Visualízala.
   C. Imagina que ambos os perdonáis mutuamente. Visualiza un abrazo, un apretón de manos, sonrisas, cabezas asintiendo. Procura sentirte bien en esta situación.
4. Repite mentalmente: «Mantendré siempre un cuerpo y una mente perfectamente sanos».
5. Después di: «Voy a contar hasta cinco. Cuando llegue a cinco, abriré los ojos, me sentiré a gusto y sano. Me sentiré mejor que antes».
6. Luego empieza a contar. Al llegar a tres, repite: «Cuando llegue a cinco, abriré los ojos, me sentiré a gusto y sano. Me sentiré mejor que antes».
7. Sigue contando. Al llegar a cinco, abre los ojos y afirma mentalmente: «Estoy completamente despierto, me siento a gusto y sano. Me siento mejor que antes. No me cabe la menor duda».

¡Felicidades! Solo te faltan dos días para completar el curso.

¿Qué te hace clarividente?

Tienes el control de tu nivel Alfa. Lo utilizas para ayudarte a ti mismo y a los demás. Decides ayudar a tu hermano, que tiene cálculos biliares. Aunque vive a miles de kilómetros, vas a tu nivel Alfa, lo visualizas y te imaginas las piedras en su vesícula. Percibes dos piedras. Las aplastas con tus dedos. Terminas tu sesión Alfa.

Al día siguiente te llama por teléfono.

«Solo quería que supieras que he expulsado la piedra, en forma de arenilla, esta mañana».

«Es posible», le respondes, «pero creo que hay dos y volverás a pasar por ese trance».

Al día siguiente llama por teléfono. «Tenías toda la razón».

¿Te imaginas el regocijo que sientes? Has utilizado tu mente de una manera sobrehumana. ¡Puedes hacerlo! Ahora entiendes más sobre ti mismo.

¿Qué está pasando? ¿Eres clarividente? Una definición de diccionario de clarividencia es «el supuesto poder de percibir cosas que están fuera del rango natural de los sentidos humanos». Pero en realidad no es una vía sensorial, sino la mente, la que hace el trabajo.

Primero sientes el deseo de saber algo sobre tu hermano. Entonces activas más tu mente. Tienes una idea sobre lo que quieres saber. Expresas esta idea en imágenes mentales, palabras y sentimientos. Te imaginas mentalmente los dos cálculos biliares. Un clariaudiente puede escuchar mentalmente la respuesta. Un clarividente puede sentir mentalmente la información. Pero no son los ojos, los oídos o los sentimientos los que recogen la información. Es la mente.

La mente incluye todos los sentidos. Por todos, me refiero no solo a los cinco sentidos de los que comúnmente hablamos, sino también a muchos más sistemas sensoriales que aún no hemos reconocido, y a los que mucho menos hemos puesto nombres. Un clarividente puede utilizar todos los sentidos subjetivos. Como clarividente, tienes percepción extrasensorial (Extra Sensory Perception, o ESP, por sus siglas en inglés). En el Método Silva, usamos ESP como acrónimo de Proyección Sensorial Eficaz (Effective Sensory Projection).

Creemos que la percepción extrasensorial no es algo adicional. Todo el mundo la tiene. Tampoco es extrasensorial, porque utiliza los sentidos. Cuando percibimos información de la dimensión subjetiva, lo hacemos a través de lo que se llama percepción extrasensorial general, una combinación de todos los sentidos. Si nos centráramos en un solo canal de percepción, nos resultaría más difícil imaginar o sentir el problema.

> ¡Desea saber! Y la información vendrá a ti. Puedes hacerte una imagen mental de ella, o ponerla en palabras o sentimientos... sea cual sea el método que emplees para concentrarte en ella de forma más fácil y profunda. Pero la información llega primero a través de una sensación de querer saber.

¿Eres una persona diferente por tener ESP?

Saber ir a tu nivel Alfa y utilizar ambos hemisferios de tu cerebro te sitúa en la frontera del desarrollo gradual de la humanidad. Esto significa que estás por delante de la mayoría de la gente. La mayoría de la gente simplemente se pierde en la multitud. Cuando uno se adelanta a la mayoría, destaca. Muchos preferirían ser anodinos antes que sobresalir, porque sobresalir conlleva el estigma de ser diferente. Muchos grandes genios fueron estigmatizados.

En realidad, tener percepción extrasensorial no te hace sobresalir. Todo el mundo la tiene. Eres uno más entre miles de millones. Lo que te hace diferente es que sabes cómo controlarla y utilizarla para resolver problemas. En ese sentido, eres una persona que destaca. Si te resulta incómodo destacar, no cuentes a los demás lo que estás haciendo.

No alardees de cómo te has librado de un dolor en segundos o has acabado rápidamente con un problema respiratorio. Guárdate estos hechos para ti. Si alguien te pregunta cómo lo hiciste, dile que lea este libro o que se apunte al curso del Método Silva. No te jactes de haber ayudado a otra persona a superar un problema de salud. Quédate con la satisfacción de guardártelo para ti mismo, sabiendo que has ayudado a la Creación.

La satisfacción del ego es una forma superficial de remuneración. Mereces algo mejor. Y Dios recompensa a sus cocreadores en formas muy superiores a un salario. Fue Kahlil Gibran, autor de *El Profeta*, quien nos recordó que no debemos invitar a un hombre rico a cenar a nuestra casa. A cambio, él se limitará a invitarnos a cenar a la suya. Invita a un pobre a tu mesa. Este hombre no podrá pagarte, así que el universo lo hará en su lugar.

El universo recompensa de formas extraordinarias.

Sesión 39
Cómo descubrir el propósito de tu vida

1. Cierra los ojos y gíralos ligeramente hacia arriba, hacia las cejas.
2. Los pasos 2A, 3A, 3B y 3C son ahora opcionales. Cuenta lenta y silenciosamente de 10 a 1. Deja pasar un segundo entre cada par de números.
   A. Empezando por el cuero cabelludo, concéntrate en las diferentes partes de tu cuerpo, desde la cabeza hasta los pies, relajándolas a medida que avanzas.
3. Cuando llegues a la cuenta de 1, piensa en ti mismo como en alguien joven, radiante, saludable y atractivo.
   A. Pregúntate mentalmente: «¿Por qué tengo este problema físico?». Luego deja que tu mente divague.
   B. Cuando en tus pensamientos aparezca alguna persona, concéntrate en esa persona. Visualízala.
   C. Imagina que ambos os perdonáis mutuamente. Visualiza un abrazo, un apretón de manos, sonrisas, cabezas asintiendo. Procura sentirte bien en esta situación.
4. Repite mentalmente: «Mantendré siempre un cuerpo y una mente perfectamente sanos».
5. Después di: «Voy a contar hasta cinco. Cuando llegue a cinco, abriré los ojos, me sentiré a gusto y sano. Me sentiré mejor que antes».
6. Luego empieza a contar. Al llegar a tres, repite: «Cuando llegue a cinco, abriré los ojos, me sentiré a gusto y sano. Me sentiré mejor que antes».
7. Sigue contando. Al llegar a cinco, abre los ojos y afirma mentalmente: «Estoy completamente despierto, me siento a gusto y sano. Me siento mejor que antes. No me cabe la menor duda».

¡Enhorabuena! Solo te queda un día para completar este curso y poner todos los recursos del Método Silva a trabajar para ti y tus seres queridos y amigos.

Cómo reconocer el propósito de tu vida

¿Es más saludable llevar una vida errante sin objetivo o propósito alguno o tener un propósito en la vida, fijarse metas, alcanzarlas y pasar a otras?

La experiencia demuestra que los vagabundos tienen menos interés en la vida, menos voluntad de vivir y, por lo tanto, están más sujetos al abatimiento, la infelicidad y la depresión que las personas que tienen un propósito en la vida. Su vida es escapismo, a veces a través de la bebida, hasta que finalmente se van.

La persona con un propósito en la vida es más enérgica, entusiasta y saludable. No importa cuál sea el propósito, siempre que se afronte con paciencia y confianza. Es sano detenerse de vez en cuando y recordarse a uno mismo su propósito en la vida.

Cuando una persona entrenada en el uso del hemisferio derecho del cerebro analiza los acontecimientos del mundo, se da cuenta de que la humanidad parece haber perdido el sentido de los valores en muchas áreas. Actuamos como si nos hubieran enviado a este planeta de vacaciones. Es como si estuviéramos en una pausa constante para el café.

Algunas respuestas interesantes y obvias surgen cuando una persona utiliza el nivel psíquico para considerar preguntas como «¿De dónde venimos?» «¿Por qué estamos aquí?» «¿Cuál es nuestro propósito?». Lo primero que nos viene a la mente es que hemos sido asignados por nuestro Creador a este planeta para cuidar de la Creación. Cuando analizamos nuestro propósito natural —casarse y formar una familia—, comprendemos que este es el sistema por el que el Creador se encarga de que se perpetúe la especie.

Del mismo modo, el deseo de estar sanos y de evitar el dolor y el malestar garantiza que estemos en buenas condiciones para realizar un trabajo de alta calidad. El deseo de acumular riqueza es coherente con el propósito de corregir los problemas. ¿Para qué estás hecho? ¿Estás alineado con tu objetivo? Puedes obtener respuestas a estas preguntas en el nivel Alfa:

1. Pasa al nivel Alfa. Profundiza en tu nivel.
2. Visualízate delante de ti.
3. Pregúntate cuál es tu propósito en este planeta.
4. Permítete soñar despierto en las ideas que rondan tu mente.
5. Termina tu sesión Alfa; sigue reflexionando sobre las ideas que han surgido.

Lo que has soñado despierto podría estar más cerca de lo que deberías hacer que lo que estás haciendo.

Cuando no estás haciendo lo que deberías hacer, tu trabajo parece aburrido e insatisfactorio..., condiciones estresantes que pueden afectar a tu salud. Como mínimo, esto significa que no serás tan vibrante, enérgico y atractivo para otras personas como podrías ser.

Sesión 40
Paz mental

Esta es la última mañana de tu entrenamiento. Ya conoces el procedimiento. Cuenta de 10 a 1.

Enhorabuena. Has completado el curso. A partir de ahora estás preparado para utilizar el método estándar de 5 a 1 para alcanzar el nivel Alfa.

Ahora estás en ese punto en el que eres capaz de sorprender a la profesión médica con tu capacidad para recuperarte de cualquier enfermedad o lesión a una velocidad increíble y, lo que es aún más importante, para evitar la enfermedad y mantener un alto nivel de bienestar y salud.

El tipo de persona que eres

Un artículo de United Press International de Los Ángeles fue titulado «Una visita de su abuela provoca la fantástica recuperación de un tumor de un niño».

El niño, de nueve años, había sido ingresado en el hospital en estado crítico. Los médicos habían afirmado que tenía un tumor cerebral y que podía morir en cualquier momento. Una fundación se encargó de que la abuela volara a Los Ángeles. Era dudoso que el niño pudiera sobrevivir hasta su llegada, pero lo hizo. Llegó un viernes. Su mejoría fue instantánea. El domingo lo sacaron de la lista de pacientes críticos. Una supervisora de enfermería declaró que su tumor estaba en estado de remisión.

Probablemente, este niño tenía algún rasgo de personalidad que exigía amor. Su llegada supuso la remisión de la enfermedad.

En 1959, los cardiólogos Meyer Friedman y Ray Rosenman recibieron la atención de los medios de información al plantear que las personas eran básicamente de dos tipos, uno más propenso a los ataques cardíacos que el otro. Las personas de Tipo A eran impacientes, competitivas, ambiciosas y propensas a la ira; las de Tipo B eran más relajadas y tranquilas.

Por supuesto, las de Tipo A eran las más propensas a convertirse en pacientes cardíacos. Recientemente, estos hallazgos se estudiaron con más profundidad, y la hostilidad destacó entre los rasgos definitorios de las personas de Tipo A. De hecho, se descubrió que el cinismo, la desconfianza en la naturaleza humana y el desprecio por los motivos de las personas, es la clave de la personalidad del Tipo A.

El tipo de persona que eres afecta a tu salud. ¿Eres capaz de trabajar en el «equipo» del Creador? ¿Eres capaz de trabajar en armonía con tus compañeros? Si la respuesta es no o tal vez, entonces no hay «tal vez» sobre tu necesidad de utilizar tu nivel Alfa para programar una actitud más positiva hacia los demás.

Estas son algunas de las afirmaciones que puedes hacerte a ti mismo y que cambiarán la hostilidad y el cinismo por la confianza y la cooperación:

- Tengo cada vez más comprensión, compasión y paciencia con los demás.
- Cada día tengo más confianza en mí mismo y en los demás.
- Cada vez me resulta más fácil trabajar con otras personas.

Detrás de estas palabras se esconde otro programa subliminal. Al afirmar estas palabras en el nivel Alfa, también estás diciendo: «Cada día, en todos los sentidos, estoy más sano y me siento mejor».

Más sano en todos los sentidos, porque no son solo el corazón y el sistema circulatorio los que reflejan las características del Tipo A y del Tipo B.

Estas son algunas de las preguntas que se hicieron en una encuesta sobre el cáncer y el estrés: «¿Tiene algún pasatiempo?» «¿Tiende a guardarse sus sentimientos para sí mismo?» «En los últimos tres años, ¿ha experimentado divorcio o separación, una muerte en la familia, dificultades financieras o laborales?». Ya conoces los resultados de esta encuesta. Sabes que las situaciones aquí señaladas pueden enfermarnos. El resultado no tiene por qué ser, necesariamente, el cáncer; también puede ser un sistema inmunitario debilitado, que es una puerta abierta a casi cualquier enfermedad.

La persona apática que dice con resignación «Soy como soy» puede estar firmando su sentencia de muerte. Pero, habiendo terminado este curso, ahora sabes cómo cambiar todo esto.

Paz mental

Estate dispuesto a ir a tu nivel Alfa y a programarte positivamente para cambiar tu forma de ser y vivir más tiempo.

A una salamandra a la que le han separado la cola de un mordisco le puede crecer una nueva. Los humanos aún no hemos adquirido la capacidad de hacer crecer un nuevo órgano o una nueva extremidad. Nos queda mucho por aprender sobre el control de nuestro cuerpo. Pero una cosa que estamos aprendiendo es que podemos dejar de hacer crecer tumores y cultivar enfermedades eliminando nuestros pensamientos conflictivos, nuestro resentimiento y nuestra desesperación. Si estos pensamientos no desaparecen por sí mismos, podemos alejarlos con pensamientos de amor y perdón. Entonces descubriremos la paz mental. Una vez que hagas este descubrimiento, cada célula de tu cuerpo sentirá la diferencia. Parecerá que las nubes oscuras han desaparecido y que el sol brillante ha empezado a brillar de nuevo. Se habrá restaurado el clima para un crecimiento sano.

Teilhard de Chardin escribió: «Algún día, después de haber dominado los vientos, las olas, las mareas y la gravedad, dedicaremos a Dios las energías del amor. Entonces, por segunda vez en la historia del mundo, el hombre habrá descubierto el fuego». Los médicos ven enfermedades en la sala de espera; no hombres, mujeres y niños.

¿Cómo pueden amar una enfermedad? En su trabajo, estos médicos son más mecánicos que amantes de las personas.

Tú y tu familia necesitáis suministrar el amor y el perdón que alimentan la vida de las personas. Tú y tu familia tenéis que suministrar el amor, el perdón, las risas, las alegrías, la música, las esperanzas y las oraciones que son tan esenciales para la curación de la mente. Una vez que los hayas suministrado, observa cómo se produce el milagro de la curación.

Las técnicas del Método Silva para acabar con el estrés, restaurar el optimismo y la confianza en uno mismo, comunicar subjetivamente el perdón y programar pensamientos y atributos positivos son pasos concretos que puedes dar ahora para demostrar tal curación.

Un resumen de las implicaciones de la curación

- Es correcto curar; es menos correcto ignorar tu papel en tu propia curación y en la de los demás.
- La curación es parte de nuestro papel como cocreadores con el Creador.
- Podemos reforzar nuestro papel de cocreadores yendo a Alfa y activando el cerebro derecho.
- En el proceso, mejoramos nuestra personalidad, la paz mental y la salud.
- Ser capaz de detectar problemas a distancia es una función natural del cerebro derecho (psíquico).
- El mundo está empezando a descubrir lentamente la capacidad curativa de la mente humana.
- Tienes un propósito en la vida; percibir este propósito y darle cumplimiento harán que la vida sea más fácil.

Segunda Parte
La visión del Método Silva

Sesión 41
El mundo del mañana

¿Te imaginas cómo sería la vida en la Tierra si todo el mundo utilizara ambos hemisferios cerebrales? ¿Cuál sería el efecto sobre la paz mundial si las diferencias entre individuos —incluidos los líderes mundiales— se abordaran de forma subjetiva, de Yo Superior a Yo Superior, no como cuestión de quién tiene razón, sino de lo que es correcto? ¿Qué pasaría si los geólogos y otros científicos fueran capaces de determinar psíquicamente la ubicación de las fuentes de energía y minerales a voluntad? ¿Cómo sería la gestión empresarial con ejecutivos capaces de tomar decisiones clave fiables de forma intuitiva? ¿Cómo sería la profesión de la salud si los médicos pasasen de tratar la enfermedad a mantener sanos a sus pacientes y utilizaran el poder de sus mentes más que los productos químicos y los medicamentos para mejorar su salud?

Creo que sería un mundo mejor. De hecho, creo que estaríamos en camino de crear un cielo en la tierra.

La predicción orwelliana de que en 1984 el Gobierno tendría el control parece haber sido lo que realmente pretendía ser: ficción. No habrá un Gran Hermano; cuando todos sintonicemos con nuestra intuición, habrá un Padre aún más grande.

La tarea de este capítulo es compartir con vosotros mi filosofía personal y mis propias intuiciones de lo que será el futuro.

La nueva frontera: el espacio interior

El físico Rupert Sheldrake[7] ha desarrollado un concepto para explicar el funcionamiento intuitivo. Según este punto de vista, llamado «causalidad formativa», existe una mente superior para cada forma de vida, y cada forma de vida programa esa mente superior. Mientras vivimos y aprendemos, tú y yo alimentamos con nuestro aprendizaje a esta mente superior. El Dr. Sheldrake llama a esta mente, que recuerda al inconsciente colectivo del Dr. Carl Jung, campo mórfico. Del mismo modo, Peter Russell ve un cerebro global. Considera que el planeta Tierra es capaz de autorregularse a través de una vasta inteligencia. Fritjof Capra considera que la nueva física corrobora la sabiduría de los antiguos filósofos chinos, que consideraban que el mundo material tenía una base espiritual.

Actualmente, los científicos son pioneros en una nueva frontera: el espacio interior. Están reconociendo el importante papel que desempeña la conciencia en el ámbito físico. No hace mucho tiempo, los científicos tenían una visión mecanicista, una filosofía material. Rechazaban o ignoraban el poder de la conciencia. Muchos científicos se aferran aún a esta visión, a pesar de las demostraciones de los efectos de la conciencia en la materia. Pero los científicos que tienen el valor de mantener sus convicciones son pioneros en una nueva y valiente visión del mundo que sostiene que la existencia es más que el resultado accidental de un *big bang*.

> Estamos empezando a ver el mundo bajo una nueva luz, la luz de la conciencia y la inteligencia. Esto bien podría ser nuestra ilustración definitiva. ¿Cuáles son algunas de las formas en las que puedes llevar tu vida de una manera más ilustrada?

Antes de compartir contigo mi visión de hacia dónde nos dirigimos, permíteme recordarte que aún estamos en pañales. Hemos logrado grandes cosas en la dimensión física, objetiva. Somos exploradores veteranos de la tierra, el cielo, el mar e incluso el espacio exterior. Pero en la dimensión subjetiva todavía

---

[7]   Autor de *La presencia del pasado: Resonancia mórfica y hábitos de la naturaleza* (Editorial Kairós, Barcelona, 2010).

somos niños. Incluso los clarividentes más hábiles de hoy no son más que bebés de pecho en comparación con los que surgirán en el futuro. Las habilidades que adquiriremos como seres humanos que piensan con el cerebro derecho y el izquierdo rivalizarán con los sueños de la ciencia ficción.

Todos aprenderán a ir a Alfa

Con solo un 10 % de la población capaz de utilizar ambos hemisferios del cerebro, estamos relegados al *statu quo*. Las exploraciones de nuestra inteligencia compartida, lo que Rupert Sheldrake llama el campo mórfico, sugieren que en el aprendizaje debe involucrarse un número crítico. Una vez que se alcanza ese número crítico, todo el mundo «sabe» o «está capacitado».

No sabemos cuál es el número crítico para los seres humanos, pero tenemos que acelerar la formación para que cada vez más personas de ese 90 % de la humanidad que aún no es consciente de los poderes de su cerebro derecho aprendan a funcionar intuitivamente, perceptivamente, de forma creativa y clarividente. Debemos formar a todos los padres, así como a los futuros padres, para que puedan formar a sus hijos. Una vez que esto ocurra, todas las personas adquirirán un pensamiento bicameral. Las religiones y las iglesias deben fomentar el uso del cerebro derecho. Ya hemos perdido dos mil años de práctica al ignorar el consejo de Cristo de entrar en el Reino de los cielos y convertirnos en profetas y sabios para que todo venga a nosotros.

La educación debe acelerar la activación del cerebro derecho en el proceso de aprendizaje. Al aprender a funcionar desde los centros de su espectro de frecuencias cerebrales (Alfa), los estudiantes pueden equilibrar perfectamente su pensamiento, utilizando ambos hemisferios cerebrales para aprender de forma más fácil y rápida, y para desarrollar su habilidad de resolver problemas.

La música se combinará con la ciencia y el arte con las matemáticas. Los esquemas de las lecciones reflejarán las capacidades de los dos hemisferios. Los cursos de memoria incluirán técnicas de visualización e imaginación. Los sistemas de lectura y aprendizaje rápidos se convertirán en un procedimiento estándar, al igual que el uso de equipos de retroalimentación

A medida que más y más personas adquieren la capacidad de usar ambos hemisferios cerebrales, el campo mórfico se programará para el funcionamiento mental bicameral, que se convertirá en nuestra forma de vida. Ya no viviremos en un mundo en el que solo se utiliza el cerebro izquierdo, sino que habitaremos un mundo en el que se usarán el cerebro izquierdo y el derecho. Habremos completado otra fase de la evolución en este planeta. Todos tendremos la capacidad de reconocer y alterar las actitudes y emociones que nos causan enfermedades. Todos sabremos reconocer el estrés y utilizar el nivel Alfa para mantenerlo a raya. En caso de enfermar, sabremos cómo corregir el problema mentalmente, y de necesitar los servicios de un médico, seremos capaces de apoyar su trabajo terapéutico, asegurando su éxito y acelerando la curación.

Para los médicos que usen ambos hemisferios, el diagnóstico será más rápido y preciso. La mayoría de pruebas costosas, y a menudo peligrosas, se irán sustituyendo por la clarividencia humana para determinar la naturaleza del problema. Gracias a su formación en el uso de toda la mente, los médicos del futuro emplearán con destreza la hipnosis y el hipnoanálisis para llegar a la causa mental de los problemas físicos.

Los psiquiatras clarividentes se proyectarán en los sueños o alucinaciones de sus pacientes para comprender mejor sus problemas, ya sean psicológicos o biológicos. Estos profesionales serán capaces de entrar en el pasado del paciente, tanto si está presente como si no, para encontrar las raíces de los problemas.

Los médicos y sus pacientes trabajarán juntos en los procesos curativos. Los médicos explicarán los problemas fisiológicos de los pacientes de forma pictórica a fin de que los pacientes puedan entrar en el nivel Alfa para curarse a sí mismos. Como resultado, la curación tendrá lugar en una fracción del tiempo que se necesita en la actualidad. El elevado coste de los servicios médicos se reducirá. La carga de pacientes en los hospitales se verá aliviada. Puesto que las personas serán más capaces de evitar el estrés, gozarán de mejor salud y la esperanza de vida aumentará.

Los que manejamos vehículos utilizaremos de forma inteligente nuestra capacidad de trascender el espacio y el tiempo. Por lo tanto, seremos capaces de evitar accidentes. Al activar nuestro cerebro derecho, fortaleceremos nuestra intuición. Las personas con un alto factor intuitivo se moverán, funcionarán y actuarán a tiempo para escapar de los peligros. La programación para la supervivencia se expresa a través de ambos hemisferios cerebrales y, por lo tanto, dejaremos intuitivamente de fumar, de tomar drogas y de practicar otros hábitos destructivos. Nuestra supervivencia estará garantizada por el fortalecimiento de nuestro sistema inmunitario, nuestra inclinación natural a hacer ejercicio físico y nuestra mayor inclinación a la comida, el aire, el agua y el sueño adecuados.

¿Viviremos para siempre? No. Pero llegaremos al final de nuestros días sin el debilitamiento, el dolor y los problemas de salud de la vejez.

Cómo podría ser la vida

Además de una buena salud, veremos otros cambios significativos a medida que todos aprendamos a ir a Alfa y a utilizar ambos hemisferios cerebrales de forma controlada. El día a día de los negocios será muy distinto de lo que conocemos hoy. Los ejecutivos harán uso de su intuición y clarividencia para tomar decisiones empresariales acertadas.

Habrá menos fracasos empresariales, si es que llega a haber alguno. La planificación diaria se hará adecuadamente, ya que los responsables de la toma de decisiones y los productores serán capaces de evaluar con precisión las necesidades del mercado.

Los directores de personal contratarán siempre a las personas adecuadas para los puestos de trabajo. Los directores de producción podrán controlar la calidad mediante la clarividencia y la comunicación subjetiva. Los trabajadores y los directivos podrán trabajar juntos en armonía por el bien común. Los financieros utilizarán la clarividencia para tomar sus decisiones de inversión. Los industriales sabrán qué fabricar para unas necesidades de consumo futuro que preserven el medio ambiente y presten el mayor servicio a la humanidad. Los estudiantes que se gradúen se sentirán atraídos intuitivamente por el trabajo para el que son más aptos y que mejor se adapta a las necesidades de la época y el lugar. Los jóvenes escucharán menos las llamadas del *glamour*, el brillo y la fama, y más las del talento y la productividad.

No habrá escasez de recursos naturales en el mundo, ya que aprenderemos a vivir con lo que tenemos. Y lo que tenemos será más accesible a medida que aprendamos a encontrar intuitivamente lo que necesitamos y a reconocer recursos alternativos. Los ingenieros petroquímicos y los geólogos utilizarán sus mentes para buscar petróleo y minerales subterráneos, detectando el tipo, la profundidad, la cantidad y la calidad, y evitando los costosos errores y las perforaciones fallidas que hoy son inevitables.

Los ganaderos y agricultores, responsables de proporcionar alimentos para la supervivencia humana, utilizarán la clarividencia para seleccionar las razas adecuadas y las mejores semillas. Cuando estén centrados en su pensamiento, su trabajo estará más en sintonía con la Madre Tierra: plantarán y cosecharán las semillas correctas en el momento y el lugar adecuados, y fertilizarán, almacenarán, transportarán y distribuirán como es debido. Las fuerzas y cuerpos de seguridad utilizarán sus habilidades mentales para detectar el crimen y detener a los delincuentes, y el crimen disminuirá gracias a estas mejoras. Las personas con tendencias criminales serán identificadas antes de cometer delitos y se les enseñará a comportarse con civismo.

Los líderes gubernamentales serán más francos, abiertos y sinceros. Serán capaces de proyectarse mentalmente hacia el futuro, tanto a las necesidades de su pueblo como a las acciones de los pueblos vecinos. Las diferencias se detectarán cuando aún sean pequeñas y se resolverán con una comunicación subjetiva. Las guerras entre naciones se reducirán sensiblemente al eliminarse el factor sorpresa y las crisis de confianza.

La gente será más humana. Habrá más respeto por la vida en todas sus formas. La gente será más comprensiva y proclive a perdonar, a medida que se reduzca la exclusividad y se forje la unidad. Habrá paz, salud y felicidad en la tierra.

¿No es esta recompensa lo bastante significativa como para que dediques unos minutos durante cuarenta mañanas a aprender a utilizar el nivel Alfa para cualquier propósito que desees?

El camino de vuelta al Padre

La humanidad ha perdido el rumbo. La humanidad ha caído tan bajo en el reino material del cerebro izquierdo que nuestra conexión con el reino espiritual, el reino del cerebro derecho, ha quedado atrás. Quizás el primer paso en falso se dio en el Jardín del Edén, cuando la humanidad comió por primera vez del árbol de la ciencia del bien y del mal. Esta es la polaridad material de la que se nutre el cerebro izquierdo. Tal vez continuó en los días de la Torre de Babel, donde se hablaban muchas lenguas, lo que supone una mayor especialización del hemisferio izquierdo. El hecho es que, independientemente de cómo hayamos llegado a este punto, hoy somos un pueblo sordo a la voz del Padre en nuestro interior.

Cuando al mayor sanador de todos los tiempos, Jesús, le preguntaron de dónde obtenía cierta información, su respuesta fue: «Del Padre».

Nunca había perdido su conexión con el Padre. A través de las décadas en que se fue desarrollando el Método Silva, se produjeron muchas «coincidencias» que involucraban a Jesús. Durante los primeros años, estas me ayudaron a comprender que estaba en el camino correcto. Descubrí que las personas que activan sus hemisferios derechos se vuelven más espirituales, más humanas. Un humano no es alguien que simplemente parece humano. Un humano es alguien que también actúa como humano. «Por sus frutos los conoceréis».

Alfa es la dimensión espiritual. Es la fuente de la intuición. La intuición es la voz de una Inteligencia superior a la nuestra. Es la fuente del perdón, el amor y la confianza, los atributos que Jesús nos enseñó. Nos exhortó a vivir estas cualidades. Pero, ¿cómo podemos hacerlo cuando permitimos que nuestro cerebro izquierdo domine nuestras vidas? El cerebro izquierdo se nutre de la separación, el conflicto y el ego.

Jesús nos exhortó a buscar el reino de los cielos dentro de nosotros (el Alfa) y a funcionar dentro de la justicia de Dios, cuidando de Sus criaturas con perdón, amor y confianza. Si lo hacíamos, prometió, todo encontraría su cauce. «Y todo lo demás se os dará por añadidura». Especialmente la buena salud. Porque el Alfa es la conexión con Dios.

¿Te imaginas lo que hubiera pasado aquí en la tierra si en su momento hubiéramos entendido el mensaje de Jesús? Hoy estaríamos viviendo en el Paraíso. Estaríamos pensando en diez ciclos, y todo el mundo no solo estaría más cerca de Dios, sino que sería más parecido a Dios.

Pero no es demasiado tarde. Tienes la llave en tu mano. Utilízala y todo lo demás te será dado por añadidura.

Cinco… cuatro… tres… dos… uno…

Tercera Parte
Aplicaciones específicas

Esta sección pretende ser una guía de referencia rápida para aplicaciones específicas. En algunos casos, el material presentado en las páginas anteriores se repite aquí para tu comodidad.

Sesión 42
Cómo corregir comportamientos anómalos

Siempre que se utiliza la comunicación subjetiva para normalizar un comportamiento aberrante, el receptor parece cambiar inmediatamente de opinión. Un vecino obstinado se comporta de forma más amistosa. Un trabajador problemático se vuelve más cooperativo. Un cliente reacio decide comprar. Un familiar rebelde se reforma. Un fumador busca ayuda para dejar de fumar.

Cuando la comunicación subjetiva se utiliza para poner fin a un comportamiento destructivo o que pone en peligro la vida de otra persona, parece surtir efecto más rápidamente que cuando se utiliza en asuntos menos críticos.

Las neuronas del cerebro están programadas de muchas maneras, pero la prioridad absoluta es la supervivencia. El mensaje de supervivencia que se envía objetivamente es prioritario. Además, cuando consideras que en Alfa estás activando tu hemisferio derecho, que es tu conexión con tu fuente, te das cuenta de que tu Yo Superior está enviando el mensaje. El mensaje va del Yo Superior al Yo Superior. ¿Pueden las neuronas del cerebro ignorar un mensaje procedente de esta fuente?

Podemos lograr todo lo descrito anteriormente, y mucho más, comunicándonos de forma subjetiva. Pero no creas que aquí vas a encontrar las claves para abrirte camino en casa o en la oficina. Recuerda que la reciprocidad es un requisito básico. No puedes crear una solución para ti a la vez que creas un problema para otra persona. Puedes influir en una persona en la dirección que elijas solo si esa dirección es la adecuada.

Ciertamente, dejar de fumar es una dirección adecuada para el fumador que quiere dejar el hábito.

Tú ya sabes cómo programarte para dejar el hábito de fumar, y sabes que estos pasos no pueden imponerse a otra persona. Esa persona tiene que tomar la decisión personal de dejar de fumar y estar motivada para dar ese paso.

Te he enseñado a utilizar películas mentales para abandonar tu propio hábito, pero motivar a los demás requiere de la comunicación subjetiva. El procedimiento es el siguiente:

1. Ve a tu nivel Alfa.
2. Visualiza a la persona.
3. Habla mentalmente con la persona sobre el hábito de una manera cariñosa. Explícale cómo beneficiaría, a él, a su familia y a sus compañeros de trabajo, así como a ti mismo, que dejase el hábito (que dejase de fumar).
4. Termina tu sesión Alfa.

Cómo motivar a una persona para que deje de fumar

Las palabras que elijas —Paso 3— son la clave del éxito. No sería apropiado que yo te diera estas palabras. Deben ser tus propias palabras. Debes sentir con sinceridad lo que estás diciendo. Tu entusiasmo personal por lo que estás haciendo proporciona la «potencia» de tu «transmisión».

Sin embargo, permíteme estimular tu pensamiento enumerando una serie de declaraciones en beneficio mutuo que podrías utilizar en una conversación tan subjetiva. Podrías decir lo siguiente:

- «Vivirás más tiempo si dejas de fumar. Todos te queremos y deseamos que tengas una vida larga y sana».
- «Tu aliento olerá mejor, algo que agradeceré yo. Disfrutarás más de la comida porque tu sentido del gusto mejorará, algo que agradecerás tú».
- «Ahorrarás dinero. Evitarás que se quemen los muebles. Tú y tu familia estaréis mejor».
- «Tus dientes y dedos ya no estarán manchados. Serás más atractivo para los demás».
- «Como no fumador, ya no serás esclavo de ese paquete y serás más aceptado socialmente por los demás».

Todo lo anterior debe ser expresado y sentido de forma cariñosa. Pero, ¿qué pasa si la persona te cae mal? ¿Y si la persona es una maldición en tu vida? Ese ruido que acabas de escuchar en la línea era una desconexión. Cualquier tipo de animosidad, prejuicio, resentimiento, rivalidad u otra emoción negativa es una separación. Si te separas del sujeto de cualquier manera, rompes la conexión.

Debes hacer borrón y cuenta nueva. Esto se llama perdón. Ya sabes que el procedimiento para el perdón debe ser de ida y vuelta, subjetivamente. Este paso debe ser la primera parte de tu conversación imaginaria. Podría ser así:

«Te perdono por todos nuestros malentendidos pasados y espero, a su vez, que me perdones».

A continuación, visualiza un apretón de manos, un abrazo o cualquier símbolo de borrón y cuenta nueva que sea apropiado en la relación.

Pronto deberías ver el resultado de tu comunicación subjetiva en el deseo de la persona de romper el hábito. La persona puede hablar de ese deseo de dejar el hábito, o comprar un libro o una cinta sobre cómo hacerlo, o buscar ayuda clínica... o quizás inscribirse en un seminario del Método Silva.

Cómo motivar el abandono de cualquier hábito

Cualquier hábito no deseado —alcoholismo, sobrealimentación, ludopatía, morderse las uñas, retorcerse el pelo— puede ser atacado de esta manera. Mantén una conversación para motivar a la persona a dejarlo. Siempre que haya voluntad para abandonar el hábito, habrá una manera.

J. A. había entrado y salido de la cárcel desde 1961 hasta 1981. Durante los últimos quince años había sido un adicto a la heroína. «Lo he intentado todo», escribió, «desde la psicoterapia individual hasta los grupos de autoayuda, pasando por la terapia de grupo y el *coaching* individual, tanto dentro como fuera de la cárcel. Ninguna de estas cosas me ayudó en lo más mínimo. Gané más conocimientos sobre mí mismo, pero la afección seguía allí».

J. A. se inscribió entonces en el curso del Método Silva. Unas semanas después, escribió: «No fue hasta este mes que vi alguna esperanza de recuperación de mi enfermedad. Desde el primer fin de semana no he sentido el más mínimo impulso de consumir heroína o cualquier otra droga.

»Se podría decir que es demasiado pronto para elogiar el programa, ya que solo han pasado unas semanas. Sin embargo, cuando, como yo, has vivido en la sombra de tu propia autodestrucción durante quince años, y has pasado por todo el horror y el dolor que me hice pasar a mí mismo, no necesitas esperar un año o dos para saber cuándo algo funciona. No desperdiciaré la menor oportunidad de hablarle del Método Silva a cualquier adicto o a cualquier otra persona que necesite ayuda y esté dispuesto a escuchar. Sé que es lo que necesito para salvar mi vida, y sé que puedo salvar a otros como yo.

La adicción a las drogas no tiene respuestas simples. Sin embargo, hay una verdad que no tiene excepciones: cambia tu mente y cambiarás tu realidad. J. A. cambió su forma de usar el cerebro mientras hacía el entrenamiento del Método Silva. Así que su realidad cambió.

Pero —me dirás— una adicción crea una dependencia física. ¿Qué hay de los síntomas físicos de la abstinencia? Cambia tu mente y cambiarás la química de tu cuerpo. Esto lo sabemos. Este es el punto más fácil de entender. Sin embargo, la realidad de cada persona va más allá de su cuerpo, a los cuerpos de otras personas, a las mentes de esas personas, al entorno inmediato, a la comunidad, al país, al mundo, al universo, a la Fuente. Las semillas de los comportamientos excesivos pueden arraigar en cualquier parte del camino. No es de extrañar que no haya una respuesta clara a la adicción a la heroína o a otras sustancias, salvo un cambio de mentalidad.

El entrenamiento del Método Silva puede llevar a ese cambio de mentalidad, como lo hizo en el caso de J. A. También lo puede hacer la comunicación subjetiva de una persona sincera al adicto.

> El objetivo de esta comunicación debe ser conseguir un cambio de mentalidad y motivar a la persona a buscar ayuda, y la forma de la conversación debe adherirse concienzudamente a los requisitos fundamentales para el éxito de la comunicación con el cerebro derecho.

No hace falta decir que las adicciones de menor importancia, que no implican sustancias adictivas y que, sin embargo, son molestas, antisociales y no deseadas, también responderán a estos pasos básicos: ir al nivel Alfa y mantener una conversación con la persona, animándola a cambiar de opinión, motivando así a la persona a que haga lo necesario para modificar el comportamiento no deseado.

Sesión 43
Insomnio, jaquecas y fatiga

Si sufres de dolores de cabeza por tensión, puedes tomar analgésicos de venta libre con bastante facilidad. Millones de personas lo hacen. Pero muchos de los que toman aspirinas con regularidad se ven afectados por otros problemas. Esta vez en sus estómagos. La aspirina puede causar pequeñas perforaciones en la mucosa gástrica. Estas, a su vez, pueden convertirse en úlceras. Otras pastillas similares a la aspirina pueden causar problemas hepáticos.

Si estás deprimido, puedes tomar estimulantes. Si está nervioso, puedes tomar calmantes. Si no puedes dormir, hay pastillas para eso también. Se calcula que en los Estados Unidos hay más de veinticinco millones de insomnes que se gastan más de 100 millones de dólares en medicamentos con receta para dormir. Sin embargo, en un simposio celebrado en 1976, los médicos informaron de que la mayoría de estas prescripciones eran un desperdicio de dinero y que muchos de esos medicamentos en realidad provocaban, en lugar de curar, el insomnio.

Según médicos de la Clínica de Trastornos del Sueño de la Universidad de Stanford, cerca del 40 % de los pacientes que se quejaban de insomnio, en realidad perdían el sueño porque se habían vuelto dependientes de los fármacos que tomaban para tratar el insomnio. Después de dejar de tomar los medicamentos gradualmente, estos pacientes durmieron un 20 % más, y muchos ya no tenían problemas de sueño.

Un enfoque subjetivo de los problemas causados subjetivamente es más directo y no tiene efectos secundarios. En el caso del insomnio, primero prográmate en Alfa para que cada vez que vayas a Alfa y cuentes atrás lentamente, te muevas en la dirección del sueño normal y natural. Luego, cada vez que estés desvelado, ve a Alfa. Comienza a contar hacia atrás desde 200.

Es posible que no consigas completar la cuenta atrás, ya que ralentizarás tus ondas cerebrales hasta llegar a Teta y, luego, al sueño profundo Delta.

A modo de repaso, esta es la fórmula básica para deshacerse de actitudes y dolores molestos:

1. Ve a tu nivel Alfa.
2. Identifica el problema.
3. Afirma su opuesto: la solución.
4. Imagina que la solución está en marcha.
5. Termina tu sesión Alfa.

Veamos algunos ejemplos.

Empecemos por el problema de las cefaleas tensionales. Utiliza este procedimiento de cinco pasos:

1. Entra en el estado Alfa de la forma habitual; puede ser útil profundizar en este nivel con ejercicios de cuenta atrás o con el procedimiento de relajación progresiva.

2. Identifica el problema, diciéndote mentalmente: «Tengo dolor de cabeza; no quiero tener dolor de cabeza».

3. Afirma la solución, diciéndote mentalmente: «Cuando termine mi sesión y abra los ojos a la cuenta de 5, ya no tendré dolor de cabeza; me sentiré bien».

4. Visualízate como si te miraras en un espejo de cuerpo entero. Te duele la cabeza; tienes aspecto de tener dolor de cabeza. Mueve la imagen ligeramente hacia la izquierda: el dolor de cabeza empieza a desaparecer. Vuelve a mover la imagen hacia la izquierda: imagínate sin dolor de cabeza.

5. Cuenta hasta 5, recordándote al llegar a 3 que cuando abras los ojos a la cuenta de 5 ya no tendrás dolor de cabeza y te sentirás bien. Cuando llegues a 5, recuérdatelo de nuevo y abre los ojos. Si queda algún resquicio de dolor de cabeza, espera cinco minutos y repite el proceso. A veces, en el caso de migrañas severas, pueden hacer falta tres sesiones con cinco minutos de diferencia para obtener alivio.

Otro ejemplo podría ser el cansancio. Aplica la misma fórmula básica:

1. Entra en Alfa de la forma habitual y profundiza en tu nivel.
2. Identifica el problema verbalizándolo mentalmente: «Estoy cansado y fatigado; no quiero estar cansado y fatigado; quiero estar lleno de energía, bien despierto y activo».
3. Afirma la solución, diciéndote mentalmente: «Cuando abra los ojos a la cuenta de 5, ya no estaré cansado. Estaré lleno de energía».
4. Visualízate cansado. Mueve la imagen hacia la izquierda e imagina que te empiezas a animar. Mueve la imagen de nuevo hacia la izquierda e imagínate dinámico y activo.
5. Cuenta hasta 5, recordándote a ti mismo antes de empezar a contar, a la cuenta de 3, y al llegar a 5, «estoy bien despierto, lleno de energía, me siento muy bien».

Otro momento para aplicar esta fórmula es cuando te sientas deprimido. Estos son los cinco pasos que debes aplicar en esta condición:

1. Ve a Alfa. Profundiza en él.
2. «Me siento decaído, deprimido. No quiero sentirme decaído o deprimido. Quiero sentirme entusiasta, enérgico y optimista».
3. «Cuando abra los ojos a la cuenta de 5, ya no me sentiré deprimido. Me sentiré en la cima del mundo».
4. Visualízate tal y como estás. Mueve la imagen ligeramente hacia la izquierda e imagina que te empiezas a sentir más «vivo». Vuelve a mover la imagen ligeramente hacia la izquierda e imagínate con la cabeza alta, los hombros hacia atrás, animado y con ganas.
5. «Cuando abra los ojos a la cuenta de 5, me sentiré muy bien». Repite a la cuenta de 3 y de nuevo a la de 5, abriendo los ojos.

Sesión 44
Depresión crónica severa

La depresión es un problema grave que puede llevar a la desesperanza, incluso al suicidio. Cuanto más profunda es la depresión, más profundos son los niveles de Alfa necesarios para acabar con ella. Así como más positivas y frecuentes las técnicas de programación que hay que utilizar. Además, con la depresión se necesitan enfoques tanto objetivos como subjetivos.

A continuación se presentan algunos pasos de ambas categorías que pueden ser útiles.

Enfoques objetivos

1. Consulta a tu médico, que podría prescribirte fármacos o suplementos dietéticos.
2. Aumenta tu actividad física. Haz ejercicio. Da largos paseos.
3. Sé creativo en tu trabajo. Mientras lo haces, es posible que vislumbres las razones de tu depresión.

Enfoques subjetivos

1. Ve a Alfa y medita sobre tu depresión. Descubre una razón para ella.
2. Haz el ejercicio básico de cinco pasos descrito en la Sesión 43. Sustituye «depresión» en la fórmula. Haz esto tres veces al día.
3. Antes de dormirte por la noche, ve a Alfa, junta el pulgar y los dos primeros dedos de una de tus manos y dite a ti mismo: «Mañana estaré de buen ánimo todo el día».

4. Cuando te sientas agotado físicamente, es bueno ser generoso con los demás. Esto puede parecer contradictorio, pero las cosas en el mundo subjetivo son a menudo inversas a las que se dan en el ámbito objetivo. En el mundo subjetivo, cuanto más das, más tienes. Cuando ayudas a los demás, también te ayudas a ti mismo.

Para la depresión, involúcrate en proyectos con otras personas, incluso si eso implica hacer voluntariado. Cuando te involucras en actividades constructivas y creativas que ayudan a hacer de este un mundo mejor para vivir, tu mundo también se vuelve más luminoso.

Sesión 45
Problemas de espalda

Los médicos se sienten a menudo frustrados por los problemas de espalda que se niegan a responder a sus tratamientos. He aquí un ejemplo representativo, el de Barbara G. Parker, de Oklahoma City:

«A finales de agosto de 1983 fui a ver a un quiropráctico porque había probado todo lo demás. En dos años nada me había ayudado. Los médicos me habían prescrito reposo en cama o muletas y medicamentos, y seguía teniendo los mismos problemas: dolores en la cadera derecha, dolor en el hombro derecho, dolores de cabeza, dolor de cuello e insomnio. El quiropráctico me hizo radiografías y encontró deterioro de los discos, pérdida de la curva cervical, desalineación rotacional de las vértebras cervicales y curvatura de la columna torácica. O, en palabras sencillas, los discos de mi columna vertebral se estaban cerrando y causando presión en los nervios y haciendo que me doliera la pierna. Después de dos meses de terapia, el quiropráctico sugirió que asistiera a la formación del Método Silva. Él había hecho el curso hacía unos años. Esperaba que me ayudara.

»Pues bien, ¡tenía razón! Nuestro conferenciante tenía algunas sugerencias realmente buenas sobre cómo imaginar una espalda sana. Fui al nivel y programé tres veces al día y empecé a mejorar. Seguí el curso del Método Silva en noviembre. En enero, las radiografías mostraron que el disco que se estaba cerrando ahora estaba abierto como correspondía. Estoy durmiendo toda la noche y el problema ha mejorado...

¿Qué imágenes mentales podría haber utilizado Barbara Parker para ayudar a su médico a ayudarla? La respuesta general: visualizar su cuerpo sano. La respuesta específica: visualizar cómo se separaban los discos de la espalda.

Me recuerda a la Técnica Alexander, inventada por el actor australiano F. Matthias Alexander en 1894. Aquejado de una creciente pérdida de voz durante las actuaciones, descubrió que cuando realineaba mental y físicamente su cabeza y su cuello, su voz volvía. Más tarde descubrió que si se concentraba mental y físicamente en este cambio postural en otros, era capaz de aliviar muchas enfermedades. La Técnica Alexander se enseña ahora en varios continentes. El componente mental consiste en imaginar el cuello libre y la cabeza elevándose para permitir que la espalda se alargue y se ensanche. Cuando uno mantiene esa imagen en la mente y verbaliza las palabras apropiadas, el cuerpo sigue el ejemplo.

Otros métodos han utilizado imágenes mentales para ayudar al cuerpo, pero el Método Silva fue el primero en asociar estas imágenes con el nivel Alfa. Esta innovación permitió a sus alumnos sacar un mayor provecho de su mente, mejorando los resultados de otros métodos de visualización, ampliando los usos de dichos métodos.

Si tienes un problema de espalda, ve a tu nivel Alfa e imagina que se corrige. Utiliza todo lo que sepas sobre el problema imaginando que se produce esa corrección. Si tu médico dice que los discos están presionando, como en el caso de Barbara Parker, imagina que los discos de la columna se separan. De hecho, imagina que tú mismo los separas.

Visualízate como si te miraras en un espejo de cuerpo entero. En un segundo espejo a tu izquierda, imagina que estás en tu interior estirando la columna vertebral. En tu imaginación, realiza las correcciones necesarias para que tu columna vertebral quede en perfecto estado.

Los profesionales de la salud necesitan imaginar las cosas con precisión anatómica. Ellos saben cómo son los discos de la columna vertebral, así que deben usar lo que saben. Pero tú no eres un médico. No necesitas imaginar las cosas con precisión fisiológica. Tú estás identificando el problema para tus neuronas tal como lo entiendes. Eso es todo lo que tus neuronas cerebrales necesitan para saber lo que quieres transmitir.

Si bien un cirujano realizaría una corrección en su imaginación de la misma manera que la haría en una mesa de operaciones, todo lo que tú tienes que hacer es imaginar la corrección que necesitas, tal como seas capaz de concebirla. Las neuronas de tu cerebro recibirán el mensaje.

Si necesitas ayuda para imaginar cómo es la columna vertebral, busca en una enciclopedia. Esta es una buena idea, por cierto, para cualquier parte del cuerpo en la que estés trabajando. Pero no te exijas una imagen perfecta de ti mismo. Las imágenes mentales son nuestra manera de mantener los conceptos mentales, y es realmente el concepto de una columna vertebral el que hace el trabajo. Las imágenes mentales, por tanto, no tienen que ser nítidas, en Technicolor y en pantalla gigante. Acepta las imágenes que visualizas.

Algunas personas tendrán imágenes más precisas que otras, pero todas las personas, independientemente de cómo visualicen e imaginen, pueden ayudar al proceso de curación. El único requisito es que hagas este trabajo mental en Alfa.

Así que, para arreglar un problema de espalda, sigue estos pasos:

1. Ve a tu nivel Alfa.
2. Visualízate delante de ti. Puedes sentir a través de tu cuerpo hasta la columna vertebral y visualizar el problema de espalda.
3. Imagínate arreglando el problema de la espalda, separando los discos, enderezando las vértebras, haciendo lo que sea necesario.
4. Mueve la imagen ligeramente hacia la izquierda e imagina que la cura empieza a hacer efecto.
5. Vuelve a mover la imagen ligeramente hacia la izquierda; imagínate en perfecto estado.
6. Finaliza la sesión.

Sesión 46
Cálculos renales y biliares

Si tienes una piedra en el riñón, ¿cómo la visualizas? No importa. Visualiza el riñón afectado. Imagínate el aspecto que podría tener un cálculo renal. Deshazte de él. Termina tu sesión.

Pero, concretamente, ¿cómo puedes deshacerte de un cálculo? Puedes pulverizarlo con los dedos e imaginar que el polvo se disuelve en la orina. Puedes usar un rayo láser e imaginar que el diminuto rayo de luz desintegra la piedra. O, si vas a recibir un tratamiento con ultrasonidos, imagina que el sonido agudo desintegra el cálculo y sus restos pulverizados se disuelven en la orina, abandonando el cuerpo sin dolor.

Este es el procedimiento paso a paso:

1. Ve a tu nivel Alfa.
2. Visualízate frente a ti. Visualiza las piedras donde quiera que estén en tu cuerpo; aplástalas con tus dedos en tu imaginación.
3. Mueve la imagen ligeramente hacia la izquierda y completa la pulverización imaginaria de las piedras; imagina que se disuelven en el órgano o en las secreciones del cuerpo.
4. Mueve la imagen una vez más hacia la izquierda e imagina que no queda rastro de las piedras; estás perfecto.
5. Termina la sesión. Repite la operación por la mañana, al mediodía y por la noche.

El procedimiento básico es siempre el mismo. Vas a tu nivel. Identificas el problema visualizándolo. Mueves la imagen hacia la izquierda y te imaginas en proceso de curación. La mueves un poco más hacia la izquierda y te ves curado. Terminas la sesión.

Estas son algunas opciones:

- Puedes pasar a Alfa mediante una cuenta atrás o desenfocando los ojos.
- Puedes profundizar tu nivel Alfa con más cuentas atrás o con relajación progresiva.
- Puedes cuestionar la causa de tu enfermedad y, si se trata de otra persona, pasar por un procedimiento de perdón subjetivo.
- Puedes imaginar que realizas un viaje dentro de tu cuerpo o visualizarte delante de ti.
- Puedes añadir mentalmente afirmaciones verbales del tipo «cada vez estoy más sano».

Estas opciones dependen de ti, de cómo te sientas y del tiempo del que dispongas. Consulta los capítulos anteriores para repasar los pasos a seguir.

Hablando de tiempo, la cantidad óptima de tiempo para dedicar en cada sesión es quince minutos, destinados en su mayor parte a resolver el problema e imaginar la llegada de la solución.

Sesión 47
Enfermedades idiopáticas (sin causas conocidas)

¿Cómo se «arregla» un problema tan complicado o tan poco comprendido que resulta difícil o imposible de visualizar?

A. J. fue tetrapléjico durante dieciocho años. Tenía una parálisis total en un lado, y un 8 % de parálisis en el otro. Los médicos le dijeron que tenía esclerosis múltiple (EM), una enfermedad progresiva incurable, y que moriría en pocos años. Decidió apuntarse a la formación del Método Silva. El primer día de entrenamiento Alfa, notó que la sensibilidad volvía a un dedo. En una etapa más avanzada del curso sintió la necesidad de dejar la medicación. Al final de la formación, había recuperado completamente su brazo izquierdo.

A. J. comenzó a programarse en el nivel Alfa para alcanzar objetivos específicos. Quería ser capaz de salir de la silla de ruedas y conducir un vehículo. Durante un tiempo, dos veces al día fue a su nivel Alfa durante unos minutos y creó una imagen mental de sí mismo conduciendo un vehículo. Al cabo de ocho meses, había alcanzado su objetivo: había adquirido una furgoneta con un mecanismo para elevar su silla de ruedas desde la acera a fin de poder pasar al asiento del conductor.

Se fijó otro objetivo: poder caminar y subir escaleras.

De nuevo creó una película en la que se imaginó subiendo la escalera para entrar en un estadio deportivo local. Catorce meses después de hacer el entrenamiento del Método Silva, subió esas mismas escaleras.

Muchos otros enfermos de esclerosis múltiple se han ayudado a sí mismos en Alfa para revertir la enfermedad o al menos detener su progresión. Pero no han utilizado necesariamente imágenes mentales del problema fisiológico en cuestión. Se sabe muy poco sobre esta enfermedad, e incluso lo que se sabe es demasiado difícil de entender y visualizar para un lego en la materia. Es fácil visualizar manchas en los pulmones, borrar esas manchas, imaginar unos pulmones sanos, y librarse de la tos. Es fácil visualizar manchas o islas claras en el páncreas, imaginar la eliminación de esas manchas y ayudar a normalizar la hipoglucemia. Es fácil visualizar una lesión en la mucosa gástrica e imaginar su recuperación, superando así una úlcera. Pero hay muchas dolencias, como la esclerosis múltiple, en las que visualizar el problema no es tan fácil. El procedimiento, entonces, es hacer lo que hizo A. J.: imaginar el objetivo.

En general, el objetivo es volver a la vida normal, sin los elementos que la inhiben. Así que, en lugar de imaginarte reparando la zona afectada del cuerpo, imagínate levantándote de la cama, viéndote y sintiéndote bien. Volviendo a disfrutar de la vida.

Salvo este cambio, el procedimiento es el mismo.

Sesión 48
Problemas vasculares

En el caso de un problema relacionado con los vasos sanguíneos del corazón, el procedimiento es el siguiente:

1. Ve a tu nivel Alfa.
2. Visualízate con el problema vascular. Tal vez acabas de subir unas escaleras y te ha empezado a doler el pecho. Imagínate mentalmente en lo alto de las escaleras, con la mano en el pecho. Haz esto durante uno o dos minutos.
3. Mueve la imagen ligeramente hacia la izquierda (unos quince grados) e imagina que se empieza a producir una corrección; como la corrección implica la eliminación de la placa acumulada en las paredes de las venas o arterias, imagina que la placa se va disolviendo. Imagina un cambio en la química de la sangre o quizás un limpiador de tuberías o un rayo láser haciendo el trabajo. Da igual la forma que elijas de imaginar que la sanación está teniendo lugar. Dedícale doce minutos.
4. 4De nuevo, mueve la imagen ligeramente hacia la izquierda (unos quince grados) e imagina que tu sistema circulatorio funciona perfectamente y que ya no tienes dolores en el pecho. Subes escaleras, corres, realizas todas tus actividades sin problema. El dolor ha desaparecido. Dedica uno o dos minutos a esta imagen.
5. Termina tu sesión.

Ten en cuenta que he utilizado «visualizar» en el paso 2, pero «imaginar» en los pasos 3 y 4. Como no somos médicos, el paso de corrección no es algo que hayamos visto antes. Así que imaginamos.

Sesión 49
Cómo identificar las alergias

Tu mente sabe lo que está causando esa irritación de la piel. Tu mente sabe por qué se obstruyen tus senos nasales. Tu mente sabe por qué desarrollas esa tos. Pero tu mente no te lo dice. Tú puedes hacer que tu mente te cuente la causa de tu alergia. Aquí se sugieren varios enfoques.

Contemplemos estas tres situaciones:

A. La causa es una de las posibles sustancias conocidas.
B. La causa es una sustancia desconocida.
C. La causa es una sustancia u otro elemento.

A. Cuando la causa de la alergia es uno de varios alimentos o sustancias conocidos, porque el momento y el lugar en que se produce la alergia lo hace evidente, este es el procedimiento sugerido:

1. Ve a tu nivel Alfa.
2. Visualiza a tu médico frente a ti. O, si lo prefieres, visualiza a un químico o científico reputados.
3. Pregunta a tu médico cuál de los dos alimentos o sustancias (nómbralos) tiene más posibilidades de haber causado la alergia.
4. Desplaza tu atención del médico a los dos alimentos o sustancias. La respuesta llegará. Acepta la respuesta.
5. Ahora compara el alimento o la sustancia en cuestión con el tercer alimento o sustancia. Pregúntale a tu médico, desconecta y acepta la respuesta que aparezca en tu mente.

6. Cuando hayas comparado todos los alimentos o sustancias, quedará un causante de la alergia en este proceso de elección múltiple.
7. Termina tu sesión Alfa.

B. Ingerimos una media de 635 kg de comida al año. Estos alimentos contienen alrededor de 4,5 kg de aditivos químicos, que suman varios miles de conservantes, agentes aromatizantes y colorantes, estabilizadores y pesticidas. Cualesquiera de estas sustancias químicas podría causar una reacción alérgica. Es mejor identificar y eliminar la sustancia irritante, o el alimento que la contiene, que programar la desaparición de los síntomas de la alergia, susceptibles de reaparecer de alguna forma aún menos aceptable.

Si no sabes cuáles son los alimentos o las sustancias implicadas, este es el procedimiento sugerido:

1. Ve a tu nivel Alfa.
2. Visualiza a tu médico delante de ti o, si lo prefieres, a un químico o autoridad destacados.
3. Pregunta a tu médico o a la autoridad qué alimento o sustancia te está causando la alergia.
4. Desconecta, es decir, empieza a intentar averiguar la causa de tu alergia.
5. La respuesta llegará. Acéptala. La primera impresión suele ser la que te llega con más fuerza y, por tanto, la correcta.

C. Es posible que el alérgeno no sea un alimento o una sustancia. Por ejemplo, durante años, cada vez que V. M. entraba en una habitación donde había rosas, le lagrimeaban los ojos, le goteaba la nariz y se le congestionaban los senos nasales. Finalmente, fue a un médico. El médico le dijo, «Tiene usted rinitis alérgica, una alergia a las rosas».

«Pero, doctor», contestó V. M., «me pasa incluso cuando entro en una habitación con rosas de plástico».

El médico hizo una pausa. «Entonces es emocional», afirmó.

Más tarde, V. M. realizó el entrenamiento del Método Silva. Decidió utilizar su nivel Alfa para retroceder en el tiempo y descubrir si algún acontecimiento de su vida relacionado con las rosas podría haber provocado la alergia. Se imaginó a sí mismo frente a un calendario y preguntó cuándo empezó su problema con las rosas. Pasó las páginas del calendario hacia atrás, mes tras mes, año tras año. Cuando llegó al mes de febrero del año en que cumplía cuatro años, comenzó a desarrollarse una escena.

Su madre respondió al timbre. Un repartidor le entregó un ramo de rosas, un regalo de San Valentín. Las puso en su mejor jarrón, las colocó sobre el piano y desapareció en la cocina.

V. M. nunca había visto rosas. Acercó un taburete, se subió encima y empezó a tocar y oler las hermosas flores. De repente, el jarrón cayó, haciéndose añicos en el suelo. Su madre entró en la habitación, vio lo que había pasado y empezó a gritarle. V. M. sintió ahora, en su nivel Alfa, lo que sintió entonces. Pánico.

Su madre ya no lo quería. ¿Quién cuidaría de él? ¿Quién lo alimentaría y vestiría? Durante el tiempo en que su madre estuvo limpiando el suelo y colocando las rosas en otro jarrón, lloró desconsoladamente. Finalmente, ella se acercó a él.

«No vuelvas a hacer eso». Le dio una palmadita en la cabeza y lo besó. Él dejó de llorar y la escena terminó.

De vuelta en el nivel Beta, V. M. se dio cuenta de lo que había pasado. A los cuatro años de edad, su madre había sido su sistema de soporte vital. Cuando su madre dejó de quererle, su vida se vio amenazada. Toda la «experiencia de las rosas» se almacenó en el departamento de supervivencia de su cerebro.

Así que cada vez que se topaba con rosas, incluso años después, la alarma se disparaba y las neuronas del departamento de supervivencia del cerebro se activaban. Tal vez las comunicaciones posteriores fueron así:

«Vida amenazada..., rosas».

«¿Qué hicimos antes?».

«Lloramos y eso nos salvó la vida».

«Hagámoslo de nuevo».

Así que el mensaje fue a los ojos, a la nariz y al resto del dispositivo del llanto. Cada instancia «salvadora» reforzó los síntomas de la «alergia» como un mecanismo de supervivencia.

V. M. decidió ir a una floristería y enfrentarse al proceso. Armado con esta nueva información, se acercó a las rosas en la vitrina refrigerada, abrió el panel de cristal deslizante, olió su fragancia y esperó la efusión en sus ojos y su nariz.

Nunca llegó. Más tarde, V. M. comprendió por qué. Al identificar lo que había sucedido, había sacudido la cabeza con asombro y se había dicho: «Qué ridículo. Mi madre nunca dejó de quererme. Mi vida nunca estuvo en peligro. Cualquiera actuaría así si le rompieran su mejor jarrón». Este descubrimiento había hecho una corrección en la programación no deseada. Tal vez las neuronas le hablaron de esta manera:

«Amigos, las rosas han sido mal archivadas. No deberían estar en nuestro departamento de supervivencia».

Fin de la alergia.

Sesión 50
Cómo elegir a tu pareja

Las relaciones hombre-mujer mejoran enormemente cuando ambas partes son capaces de utilizar ambos hemisferios de forma equilibrada. Dos ruedas centradas viajan más suavemente que dos ruedas excéntricas.

Las personas deben adquirir esta centralidad antes de elegir una pareja. Se dice que las personas suelen tener solo un 20 % de acierto en la elección de la pareja. Por eso hay tantos divorcios. Los clarividentes, por otro lado, tienen un promedio de 80 % de precisión.

La convivencia no es la solución. La decisión de hacerlo suele basarse en el cuerpo, no en el cerebro. Algunas personas cambian de pareja hasta que, con suerte, encuentran la adecuada. La mayoría de los animales tienen un sistema mejor que ese. Basta con que una sola persona de la pareja potencial haya hecho el curso del Método Silva o completado las instrucciones de este libro para que las posibilidades de exactitud se eleven, ya que esa persona puede usar el nivel Alfa para evaluar la elección.

Estos son los pasos:

1. Ve a tu nivel Alfa y profundiza en él.
2. Junta el pulgar y los dos primeros dedos de cualquier mano.
3. Imagínate mentalmente con tu pareja potencial y un calendario del año en curso. Imagínate una boda en curso.
4. Mueve la imagen mental ligeramente hacia la izquierda. Ahora mueve el calendario a tres años vista. Observa cómo estáis uno con el otro.
5. Por último, vuelve a mover la imagen ligeramente hacia la izquierda, traslada el calendario a diez años vista y vuelve a observar vuestra relación.

Ahora dispones de las «pruebas» necesarias para tomar una decisión a favor o en contra de ese matrimonio.

Sesión 51
Paternidad exitosa

Cuando una pareja se casa, el uso del nivel Alfa no ha hecho más que empezar. Toda pareja quiere tener un hijo sano y normal. El Método Silva está en sintonía con el flujo universal; libre de comportamientos excesivos, hábitos contaminantes y pensamientos negativos, y orientado hacia la creatividad. Una pareja formada en estos términos prácticamente garantiza un niño sano y normal.

Pero las parejas entrenadas en el Método Silva pueden ir aún más lejos. Pueden programar un niño destinado al éxito. Cuando los dos componentes de la pareja deciden que quieren tener un hijo, deben entrar en el nivel Alfa por separado, planteándose cada uno cuáles serán las necesidades del planeta. Una vez que estén de acuerdo en que lo que se necesita son más médicos, científicos o especialistas en algún campo particular, deberán ir juntos a Alfa y pedir al Creador (Inteligencia Superior, Dios) que envíe la inteligencia correcta a través de ellos, una inteligencia que contribuya a resolver los problemas del planeta en el futuro.

El procedimiento es el siguiente:

1. El marido y la mujer van a Alfa profundo por separado.
2. Imagina que tienes delante el planeta y pregúntate: «¿Qué es lo que necesitará con mayor urgencia el planeta en el futuro?».
3. Mueve la imagen ligeramente hacia la izquierda. Visualiza un calendario con el año claramente a la vista: veinte años en el futuro. Toma nota mental de la respuesta que obtengas.
4. Vuelve a formular la pregunta y mueve la imagen ligeramente hacia la izquierda, con el año claramente a la vista: treinta años en el futuro. De nuevo, recuerda lo que aparece o te viene a la mente.
5. Termina la sesión Alfa.

Si, tras varios intentos, los futuros padres no se ponen de acuerdo sobre la prioridad académica, cada uno de ellos deberá realizar una sesión Alfa de elección múltiple por separado, utilizando las habilidades que hayan surgido para determinar la mejor elección. Una vez resuelta la cuestión, ambos miembros de la pareja pasarán al nivel Alfa para pedir ese hijo. El procedimiento de petición es sencillo:

1. Id juntos a vuestro nivel Alfa; profundizad en él.
2. Decid cada uno en voz alta: «Estoy listo».
3. Pedid cada uno mentalmente: «Inteligencia superior, envía a través de nosotros la inteligencia que ayudará a resolver el problema (inserte la necesidad determinada) del planeta en el futuro si esa es Tu voluntad. Amén».
4. Cada uno debe terminar la sesión a su propio ritmo.

Sesión 52
Cómo iniciar la educación del hijo antes de que nazca

Después de concebir, la madre clarividente comienza a seleccionar lecciones para leer al feto. Elegirá temas relacionados con la ciencia o la profesión en la que el nuevo miembro de la familia participará como adulto.

La madre clarividente programará al feto para que registre subconscientemente toda la información que ella le proporcione. A continuación, leerá el material seleccionado en voz alta. Más adelante, a lo largo de su vida, el niño recordará automáticamente esta información.

Este procedimiento de programación es el siguiente:

1. Después de que el feto se haya desarrollado durante un mes o más, la madre pasa al nivel Alfa y se programa a sí misma para despertarse en el mejor momento para programar al feto.
2. Al despertarse esa noche, la madre vuelve a ir al nivel Alfa y se imagina al feto delante de ella. Afirma mentalmente: «Recordarás más tarde, cuando lo necesites, lo que te digo ahora». Se imagina a sí misma leyendo en voz alta al feto.
3. Mueve la imagen ligeramente hacia la izquierda. La cabeza del feto ya es más grande; se imagina cómo se almacena la información allí dentro.
4. Vuelve a mover la imagen ligeramente hacia la izquierda; el niño ha nacido y ya es un adulto; el niño sabe todo lo que se le ha leído mientras crecía en el vientre materno.
5. La madre se duerme desde su nivel Alfa.

La madre podrá leerle información al no nacido en los momentos más convenientes. La madre podrá seguir enseñando a su hijo después del nacimiento y antes de que empiece la escuela. La mejor maestra y programadora del niño es siempre su madre. La mujer, por naturaleza más subjetiva e intuitiva, es capaz de comunicar al niño a este nivel. A este nivel, el aprendizaje se produce a cualquier edad de forma más rápida y fácil que en Beta.

Es de esperar que las escuelas reconozcan esta formación temprana cuando se convierta en una práctica habitual y ofrezcan a los jóvenes un plan de estudios acelerado y especializado. Es totalmente posible que los niños así programados obtengan un título de doctorado a los quince años.

Los que desaprueban el aprendizaje temprano, porque hay estudiantes que terminan la universidad y aún no saben cuál es su verdadera vocación, pueden estar tranquilos: la madre intuitiva ya sabrá la futura elección de carrera de ese niño.

Un niño que ha sido programado antes de la concepción disfrutará de la exposición al material que los padres han elegido, y más tarde en su vida lo comprenderá con más facilidad que otras materias. Y un niño que reciba un título de doctorado a los quince años todavía será lo suficientemente joven como para aprender cualquier otra cosa si así lo desea.

Sesión 53
Cómo influir en el clima

Despejar la «niebla» mental subjetivamente debería ser más fácil que despejar la niebla física objetivamente, pero incluso esto último es posible. He aquí cómo Lucille V. King, conferenciante de Silva en Idaho, lo hizo:

«Este reciente invierno con su nieve y su niebla, aquí en el norte de Idaho, me trajo el recuerdo de una mañana de 1970 en la que John, mi marido, y yo, habíamos planeado un viaje a Dallas, Texas.

»Coeur d'Alene está a treinta y dos millas del Aeropuerto Internacional de Spokane, recientemente llamado «el aeropuerto más nebuloso del mundo». Era finales de febrero cuando nos abrimos paso con mucho cuidado por la I-90 y llegamos al aeropuerto sin novedad, solo para descubrir que estaba cubierto de niebla.

»Nos permitieron embarcar en el avión, y rodamos lentamente hasta el final de la pista, donde estuvimos esperando a que la torre de control autorizara el despegue.

»En esos días, era nueva en el uso de las técnicas del Método Silva, pero decidí aprovechar el impase para ponerlas a prueba.

»Le dije a John: "Voy a ponerme a nivel para pedir ayuda". Que es exactamente lo que hice. Le hablé a la niebla y le dije: "¡Despéjate!". Unos minutos después, el capitán anunció por megafonía: "La niebla se ha despejado y nos disponemos a despegar". Una vez arriba, volando a cierta altitud, el piloto informó: "El aeropuerto de Spokane vuelve a estar cubierto por la niebla".

El Dr. Robert B. Stone, coautor de este libro, estaba mostrando a unos amigos las vistas de Kauai. «Cuando llegamos a la cima de Kokee, donde hay una increíble vista hacia el valle de Kalalau», relata, «estaba todo cubierto por una densa niebla. Les dije a mis amigos que se tomaran un café en el puesto de refrescos y que se reunieran conmigo cuando terminaran. Entonces pasé al nivel Alfa y visualicé mi energía calentando la niebla y derritiéndola. Cuando mis amigos volvieron, al cabo de diez minutos, la niebla se había disipado y se quedaron boquiabiertos ante la magnífica vista».

Nosotros creamos nuestro mundo. Puedes ir a Alfa y despejar la niebla.